KB052661

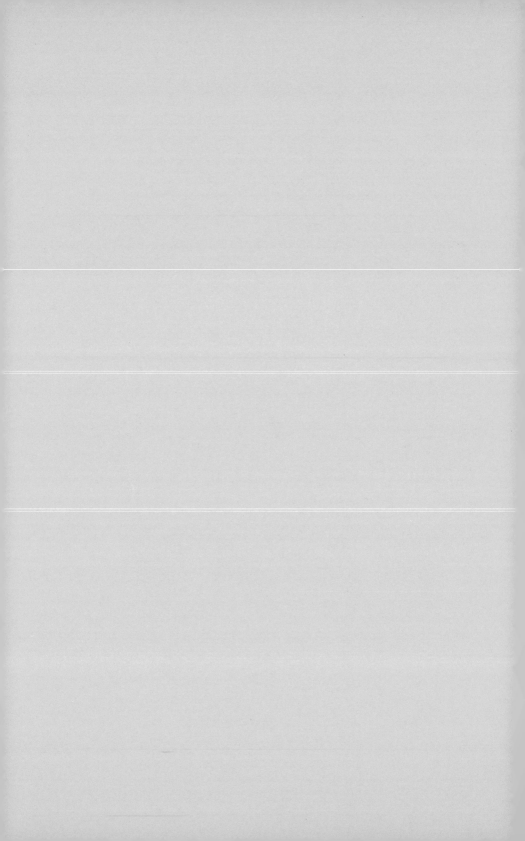

동아시아의 아카이브 비교 연구

이 저서는 2011년 정부 재원(교육부)으로 한국연구재단의 지원을 받아
연구되었음(NRF-2011-812-H00007)

동아시아의 아카이브 비교 연구

초판 1쇄 발행   2016년 4월 25일
초판 2쇄 발행   2017년 7월 31일

지은이 ｜ 곽건홍
펴낸이 ｜ 윤관백
펴낸곳 ｜ 宋도서출판선인

등록 ｜ 제5-77호(1998.11.4)
주소 ｜ 서울시 마포구 마포대로 4다길 4(마포동 324-1) 곳마루 B/D 1층
전화 ｜ 02)718-6252/6257
팩스 ｜ 02)718-6253
E-mail ｜ sunin72@chol.com
Homepage ｜ www.suninbook.com

정가   22,000원
ISBN   978-89-5933-972-3   93020

· 잘못된 책은 바꾸어 드립니다.

동아시아의 아카이브 비교 연구

곽건홍 지음

책머리에

우리는 우리가 수집한 기록이며,
우리는 우리 자신의 모습을 수집한다.

- Elisabeth Kaplan

이 책을 출간하는 과정에 많은 사람들의 도움이 있었다.

먼저 중국 당안사와 관련된 미발간 번역 원고의 이용을 허락해 주신 국가기록원 표준협력과장 임춘수 박사님께 감사드린다. 또한 한남대학교 대학원 기록관리학과 박사과정에 재학 중인 박미애·오성진·정지훈·윤재호·조민경, 명지대학교 기록정보과학전문대학원 박사과정에 재학 중인 송영랑 등은 원고를 꼼꼼히 읽고 교정해 주었다. 지면을 빌어 고마운 마음을 전한다.

아울러 쉽지 않은 출판 환경에서 기록학 분야의 책을 발간해 주시는 선인출판사 윤관백 사장님, 편집과 교열에 힘써주신 편집부 모든 분들께 감사 인사를 드린다.

2016년 3월
한남대학교 *弘齋*에서
곽 건 홍

차 례

제3장 현대 아카이브 제도의 성립과 발전

제4장 동아시아의 기록관리법과 아키비스트

제 1 장

서 론

제1장 서 론

  한국·중국·일본 등 동아시아의 국가 아카이브는 ICA 동아시아지역 지부[1]의 주요 구성원으로 중심 역할을 수행하고 있다. 또한 동아시아 지역 내에서 이들 국가 아카이브는 협력과 경쟁 관계를 형성하고 있다.

  전근대 시기 동아시아 3국의 아카이브 전통은 서구에 비해 뒤떨어지지 않았다. 오히려 세계 기록문화유산을 보더라도 앞선 문화를 자랑했던 것이 사실이다. 그러나 근대적 의미에서 동아시아 3국의 아카이브 역사는 서구에 비해 일천하다. 동아시아 3국은 모두 제2차 세계대전 이후에야 비로소 근대적 의미의 기록관리 체계를 형성한 특징이 있다.

  아카이브 제도는 각 나라마다 상이한 발전 경로를 거치며 아카이브 형태 또한 다양하다. 동아시아 3국은 각국의 역사적 경험과 사회 구조, 기록에 대한 사회 구성원들의 관심 등에 따라 서로 다른 방식의 기록관리 체계를 형성하고 있다.

  한국의 국가기록원은 2016년 제18차 ICA 총회 유치에 성공하고, 동

---

[1] 국제기록기구회의(International Council on Archives) 동아시아지역 지부(East Asian Regional Branch of the International Council on Archives, 이하 EASTICA).

아시아지역 지부 의장국으로 선정되는 등 국제협력 분야에서 일정한
성과를 보여주었다. 국가기록원장은 의장직 수락 연설에서 "ICA 총회
의 한국 개최를 통해 동아시아 기록관리 전통을 널리 알리고 동아시
아를 세계 기록관리를 선도하는 중심지로 만들겠다"[2]고 각오를 피력
했다. 국제회의 유치를 계기로 국가기록원이 국경을 넘어 동아시아
기록관리를 인식하게 된 점은 매우 뜻깊은 일이다.

한국에서 '동아시아적 시각'의 중요성은 냉전체제의 와해를 계기로
전망을 모색하는 과정에서 제기되었다. 곧 "한반도 분단 극복의 문제
가 결코 한반도만의 문제가 아니라 전체 동아시아 지역의 탈냉전 및
평화를 향한 도정과 불가분의 관계에 있다는 인식 때문이었다."[3] 또
한 동아시아 공동체 형성의 필요성은 신자유주의를 기조로 한 세계질
서의 재편과정에서 동아시아 각국의 경제적 이익을 지켜내기 위한 방
법론으로 제기되기도 하였다.[4] 그러나 동아시아 공동체 형성을 지체
시키는 요인 가운데에는 제국주의와 식민지의 적대적 공존, 침략전쟁
에 대한 집합기억 등 "역사적 과정을 통해 형성, 재생산되어온 동아시
아 국가주의, 민족주의"[5] 문제가 내포되어 있는 것이 사실이다.

21세기 동아시아가 "평화와 인권, 민주주의의 보편적 가치가 실현
되는"[6] 공동체로 나아가기 위해서는 "이 지역을 구성하는 국민국가의

2) 행정안전부, 「보도자료」, 2011년 11월 7일자.
3) 임우경, 「비판적 지역주의로서 한국 동아시아론의 전개」, 『중국현대문학』 제
40호, 2007, 6쪽.
4) 이유선, 「동아시아 공동체의 가능성과 시민사회」, 『사회와 철학』 제11호, 2006,
124쪽.
5) 이광일, 「동아시아 국가주의, 민족주의와 진보좌파의 대응」, 『문화과학』 2007
년 겨울호, 183쪽.
6) 일본교과서바로잡기운동본부·역사문제연구소 엮음, 『화해와 반성을 위한 동
아시아 역사인식』, 역사비평사, 2002, 7쪽.

밖에서 이뤄지는 국가 간 통합과정과 국가 안에서 구성원 개개인의
참여를 극대화하는 방향으로의 내부 개혁과정이 쌍방향적으로 추동"[7]
되어야 한다. 또한 동아시아 각국은 민주주의를 진전시키는 방향에서
실체적 노력을 경주해야 한다. 이미 2001년 ASEN+3 정상회의에서는
'평화 · 번영 · 발전'을 동아시아 공동체(East Asia Community)의 비전으로 채
택하였다. 또한 「신태평양공동체선언」에서는 민주주의를 공유해야 할
가치로 제시한 바 있다.[8]

　21세기에도 동아시아의 미래는 여전히 불투명하지만, 동아시아의
'화해와 평화'는 거스를 수 없는 역사적 과제임에 틀림없다. 이를 구체
화 하는 민간부문의 연대는 동아시아 평화와 인권 심포지움, 환경연
대운동, 반전평화운동, 한중일 역사교과서 공동집필, 동아시아문화공
동체포럼 등 다양한 분야에서 전개되었다.[9] 또한 "정부 차원의 국제
적 협력과 시민사회 차원의 연대"[10]를 축으로 한 동아시아 공동체 형
성을 위한 프로세스도 제시하였다. 곧 '경제 · 역사 · 인권 · 환경 · 노
동 · 시민단체 등의 분야에서 영역별로 연대 기구를 구성하고, 영역별
연대 기구들과 국민국가가 통합적 지역연합기구로서 공동체를 형성'
하는 과정을 모색하였다.[11]

　기록학계는 그동안 인접 학문의 문제의식을 공유하고, 확장시키는
일에 소홀했던 것이 사실이다. 1990년대 초반 등장한 '동아시아 담론'

---

7) 백영서, 「평화에 대한 상상력의 조건과 한계: 동아시아공동체론의 성찰」, 『시
　민과세계』 제10호, 2007, 103쪽.
8) 윤여일, 「'하나'의 동아시아, 불가능한 미래?」, 『프레시안』 2012년 1월 5일자.
9) 임우경, 앞의 글, 41쪽.
10) 백영서, 「동아시아론과 근대 적응 · 근대 극복의 이중과제」, 『창작과비평』 제
　36권 제1호, 2008, 44쪽.
11) 「탈중심의 동북아와 한국의 '균형자' 역할」, 『창작과비평』 2005년 가을호 좌담,
　35~36쪽.

의 문제의식을 기록학의 과제로 인식하지 못했던 것은 하나의 사례이다. 당대 역사학의 과제를 '민주화시대의 역사학', '통일시대의 역사학', '21세기 미래지향의 역사학'으로 정리한다면,[12] 21세기에 기록학계는 어떤 지향을 가지고, 또 무엇을 과제로 삼을 것인가? 동아시아의 아카이브에 주목하는 근본적인 이유는 이와 같은 물음에 있다.

동아시아의 아카이브에 주목하는 구체적인 이유는 첫째, 동아시아 공동체 형성 프로세스가 설명책임성(accountability)과 거버넌스(governance)를 매개로 삼고 있기 때문이다.[13] 곧 설명책임성과 거버넌스를 실행하는 기제로서의 기록관리는 이미 한국의 기록관리 체제에 작동하고 있다. 2006년 기록관리법 개정을 통해 현실화된 것처럼 한국의 기록관리 제도 변화는 설명책임성과 거버넌스를 기록관리 분야에서 의제화하고 실천한 사례를 축적하고 있다. 그러므로 한국의 기록공동체는 기록관리 제도 변화 등 성과와 한계에 대한 깊은 성찰을 바탕으로 동아시아의 아카이브 재형성 문제를 천착할 필요가 있다. 이는 곧 현실의 기록관리 체계를 발전시키는 일과 매우 밀접하게 연관되기 때문이다. 또한 기록관리를 통한 설명책임성과 거버넌스의 실현은 동아시아의 민주주의를 진전시키고, 평화공동체를 형성하는 데 일정하게 기여할 수 있기 때문이다.

둘째, 21세기 동아시아를 평화공동체로 만들어 가기 위해서는 "동아시아 각국 모두 자신의 역사교과서에 담겨 있는 왜곡된 역사인식을 비판하고 바로 잡"아야 한다.[14] 따라서 과거의 기록과 "기억은 현재와

---

12) 김성보, 「탈중심의 세계사 인식과 한국근현대사 성찰」, 『역사비평』 2007년 가을호, 238쪽.
13) 백영서, 앞의 글, 44쪽.
14) 일본교과서바로잡기운동본부·역사문제연구소 엮음, 앞의 책, 7쪽.

미래를 규정하는 중요한 요소"15)이다.

　동아시아의 아카이브에는 과거사 문제를 해결하는 데 단서가 되는 많은 기록이 비공개 상태로 존재하고 있다.16) 동아시아 평화공동체 형성의 필요성에 대한 문제의식을 동아시아의 아카이브가 공유한다면 역사기록을 공개하기 위해 적극적인 노력을 기울일 필요가 있다. 곧 동아시아의 아카이브가 설명책임성을 구현해야 할 과제로 설정하고, 민주적 가치를 공유한다면 과거사 문제를 해결하는 단초가 될 수 있을 것이다. 기록학계가 동아시아의 아카이브에 주목해야 하는 주된 이유는 특히 이 부분이다.

　셋째, 동아시아의 아카이브가 설명책임성, 거버넌스, 더 많은 기록의 공개 등 민주주의를 진전시키는 방향에서 협력과 연대의 틀을 만들어 갈 수 있다면, 새로운 의미의 동아시아 기록관리 전통을 만들어 가는 것이 가능하기 때문이다.

　또한 동아시아 기록공동체는 국가가 주도하는 것이 아니라 아래로부터의 기록공동체 형성이 전제되어야 한다. 곧 동아시아의 아카이브가 상호간의 자극과 침투를 통해 자국의 아카이브를 '민주적 아카이브'로 혁신할 수 있도록 추동할 수 있기 때문이다. 이와 같은 동아시아 아카이브의 변화는 민간 분야의 동아시아 연대 기구를 구성하는 데 힘을 보태는 것은 물론이고, '더 좋은' 민주주의 체제가 작동하는 동아시아 평화공동체 형성에 기여할 수 있을 것이다.

　따라서 한국의 기록공동체는 '동아시아 기록공동체' 형성 과제를 검

---

15) 김성보, 앞의 글, 238쪽.
16) 일본 정부는 "한일회담, 범죄재판 등의 중요 사료를 공개하지 않고" 있으며, 방위청 소장 중요 사료는 사생활 보호를 이유로 열람할 수 없는 경우가 많다(이라이 신이치, 김태웅 옮김, 『역사화해는 가능한가』, 미래 M&B, 2006, 325쪽).

토하고 추동할 필요가 있다. 1993년 창립된 EASTICA는 각 국의 국가 아카이브가 주도하는 가운데 형식화된 측면이 있다. 총회와 세미나 주제 또한 '전자기록 관리 전략', '핵심기록 관리와 재난대비' 등 대부분 공적 영역의 기록관리를 중심으로 이루어졌다.

이 책은 이와 같은 문제의식을 바탕으로 동아시아의 아카이브 형성과 재형성 문제를 역사 · 제도 · 법률, 아카이브의 구성, 동아시아 기록공동체 형성 등을 중심으로 살펴보고자 한다. 동아시아 3국의 아카이브 체계는 특히 최근에 지리적 접근성 등으로 인해 서로 영향을 주고받으며 발전한 역사를 갖고 있다.

한국은 1999년 기록관리법 제정 당시에 중국의 당안법 체계를 연구하고, 일정 부분 수용한 측면이 있다. 일본 또한 최근 공문서관리법을 제정하면서 한국의 기록관리법을 조사하고 시사점을 도출하였다. 곧 "일본은 공문서를 중심으로 한 기록관리와 아카이브제도의 정비라는 점에 있어서 한국과는 큰 차이로 뒤떨어져 있다. 특히 한국이 기록관리나 아카이브에 관한 진문직 인재인 아키비스트 육성에 힘을 쏟아온 것은 매우 중요한 일이며, 일본으로서도 적극적으로 배워야 할 점"[17]이라고 언급한 것은 이러한 상호관계를 잘 설명해주는 부분이다. 이 점은 특히 동아시아의 아카이브에 대한 비교 연구의 필요성을 부각시킨다.

동아시아의 범주는 논자들에 따라 다르게 설정될 수 있으나, 본고는 한국 · 중국 · 일본 등 3국을 중심으로 서술하고자 한다. 최근까지 기록학 분야에서 동아시아 3국의 기록관리를 비교한 연구는 기록학 연구 초기에 발표된 단 한 편뿐이다.[18] 그 마저도 중국과 일본의 기록

---

17) 김경남, 「일본 기록관리계의 한류를 바라며 – 전문가로부터 듣는다 · 안도 마사히토」, 『기록인』 Vol.4, 2008, 국가기록원, 82쪽.

관리 제도를 소개하는 데 그치고 있다. 곧 '동아시아적 시각'을 바탕으로 아카이브 문제에 접근하지 못하였으며, 전근대 아카이브 전통과 근대 초기의 변화, 최근의 역동적 변화과정 등은 다루지 못하였다. 또한 중국과 일본의 기록관리를 다루고 있는 논문도 매우 빈약한 실정이다.19) 기록학계의 연구동향은 서구 아카이브 사례 소개, 국내 기록관리 방법론 등에 집중하고 있다.

근대적 의미에서 아카이브 체계의 형성은 '기록관리법 제정, 국가 아카이브의 설립, 시민을 위한 기록 공개, 역사기록의 보존과 편찬' 등을 지표로 들 수 있다.20) 그러나 이와 같은 설명만으로는 부족하다. 첫째, 현용기록(current-record)과 준현용기록(semi-current record), 비현용기록(non-current record)이 어떻게 구분되고 있으며,21) 기록관리 제도가 독자적

---

18) 강대신 · 박지영, 「중국 · 일본의 기록관리 제도에 관한 연구」, 『한국기록관리학회지』 제4권 제2호, 2004.

19) 일본의 기록관리를 다룬 연구 성과로는 남경호, 「일본의 공문서관리법 시행에 따른 기록관리 체제 검토」, 『기록학연구』 제30호, 2011, 206쪽; 김종철, 「일본의 지방공문서관과 지방기록관리-문서관과 역사자료관의 설립과정을 중심으로-」, 『기록학연구』 제11호, 2005; 민주, 「한국과 일본의 공공기록물관리 법제에 관한 비교 연구」, 중앙대학교 기록관리학전공 석사학위논문, 2010 등이 대표적이다. 중국의 기록관리를 다루고 있는 대표적인 연구성과로는 이승휘, 「중국의 아키비스트양성 제도」, 『기록학연구』 제1호, 2000; 이승휘, 「건국 후 문혁기까지 역사기록물의 보존과 이용-정치적 변동과 관련하여」, 『중국학보』 제47집, 2003; 이승휘, 「중국의 도시건설기록관의 기록관리」, 『기록학연구』 제13호, 2006; 서석제, 「중국의 '문건 · 당안 일체화' 개념 분석」, 『기록학연구』 제10호, 2005; 이원규, 「1930년대 중국문서당안 행정개혁론의 이해」, 『기록학연구』 10, 2004; 이원규, 「혁명시기 중국공산당의 문서당안관리」, 『기록학연구』 22, 2009 등이 있다.

20) 이승휘, 「건국 후 문혁기까지 역사기록물의 보존과 이용-정치적 변동과 관련하여」, 『중국학보』 제47집, 2003, 612쪽.

21) 기록은 효용성과 역사적 가치에 따라 현용기록, 준현용기록, 비현용기록이라는 생명주기를 갖는다. 이러한 기록의 생명주기에 조응하여 기록을 관리하는 기구도 기록 생산기관의 기록관리 부서, 일정 기간이 지나면 폐기 또는 아카이브로 이관할 기록을 보존하는 중간 기록관리 기구인 기록관(Records Center),

으로 발전하는 과정을 탐구할 필요가 있다.

둘째, 아카이브가 중앙과 지방 차원에서 어떤 과정을 통해 형성되고 사회적으로 확산되는지 살펴볼 필요가 있다.

셋째, 기록관리가 어떤 프로세스를 통해 이루어지는지 검토할 필요가 있으며, 아카이브가 어떻게 기록 생산영역을 제어하는지도 살펴볼 것이다.

넷째, 아카이브를 통해 설명책임성과 거버넌스가 어떻게 구현되는지 검토가 필요하다. 이는 보존 중심의 아카이브 체계를 극복하고 기록관리의 사회적 책임을 강조하는 세계적인 추세와 맞닿아 있다.

이 책은 이와 같은 근대 아카이브 체제의 특성과 현대 아카이브 체제에 요구되는 부분을 고려하여 다음과 같이 시기구분하고 동아시아의 아카이브를 비교하고자 한다.[22]

영구기록을 관리하는 아카이브로 구분된다.

[22] 기록관리 용어는 한국·중국·일본에서 각기 다르게 사용되고 있다. 본고는 서술의 편의상 용어를 통일하지 않고 각국의 아카이브 체계에서 사용되는 용어 곧 기록관·당안관·공문서관, 기록·당안·공문서 등을 그대로 사용하였다. 기록을 관리하는 기관인 아카이브(Archives)를 한국은 기록관(記錄館) 또는 보존기록관(保存記錄館), 중국은 당안관(檔案館), 일본은 공문서관(公文書館)으로 명명하고 있다. 아카이브는 역사기록이 보존된 장소 또는 역사기록 자체를 의미한다. 곧 모든 기록이 아카이브는 아니다. 기록 가운데 역사적 가치가 있다고 평가된 기록만이 아카이브이다.
ICA에서 정의한 바에 따르며, 기록(record)은 "법적 의무에 따라 업무를 수행할 때 단체, 조직, 개인에 의해 작성되어 입수되고 유지된 정보", 아카이브(archives)는 "개인 또는 조직이 그 활동 가운데 작성 또는 수집하고 축적한 자료로 계속적으로 이용할 가치가 있는 것으로 보존된 것"을 의미한다. 한국의 경우 한국기록학회에서 발행한 『기록학 용어사전』에 아카이브는 '보존기록'을 대역어로 사용하고 있다.
중국의 경우에는 당안(檔案, archives)과 문건(文件, records)을 명확하게 구분하고 있다. 당안은 "과거와 현재에 국가기구, 사회조직 및 개인이 정치, 군사, 경제, 과학, 기술, 문화, 종교 등의 활동에 종사하면서 직접 생산한 국가와 사회에 대하여 보존가치가 있는 각종 문자, 도표, 성상 등 서로 다른 형식의 제1기는 전근대 시기로 동아시아의 아카이브 전통을 검토할 것이다. 곧 기록 생산과 관리 방식에 대한 비교를 통해 동아시아 3국의 유사점과 차이점을 살펴보고자 한다.

제2기는 19세기 중반부터 20세기 초반의 근대 초기로, 아카이브 전통이 근대화 과정에서 어떻게 변형되는지를 살펴볼 것이다. 곧 서구 제국주의의 동아시아 침략과정에서 일본은 제국주의 국가로, 중국은 반식민지로, 한국은 식민지로 전락한 역사적 경험이 아카이브 전통을 어떻게 변화시켰는지 검토하고자 한다. 이는 궁극적으로 한국 현대 아카이브 체계의 특성을 파악하는 데 도움이 될 것이다.

제3기는 1950년대 이후 현대 아카이브 체계가 형성되는 시기로 기록관리법 등 근대적 아카이브 체계의 지표들이 형성되는 과정을 검토할 것이다. 한국의 경우 「공공기관의 기록물관리에 관한 법률」(이하 기록관리법)이 제정된 1999년까지, 중국은 1987년 「중화인민공화국당안법(中華人民共和國檔案法, 이하 당안법)」 제정까지, 일본은 「공문서관법」이 제정되는 1987년까지의 시기가 이에 해당된다.

이 시기에 한국은 국가 아카이브로서 정부기록보존소가 1969년에 설립되었으나 제대로 된 기능을 수행하지 못했다. 중국은 국가 주도

역사기록"이다. 당(檔)은 물건을 올려놓을 수 있게 만든 시렁을 가리키고 안(案)은 작은 책상 또는 책상 위에 올려놓은 문서를 의미한다. 반면에 문건은 "사람들이 시간과 공간상에서 정보를 전달하기 위하여 제작한, 정보를 고정시킨 물체"를 의미한다.

일본의 경우 대표적 기록관리 단체인 「전국역사자료보존이용기관연락협의회」가 정의한 바에 따르면, "기록(record)이란 옛 木簡, 고문서, 금석문, 그림도면에서 현재 공문서와 사문서, 마이크로필름, 녹음테이프, 광디스크까지 시대와 형태를 불문하고 대체로 인간이 기록해온 온갖 정보를 지칭"한다. 또한 '기록사료' 또는 "사료(archives)란 기록 가운데 역사적·문화적 가치 때문에 사료로서 영구히 보존된 것 또는 보존해야 할 것을 의미"한다(鈴江英一, 『近現代史料の管理と歷史認識』, 北海道大學圖書刊行會, 2002, 25쪽).

로 당안관리 업무를 발전시켰으나, 문화혁명 기간에는 후퇴했다가 1970년대 말 개혁·개방 이후 「중화인민공화국당안법」이 제정되었다. 일본의 경우는 지방공문서관이 먼저 만들어지고 국립공문서관도 설치했으나, 「국립공문서관법」이 제정된 시기는 1987년이었다. 또한 「공문서관리법」이 시행된 것은 2011년이었다. 곧 현대 아카이브 체계의 형성 과정은 전일적으로 이루어지지 않았음을 알 수 있다.

제4기는 기록관리법 제정 이후의 시기로, 각국이 어떤 과정을 거쳐 현재의 아카이브 체계를 구축했으며, 재형성된 아카이브 체계의 성격을 분석하고자 한다.

요컨대 이 책은 동아시아 3국의 아카이브 발전 경로와 특징에 대한 분석을 바탕으로 동아시아 기록공동체 형성 방향을 서술하고자 한다. 이러한 작업을 바탕으로 지역 내 교류와 협력을 증진시키고, 궁극적으로는 각국 아카이브가 순기능적으로 변화하는 것은 물론 문화적 측면에서 동아시아 평화공동체 형성에 일정 부분 기여할 수 있게 되기를 기대한다.

제 2 장
동아시아의
아카이브 전통과 변화

제 2 장 동아시아의 아카이브 전통과 변화

1. 전근대 동아시아의 아카이브 전통

1) 봉건 관료제와 기록 생산

　문자가 만들어지기 이전에 인간은 기억을 통해 사회를 형상화했다. 이 시기에는 입에서 입으로 전해지는 구술이 문화를 전승하는 주요 수단이었다. 동굴벽화의 형태로 인간 삶을 기록한 이래 중요한 정보를 전달하는 수단은 점점 복잡해졌다.

　문자의 생성과 문명의 탄생은 동시적이라 할 수 있다. 문자의 사용은 선사시대와 역사시대를 구분하는 전환점이었다. 문자를 사용함에 따라 사람들은 의사소통을 보다 분명하게 할 수 있었다. 계급의 출현으로 인한 초기 국가 형성과정에서 구성원 사이의 소통을 위한 도구로서 언어는 필수적인 조건이었다.

　인쇄기술의 발전은 기록의 생산을 크게 증대시켰다. 이제 본격적으로 기록을 생산하면서 당대 사회를 운영하는 것은 물론 이전에 생산되었던 기록을 모으고 편찬하면서 과거의 기억을 재구성해 갔다.

　동아시아에서 고대 국가 형성 시기는 상당한 차이가 존재한다. 고대 국가가 가장 먼저 출현했던 중국의 경우 기록 생산 역시 오랜 전통을 갖고 있다. 중국 최초의 문자인 상(商)나라의 갑골문[1])에서 알 수 있듯이 4~5천 년 전부터 기록을 생산한 역사를 지니고 있다. 서주(西周) 시대의 금문당안(金文檔案)[2])은 갑골문 이후 나타난 역사기록이었다. 이 시기에는 주로 개인적인 이유로 기록이 생산되고 보관되었다. 왕이나 귀족들은 중요한 문건을 장기간 보존할 필요가 있거나, 중대한 일을 영원히 기념하기 위해서 청동으로 기물을 만들어 그 표면에 기록했다.[3])

(1) 전근대 봉건사회에서 기록 생산의 특징은 신분적 지위가 기록 생산과 유통 과정에 반영되었다는 점이다. 유교문화권에 속해 있으면서 중국 제도를 모방해 왔던 한국과 일본에서 기록 생산 방식의 유사성을 엿볼 수 있다. 특히 당(唐)나라의 『당육전(唐六典)』을 비롯한 중국 역대 왕조의 기록관리 제도는 상당한 영향을 미쳤다.

진한시대 이래로 봉건사회 통치의 기본적 특징은 전제왕권과 중앙집권이있다. 기록 생산 빙식 역시 봉건적 성격을 띠고 있다. 존군억신(尊君抑臣), 곧 군왕을 높이고 신하를 낮춰 표기하는 문서 명칭과 형식이 일반화되었다. 문서 명칭은 제(制), 조(詔), 주(奏), 소(疏) 등으로 불리었다. 제·조는 황제만을 위해 사용된 문자였다.[4])

존군억신의 문서 형식은 주로 문서를 작성할 때 줄을 바꾸어 쓰는

---

1) 갑골문은 龜甲과 獸骨을 재료로 만든 기록이다. 그 내용은 주로 생산·정치·군사 활동 등과 관련된 것들이다.
2) 금문당안은 왕을 비롯해서 지배계급의 중요한 일을 기록한 당안이다.
3) 周雪恒, 『中國檔案事業史』, 中國人民大學出版社, 1998, 55~62쪽.
4) 楊小紅 編著, 『中國檔案史』, 遼寧大學出版社, 2002, 181쪽; 제는 황제가 중대한 제도를 반포할 때 사용한 명령문서이며, 중대한 제도에 속하지 않는 명령을 반포할 때는 조를 사용했다.

것과 황제가 금기하는 글자를 피하여 작성하는 방법으로 제왕에 대한 존경을 나타냈다. 문서 작성 시 줄을 바꾸는 것은 한 칸에서 몇 칸까지 비우고 쓰는 것 또는 행을 바꾸는 문서 형식이다. 이러한 형식은 진나라 이후 전승되어 명·청 시대까지 사용되었다.[5] 이와 같은 기록 생산 방식은 중앙집권화된 봉건사회의 특징을 잘 나타내고 있다.

조선시대를 예로 들면, 기록을 생산한 이후 각 기관에 발송한 기록 유형은 다음과 같다. 첫째, 국왕이 각 기관의 관리에게 내리는 문서는 교서(敎書), 유서(諭書) 등의 임명장, 증명서 등이 있었다. 둘째, 각 기관에서 국왕에게 올리는 문서의 경우, 기관에서 국왕에게 기록을 발송하는 것은 계(啓)라 하였으며, 이에 대한 국왕의 재가는 계하(啓下)라 하였다. 국왕에 직계할 수 있는 중앙 기관은 육조·한성부·사헌부 등이었으며, 지방의 경우는 관찰사가 해당되었다. 곧 국왕에 보고할 수 있는 기관이 품격에 따라 구분되었다.[6]

(2) 봉건 사회의 유지를 목적으로 기록을 생산했다. 기록관리 행정이 본격적으로 전개된 춘추전국시대부터 다양한 기록이 생산되었다. 법률기록인 형서(刑書), 부세기록인 계서(計書), 왕과 제후국의 관계를 나타내는 맹서(盟書) 등이 대표적이다. 춘추시대 중엽 이후 구세력의 특권을 제한하고 신흥세력의 보호를 내용으로 한 성문법이 만들어졌는데, 형서는 이와 같은 시대적 상황을 반영하여 생산되었다. 진나라

---

[5] 楊小紅 編著, 위의 책, 182쪽.
[6] 백선혜, 「경국대전의 기록관리 규정」, 『기록학연구』 제15호, 2007, 113~114쪽; 각 도의 관찰사는 매년 6월 15일과 12월 15일에 지방 관원의 등급을 매겨 왕에게 보고하며 연말에는 수령의 일곱 가지 일의 실적을 왕에게 보고하도록 하였다. 또한 농지세를 부과하는 과정에서 수령이 심사해 정한 연등분제를 다시 심사하여 왕에게 보고하고, 인구의 변동 우마의 변동 등에 대해서도 연말에 보고하도록 되어 있다.

때에는 법가를 중시하고 공리와 실무를 숭상하여 행정의 효율성을 강조했다. 진의 법률문서는 중앙집권을 추진하고 국가의 통일을 공고히 하는 중요한 도구였다.[7]

당 나라 때에는 정무와 관련된 기록 뿐 아니라 통치자의 언행을 기록한 기주당안(記注檔案)을 생산하였다. 기주당안은 제왕의 언행을 기록한 전적(典籍)과 황제와 재상의 의정에 관한 기록인 시정기(時政記) 등을 포함했다. 당 고종 이후에는 사관들이 직필하는 것을 두려워하여 직접 정무에 관한 논의를 들을 수 없게 했다. 다만 조회 때에 진행되는 의례적인 사항만 기록하게 하였다. 따라서 기밀이 필요한 국가의 대사에 대해서는 별도로 기록할 수 없게 되었다. 또한 관원의 선발이나 임용과 관련하여 생산된 일종의 인사기록인 갑력당안(甲曆檔案), 부역당안(賦役檔案), 법률당안 등이 생산되었다. 역대 왕조는 형식상의 차이는 있었으나, 이와 같은 기록을 지속적으로 생산했다.[8]

조선시대 기록관리의 대강이 규정되어 있는 『경국대전(經國大典)』에 따르면, 기록은 적(籍), 부(簿), 안(案), 일반문서 등으로 구분했다. 관리들의 이력대장인 정안(政案)에는 관리들의 출신과 이력 등을 기록하였으며, 3년마다 이조에 제출했다. 호적은 3년마다 고쳐서 작성하여 해당 고을은 물론이고 각 도, 한성부 등에 보관했다. 또한 노비에 대해서는 노비안(奴婢案)을 작성했다. 노비의 원적에 해당하는 정안(正案)은 20년마다 작성했으며, 공노비는 3년마다 속안(續案)을 작성했다.[9]

아울러 토지측량 대장인 양안(量案)도 작성했다. 모든 토지를 6등급으로 나누어 20년마다 토지를 측량한 후 대장을 만들어 해당 고을 등

7) 周雪恒, 앞의 책, 65~72쪽.
8) 周雪恒, 앞의 책, 167~170쪽.
9) 백선혜, 앞의 글, 105~106쪽.

에 보관했다. 적·부·안은 기록을 생산한 관청의 지정된 장소에서 자체적으로 보관하고 이용했다.[10]

전근대 일본에서는 귀족 가문이 관료의 역할을 담당했다. 귀족 가문은 세습되었다. 관료들의 특정한 직무는 특정 '가문(家)'에 고정되었으며, 따라서 특정 가문이 특정한 공무를 세습했다. 태정관부터 하급 관리에 이르기까지 관료제는 가문을 중심으로 운용되었다. 곧 일본의 봉건사회는 가문을 중심으로 이루어진 사회였고, 그 존속을 매우 중요하게 인식하였다.

따라서 전근대 일본에서 기록 생산은 가문을 중심으로 이루어졌다. 가문의 상속과 일상생활에 관한 기록은 물론이고 가문이 맡은 직무 수행과 관련된 기록이 각 가문에 보관되었다. 가문을 분가할 경우 기록도 나뉘어졌다. 만약 가문이 단절되면 그 가문의 기록은 사라지는 것을 의미했다.[11]

가문에 관련된 기록은 가문의 외부에서 수신 받은 기록, 토지대장이나 회계기록, 일기 등 가문의 활동과 그 결과로 남겨진 기록 등이 포함되어 있다. 특히 무가 기록은 전근대 일본의 핵심기록이다. 12세기 말 가마쿠라(鎌倉) 막부에서 관료 기능을 무가가 담당했기 때문에 주요 기록이 무가에 남게 되었다. 무가 기록 가운데에는 외교기록도 남아 있다. 사원 기록은 국가에서 행한 종교행사 기록, 법률기록, 인

---

10) 이한희, 「조선시대 기록물의 생산 및 처리과정과 보존」, 『서지학연구』 제37집, 2007, 292쪽.
11) 國文學硏究資料館史料館 編, 『アーカイブズの科學』上, 柏書房, 2003, 60~62쪽; 가문은 생활공동체인 동시에 가업을 포함하는 조직이었다. 쇼군(將軍) 가문, 다이묘(大名) 가문은 무가로서 군사조직인 동시에 국가 공권력의 담당자로 직무를 수행하는 정치조직이었다. 농가·상가는 각각 농업·상업을 경영하는 조직이기도 했다.

사기록 등을 포함하고 있다.[12] 한편 17세기 후반에 이르면, 일본에서
는 가문이 농민·상인 등으로 확대되었으며, 이들이 남긴 기록은 촌
방사료·정방사료 등의 형태로 남아 있다.[13] 곧 일본의 전근대 기록
생산 방식의 특징은 가문이 남긴 기록은 해당 가문의 가업에 따라 달
랐다는 점이다.

이처럼 전근대 시기 동아시아에서는 봉건사회 유지를 목적으로 기
록이 생산되었다. 기록을 생산할 때에는 신분적 지위가 반영되었으
며, 신분마다 생산하는 기록의 종류가 달랐다.

(3) 봉건관료제의 발달이라는 사회적 조건은 기록 생산을 대량화했
다. 일반적으로 관료제 하에서는 조직의 기능을 수행하는 과정에서
증거를 생산하며, 증거의 효력은 기록으로 구현된다. 곧 업무 수행에
대한 증거 능력의 요구, 기능의 세분화를 특징으로 한 관료제의 발달
은 기록 생산을 증대시켰다. 기록관리 행정은 관료제의 발달과 함께
체계화 되었다.

기록 생산이 증가함에 따라 『당육전』에 규정된 것처럼, 기록의 접
수, 목록 작성과 기록의 배분, 시행 일정점검 등 기록 생산과 유통을
전담하는 인력인 구검관(句檢官)을 중앙은 물론 지방 각 관청에 설치하
는 제도로 발전해 갔다. 곧 전근대 기록관리 제도는 국가기구의 운용
과 밀접한 관계를 갖고 법령으로써 기록관리 제도를 확립시켜 나갔
다. 또한 각종 폐단을 감소시키기 위해 관료들이 기록관리의 책임을
지도록 하였다. 중국에서는 당나라 때에 이르러 국가 기구가 완비되
면서 기록 생산량이 증가했으며, 이를 관리하는 인원도 늘어났다. 또
한 기록관리와 관련된 법령도 증가했다.

---

12) 國文學硏究資料館史料館 編, 위의 책, 77~79쪽.
13) 민주, 앞의 글, 9쪽.

한국에서는 고려시대 후기 금속활자의 발명, 목판 인쇄기술의 발달과 함께 관료 조직이 확대되어 기록 생산량이 증가했다.[14] 조선시대는 관료제가 더욱 체계화되었다. 이 시기 중앙기관에서 기록 생산을 담당한 이들은 녹사(錄事)·서리(書吏) 등이었다. 이들은 기록의 생산과 유통, 보관 업무를 담당했다. 또한『경국대전』은 법전의 약 20% 이상이 문서의 형식과 작성 방법, 효력 등에 관한 것이었다.[15]

동아시아 3국 사이에 중세 봉건 관료제의 발달 시기는 상당한 차이가 존재했다. 일본의 봉건 관료제는 한국과 중국에 비해 늦게 발달했다. 특히 에도(江戶)시대에 이르러 중앙집권적인 관료 기구를 통한 행정 체제로 개편되고 기록 생산이 증가하기 시작했다. 정권을 담당한 막부와 지방의 번(藩)은 다양한 통치기능을 집중적으로 수행해야 했으며, 그것을 신속하게 이행하는 체계 구축의 필요성을 인식했다. 막번체제(幕藩體制)가 확립됨에 따라 막부와 번의 기구는 관료제로 정비되었으며, 문서를 바탕으로 한 통치가 일반화되었다.

막부·번의 법과 명령은 촉(觸)·달(達) 등의 문서를 통해 하달되었다. 각 기관으로부터 막부·번으로의 요구나 호소 등은 서상(書上)·원서(願書)·소장(訴狀) 등의 문서로 상신되었다. 곧 이 시기에는 문서 전달 방법이 체계화됨에 따라 기록 유통이 증가했다. 또한 관료제 하에서 엄격한 직무분장과 직무규정의 정비, 의사결정 과정에서 품의제(稟議制)를 갖춤에 따라 기록의 생산과 유통은 일정한 절차에 따라 진행되었다. 아울러 법령집·판례집의 편찬 등으로 인해 기록이 대량 생

---

14) 윤훈표,「조선 초기 공기록물 관리제의 개편」,『기록학연구』제2호, 2000, 138쪽.
15) 김태웅,「갑오개혁 전후 지방공문서관리의 변화」,『규장각』제23호, 2000, 142쪽.

산되었다. 한편 통치기구의 말단에 위치하는 촌·정의 관리가 생산하거나, 수신받는 기록이 증가했다. 기록의 종류도 다양화되었다. 촌·정의 기록은 자치의 성격과 생활 조건 등에 의해 지역적·시대적 특징을 드러냈다.16) 요컨대 일본의 전근대 기록관리 체계는 막부·번·사찰을 비롯해서 촌·정 등 마을공동체 단위에서 광범위하게 기록을 남기고 있다. 이는 곧 개인·가문·조직이 과거의 증거나 선례를 찾기 위해 기록을 참고했던 것과 깊은 관련이 있었다.

(4) 전근대 기록 생산과 유통 과정의 특징 가운데 하나는 필요에 따라 부본 또는 등록(謄錄)을 만들었다 점이다. 중국에서 부본제도는 서주 시대에 기원한다. 그 후 역대 왕조에서 부본제도가 유지되었고, 청나라 옹정제(雍正帝)는 이 제도를 더욱 발전시켰다. 기록은 모두 정본 이외에 한 부의 부본을 만들었고, 별도로 보관했다. 정본이 붉은색으로 인쇄되었다면 부본은 검은색으로 인쇄하여 보관했다.

조선시대에도 실록과 의궤를 비롯해서 호적, 노비안 등의 중요 기록은 화재·분실 등에 대비해서 다수의 부본을 작성해서 분산 보존했다.17) 전근대 기록이 현대까지 전승될 수 있었던 이유는 이와 같은 부본제도와 깊은 관련이 있었다.

한편 문서를 옮겨 적는 것으로 기록을 정리하는 등록 행위는 관청의 일기, 치부책 등은 물론 각종 기록에서 볼 수 있는 현상이다. 등록은 원본을 그대로 옮겨 적는 것이 아니라 기록의 선별과 축약이 이루어지는 과정이었다.18)

---

16) 國文學硏究資料館史料館 編, 앞의 책, 101~107쪽.
17) 이한희, 앞의 글, 316쪽.
18) 김현영, 「근세 한국과 일본의 역사 기록 비교」, 『탈경계 인문학』 제5권 2호, 2012, 51~52쪽.

등록은 "원본 문서의 내용을 옮겨 적는데 문서 원형의 모습을 보여주지는 않는다. 문서의 원형만 무너뜨릴 뿐 아니라 문서의 내용도 축약하는데 축약은 내용의 요점을 정리한다기보다는 군더더기 표현을 덜어내는 정도로 원본의 내용에 최대한 가깝게" 했다.[19]

원본을 그대로 보존하지 않고 등록 방식을 택한 것은 종이 사용에 대한 재정적 부담 때문이었다. 원본은 폐기하고 주요 내용을 편찬하여 기록을 남기는 전근대 기록관리 전통은 현대 기록관리 체계와는 매우 다른 점이라 할 수 있다.[20]

일본의 막번체제도 원본 기록을 필사해서 분류하고 편집하는 형태로 부본을 만들어서 활용했다. 주로 법령과 행정 선례 등을 부본으로 만들었다.[21] 조선에서는 관에서 생산한 기록은 등록을 통해 축약되는 형태로 기록이 만들어졌다. 이 과정에서 원래의 기록은 폐기되는 절차를 거쳤다. 그러나 에도시대 일본에서는 원본 문서를 특별한 경우를 제외하고는 폐기하지 않았다.[22]

2) 기록 보존 서고

우리나라는 조선왕조실록 등 세계기록문화유산을 보유한 아카이브 전통이 존재하지만, 근대에 이르러 식민지를 경험하고 해방 후 식민

19) 연갑수, 「조선후기 등록에 대한 연구」, 『외대사학』 제12호, 2000, 200쪽.
20) 백선혜, 앞의 글, 136쪽.
21) 와타나베 고이치, 김현영 역, 「전근대 일본에 있어서 아카이브즈(기록 사료)와 관리」, 『규장각』 제34집, 2009, 73쪽. 번의 경우 복잡한 행정업무를 처리하는 일부 조직에서는 문서량이 증대함에 따라 점차 원본 관리로 변화하였다.
22) 김현영, 앞의 글, 54쪽.

지적 유제를 극복하지 못한 가운데 기록문화가 쇠퇴하여 심지어 '기록이 없는' 나라라는 오명을 갖게 되었다. 그러나 고대 국가로부터 조선시대에 이르기까지 공적 기관·문중·개인 등이 생산한 기록은 오늘날과 관리 방식에서 차이가 있을 뿐 기록을 남기고, 보존하고, 그 기록을 바탕으로 역사서를 편찬했던 사실은 예나 지금이나 변함이 없었다.

> 옛날 사람들은 기록할 만한 좋은 점을 한 가지라도 가졌다면 그 물건이 보잘 것 없다고 해서 팽개쳐두지 않았다. 감추어진 사실을 구석구석 뒤져서 모으고 심오한 비밀은 훤하게 드러낸 뒤에 갖가지 내용을 수집하여 책으로 엮어 후세 사람에게 제시해주었다. 이들 저서가 곳곳에 버려진 사물을 세상에 훤히 드러냄으로써 천하 모든 사람들과 후세의 자손들이 누구나 할 것 없이 자유롭게 사용하도록 만들었다.[23]

전근대 동아시아 3국 기록관리 제도의 공통점 가운데 하나는 기록을 집중적으로 보존하는 아카이브가 존재한 점이다. 또한 한 곳에서 집중 보존하는 방식이 아니라, 중앙과 지방에 별도로 중요 기록 보존 시설을 설치했다.

중국 상나라의 갑골문은 종묘에 보관했고,[24] 진나라는 서고 관리 규정을 두었다. 곧 서고를 감독하는 관리는 매일 순찰을 돌아야 했으며, 서고에는 불을 가지고 들어갈 수 없었다. 관리의 숙소는 서고 가까이 건축할 수 없었다.[25]

---

23) 李鈺, 『煙經』, 煙經序; 안대희 옮김, 『연경, 담배의 모든 것』, 휴머니스트, 2008. 238쪽.
24) 周雪恒, 앞의 책, 28쪽.
25) 강대신·박지영, 앞의 글, 94쪽.

한나라는 황실 안팎에 전적과 당안을 보관하는 시설인 석거각(石渠
閣)·난대(蘭臺)·동관(東觀) 등을 두었다. 봉건 관료제가 확립되어 가면
서, 지배자들이 자신들의 통치력을 강화하기 위한 수단으로 기록을
수집하는데 힘을 기울였다. 이에 따라 중앙과 지방 기관에서 수집된
기록을 집중 보존하는 서고는 갈수록 규모가 커졌다. 당의 갑고(甲庫),
명의 후호황책고(後湖黃冊庫)·황사성(皇史宬), 청의 내각대고(內閣大庫) 등
은 대표적인 아카이브였다.[26]

송나라는 황제의 기록과 전적을 관리하는 용도각(龍圖閣)·보문각(寶
文閣) 등 11개의 황제 전용 서고를 설치하고, 기록을 보존했다. 황실 당
안고(檔案庫)는 궁궐 건축의 중요한 요소였으며, 기록을 보호하기 위해
각종 설비를 갖추었다.[27] 황제 전용 서고의 설치는 기록관리가 통치
의 주요 요소였음을 의미했다.

송나라는 각 기관에 기록을 관리하는 전담기구인 가각고(架閣庫)를
설치했다. 가각고는 원래 당나라에서 인사기록을 보관하기 위해 설치
했으나, 송나라는 모든 기관에 설치했다. 가각고는 기록관리 기구이
며, 또한 서고시설이다. 가각고를 설치한 이유는 중앙집권을 강화하
기 위한 조치였다. 또한 기록 생산량이 급속하게 증가함에 따라 이를
보관하는 시설이 필요했기 때문이었다.

송나라 때에는 기록을 보관하는 방법도 발전했다. 금궤에 넣어 보
관하는 방식은 기록을 검색하거나 이용할 때 불편한 점이 많았다. 아
울러 수량적으로 제한을 받았으므로, 급증하는 기록을 보관하는 데에

---

26) 周雪恒, 앞의 책, 180, 261, 278쪽.
27) 周雪恒, 앞의 책, 208~209쪽; 당안은 5일마다 햇볕에 쪼이고 통풍했다. 서고와
가각(架閣)에는 통일된 번호를 부여했으며, 서고마다 4개의 가각를 설치했다.
가각은 반드시 나무를 이용하여 만들었다.

는 적합하지 않았다. 그러나 가각은 여러 층의 격자모양의 선반을 이용하는 방식이었으므로, 공간을 충분히 활용할 수 있었다. 기록의 종류에 따라 나누어 각기 보관할 수 있었고, 이용에 편리하여 대량으로 증가하는 보존 기록을 감당할 수 있었다. 중앙기관의 가각고를 주관하는 관리는 대부분 진사(進士) 급제자였으며, 지방기관의 가각고는 하급관리들이 관리했다.

송나라의 기록관리 규정에 따르면, 중앙 기관의 가각고에는 현(縣) 이상의 기관에서 생산한 중요 기록이 이관되었다. 가각고에 보존하는 기록 가운데 장기 보존할 필요가 없는 기록은 10년간 보관했으며, 3년마다 검사한 후 폐기했다. 6부의 중요 기록은 일정 기간 동안 자체적으로 보관하다가 중앙기록관 역할을 하는 금요문문서고(金耀門文書庫)로 이관하도록 규정했다.[28]

전근대 중국 제도의 영향을 받았던 한국에서도 중국의 관제를 모방하여 가각고를 설치했다는 기록이 존재한다. 『고려사(高麗史)』에 따르면, 충렬왕 때(1280년)에 추밀원에 가각고관구(架閣庫官勾) 1명을 두었다는 기록이 남아 있어 그 이전에 가각고가 설치되었음을 알 수 있다. 또한 송나라의 영향을 받은 사실은 광해군 때에 허균이 다음과 같이 그 유래를 기록하고 있다.[29]

---

[28] 周雪恒, 앞의 책, 209~213쪽; 요컨대 縣에서는 州로, 州에서는 路로, 路에서는 중앙 정부로 순차적으로 기록을 만들어서 보고하게 하였다. 예를 들어 부역과 관련된 기록은 현에서 매년 4부를 작성하여 1부는 현의 가각고에 남기고, 3부는 주에 전달하고, 주에서는 이를 사실과 비교해 검사한 후, 1부는 주의 가각고에 보관하고, 2부는 轉運使에게 보고하게 하였다. 전운사는 역시 사실과 비교한 후, 1부는 남겨 보관하고 나머지 1부는 尙書戶部로 보고했다.

[29] 남권희, 「架閣庫考」, 『서지학연구』 제1집, 1986, 131~135쪽.

"가각은 중국 송나라 관제로서 문학하는 신하를 뽑아서 맡기고 양부(中書門下省, 中樞院)에 모두 있었으니 대개 典故를 거두어 두고 살펴보도록 한 것이다. 상상컨대 국초에 이로 인해서 설치한 것 같다."

곧 고려 때 설치되어 조선 초기까지 유지된 가각고는 송의 제도를 모방한 것이었다. 가각고는 세조 때에 의정부 내로 옮겼다가 재정 문제로 인해 먼저 직제를 없애고, 1468년에 혁파되었다. 이에 따라 시정기·승문원일기와 같은 중요 기록은 해당 관청과 의정부, 사고 등에서 보관하였으며, 종전 가각고가 담당했던 기록관리 기능은 의정부가 흡수했다.[30]

한편 원나라는 건국 후 송나라의 가각고 제도를 그대로 유지하여 각 기관마다 가각고를 설치했다.[31] 넓은 국토와 다수 민족으로 구성된 원나라는 여러 민족의 문자가 문서 작성에 모두 사용되었다. 중서성은 문서에 사용된 언어에 따라 가각고(蒙古架閣庫, 回回架閣庫 등)를 별도로 설치하여 기록을 보존했다.[32]

명나라를 건국한 주원장(朱元璋)은 1391년 "천하에 많은 사가각고(私架閣庫)를 만들어 공문서를 보존하고, 또한 관리를 세워 그것을 담당하게 하라"고 지시했다.[33] 이는 명나라 초기 오랜 전란으로 훼손된 생산력을 회복시키고, 통치를 강화하기 위한 조처였다. 곧 과거의 기록을 수집하여 참고할 만한 정책을 파악하고, 당면한 현실 문제를 개선하기

---

30) 윤훈표, 앞의 글, 157쪽.
31) 6부에는 左部(吏戶禮)가각고, 右部(兵刑工) 가각고를 설치했다. 추밀원·어사대 등 중앙 기구와 각급 지방 기관에도 모두 가각고를 설치하고, 전문적인 관리를 배치했다.
32) 周雪恒, 앞의 책, 235~236쪽.
33) 楊小紅 編著, 앞의 책, 178쪽.

위해 이러한 조치가 취해졌다.

명나라도 송의 제도를 계승하여 중앙과 지방에 모두 가각고를 설치
했다. 그 밖에도 호구(戶口) · 전량(錢糧)에 관한 서적과 각종 지형을 도
면으로 만들어 책자로 간행하여 보관하는 내고(內庫)를 두었다. 이 시
기에는 약 200여 개의 보존서고가 만들어졌으며, 그 명칭은 가각고,
황책고(黃冊庫),[34] 안책고(案冊庫), 조책국(造冊局) 등 매우 다양했다.[35]

청나라 강희제는 즉위 후 문물제도 정비과정에서 다수의 기록관리
기관을 설치했다. 그러나 전통적인 가각고 제도를 수용하지 않았고,
당방(檔房)이나 청당방(淸檔房)을 각 기관의 기록관리 주관 부서로 설치
했다.[36] 황제권이 강화된 청나라에서 내각(內閣)과 군기처(軍機處)는 황
제를 보좌하는 중추기관이면서 기록관리의 최고기관이었다. 내각은
황제의 정무 처리를 보좌하고, 황제를 위해 문서를 작성했다. 내각은
또한 사서의 편찬과 기록, 도서의 보관 업무를 수행했다.[37] 내각대고
(內閣大庫)는 중앙의 가장 중요한 기록보존 시설이었다.[38]

한편 조선에서도 기록을 보존하는 시설을 설치했다. 춘추관(春秋館)
의 시정기(時政記)[39], 승정원일기, 외교문서 담당 기관인 승문원 기록은
해당 관청을 비롯해서 의정부와 사고(史庫)에 보관했다. 사고는 실록을

---

34) 江西 布政司의 黃冊庫는 庫房 50칸, 사무용 건물 3칸, 고방마다 문을 각기 내
    었으며, 고방은 격리되어 있었다. 20명의 업무인원이 배치되었다.
35) 周雪恒, 앞의 책, 258~268쪽.
36) 周雪恒, 앞의 책, 278~279쪽.
37) 楊小紅 編著, 앞의 책, 179쪽.
38) 내각대고에는 직임을 맡으면서 생산한 문서, 제왕의 언행을 기록한 起居注,
    관찬의 實錄과 典籍의 原稿, 그리고 입관 이전에 생산한 滿文老檔과 木牌 등
    이 보관되었다.
39) 시정이란 국정을 의미한다. 시정기는 조선시대 춘추관에서 관장하여 정무 행정
    의 실상과 잘잘못을 기록한 것이며, 실록 편찬 시 가장 기본적인 기록이었다.

비롯한 역사기록과 중요한 서적을 보관한 국가적 차원의 보존시설이 었다.

조선 초기『태조실록』·『정종실록』·『태종실록』등은 2벌을 등사하여 춘추관과 충주사고에 보관했으며,『세종실록』부터는 활자로 인쇄하여 춘추관, 충주·전주·성주사고에 보존했다. 춘추관에 봉안된 실록은 3년마다 춘추관 당상관이 포쇄하여 습기와 방충을 제거하는 보존 조치를 취했다. 지방 사고에는 사관을 보내서 작업을 수행했다. 사고 내에는 역대 실록을 보존한 사각(史閣)을 설치해서 별도로 보존했다.

사고에서는 현용기록과 비현용기록을 구분하여 보존했다. 현용기록인 거행문서(擧行文書)는 누하고(樓下庫)에 보관했으며, 소송 등과 관련된 오래된 기록은 누상고(樓上庫)에 보존했다. 곧 현용기록은 해당 관청에서 보관하거나 누하고에 보존하고, 비현용기록 가운데 증빙기록과 법규 관련 기록은 누상고에 보존했다.

『중종실록』에는 1530년 "황해도 감사의 침방(寢房)에 화살을 쏜 일과 원주영(原州營)의 문서누고(文書樓庫)가 불에 탄일은 다 놀랍습니다"라고 기록되어 있다. 곧 지방 관청에도 문서고가 설치되었음을 알 수 있다. 토지대장 등 국가 재정과 관련된 기록을 보존하기 위해 지방 각 관청에도 문서고를 설치했다. 예를 들어 호적을 비롯해서 토지대장을 보관했던 장적고(帳籍庫)·장적청(帳籍廳), 전안고(田案庫) 등이 지방에서 관리한 주요 기록이었다.[40] 국가 차원에서 기록의 유형에 따른 보존 장소를 별도로 규정하지 않았으므로 지방 관청이 개별적으로 기록을 관리했다.[41]

일본의 경우 율령을 통해 통치하는 고대 국가 성립 이후 기록관리

----

40) 이한희, 앞의 글, 307~308쪽.
41) 김태웅, 앞의 글, 142~148쪽.

체계를 갖추었다. 율령시대에 최고 행정기관이었던 태정관에는 기록 관리 기구인 관문전(官文殿)이 존재했다. 1226년 관문전이 소실된 이후 기록들은 대대로 관문고(官文庫)에 보관했다.[42] 여기에 보관하는 기록은 관외로 반출되지 않았다. 또한 기록관리를 전담하는 인력인 사(史)를 두었다.[43]

중세의 서구 아카이브 체계는 '탈집중화'가 특징이었다. 곧 아카이브는 정부 기관은 물론 영주의 영지, 지역 교회와 수도원, 길드 등 민간의 작은 조직에 속해 있었다. 그러나 동아시아 3국의 경우 공적 조직을 중심으로 아카이브가 존재했으며, 중앙 집중화된 공통점을 공유했다.

3) 역사서 편찬과 사관

중국 상나라는 기록을 등록한 시간을 기록하거나, 몇 개의 갑골을 모아서 책자 형태로 묶어서 보존하는 등 일정한 정리법을 사용하여 기록을 관리했다. 또한 정인(貞人) 등의 사관을 두었다.[44] 중국의 역대 왕조는 기록 생산과 관리 제도를 만들고 시행하였다. 당대 최고의 지식인인 사관들은 자신들이 독점하고 있는 문자지식을 이용하여 정사를 기록하는 것은 물론 왕명을 하달하고 기록을 관리했다.

춘추전국시대(春秋戰國時代) 사관들은 장기간 통치경험과 지식을 축적했다. 따라서 국왕이나 고위관료들의 정치고문 역할을 담당할 수 있었고, 국정 자문에 응할 수 있었다. 그러나 춘추시대 중기에 이르면

---

42) 강대신·박지영, 앞의 글, 103쪽.
43) 민주, 앞의 글, 9쪽.
44) 周雪恒, 앞의 책, 14~17쪽.

봉건 관료제도가 확립되면서, 사관은 점차 국정에 대한 자문 역할로부터 부차적인 직위로 전락했다. 곧 정사를 기록하고, 기록을 관리하는 전문직으로 변화하였다. 진나라 때 사관 중의 일부는 기록을 관리하는 관리로 임용되었다. 그들은 전문지식을 이용하여 봉건통치를 강화하는 데 기여했다.[45]

중국의 역대 왕조는 대부분 기록을 이용한 역사 편찬에 힘을 기울였다. 대규모의 인력과 예산을 들여 역사 편찬 작업을 장려했다. 기록을 이용한 역사서의 편찬은 하나의 전통이었다. 당나라는 중국을 정치적으로 통일하면서, 전 시대의 역사 편찬을 통해 새로운 왕조의 정통성을 확보하려 했다. 이러한 이유로 당 태종은 실록을 편찬했다.

당나라 때부터 관료제가 본격적으로 발달했다. 관료제의 발전은 기록의 생산·수집·보존·편찬이라는 기록관리 업무의 분업화를 가져왔고, 그 기반 위에서 실록 편찬이 진행되었다. 곧 역사 편찬 작업은 분업화된 관료들에 의해 정부에서 수행하는 업무로 전환되었다.[46]

이에 따라 당에서는 관찬 사서의 편찬을 강화했다. 이십사사(二十四史) 가운데 『양서(梁書)』·『진서(陳書)』·『북제사(北齊史)』·『주서(周書)』·『수서(隋書)』·『남사(南史)』·『북사(北史)』 등이 사관(史館)에서 편찬되었다.[47] 사서 편찬은 황제의 언행이나 황제와 신하 간의 대화를 기록한 자료회편(資料汇編), 실록, 기거주(起居注), 시정기 등으로 구성되었다. 시정기는 황제와 신하 간의 시정에 관한 대화를 기록한 것으로 당나라 때 시작되었다.[48]

---

45) 周雪恒, 앞의 책, 86~88쪽.
46) 오항녕, 「조선전기 기록관리 체계의 이해」, 『기록학연구』 제17호, 2008, 17쪽.
47) 周雪恒, 앞의 책, 186쪽.
48) 楊小紅 編著, 앞의 책, 188쪽.

명나라 때에는 기록을 이용한 실록 편찬이 활발하였다. 13조(朝)에 걸쳐 총 3,045권의 실록을 편찬했다. 정본은 황사성(皇史宬), 부본은 내각에 보관하였다. 또한 지방의 방지(方志) 편찬을 위해 기록을 활용했다. 현존하는 명나라의 당안은 주로 제1역사당안관(第1歷史檔案館)과 요녕성당안관(遼寧省檔案館)에 보관되어 있다.[49]

청나라 때 역사서를 편찬하는 기관은 내각에 속해 있었다. 일부 내각에 속하지 않은 수사기관(修史機關)도 책을 만드는 일은 내각 대학사가 총람(總攬)하였다. 새로운 황제가 즉위한 후에, 전임 황제의 실록을 편찬하는 실록관(實錄館)과 10년마다 한 번씩 개설하는 옥첩관(玉牒館)을 설치했다. 또한 건륭제(1711~1799년)는 앞선 5조(朝)의 본기(本紀)와 표지(表志), 열전(列傳) 등의 편찬을 위해 국사관(國史館)을 만들었다.[50]

조선시대 기록관리 제도의 특징 또한 기록을 편찬하고 실록을 작성한 점이다. 곧 조선시대의 기록관리는 각 관청에서 생산된 기록 원본을 현재의 제도와 같이 그대로 보존하는 것이 아니라 편찬 방식을 채택했다. 이와 같은 방식은 실록과 같은 역사서 편찬으로 이어졌다. 실록 편찬은 춘추관의 사관이 정리한 사초를 비롯해서 승정원일기, 시정기 등의 기록을 근거로 작성되었다.

조선시대에는 관청에서 생산된 기록과 함께 사관들이 별도로 남긴 사초(史草)도 생산되었다. 『경국대전』이 규정한 사관의 주요 임무는 사초 작성과 시정기의 편찬이었다. 시정기의 편찬 작업은 춘추관 겸임 관서에서 생산한 『승정원일기』 등 주요 기록을 정리하는 일이었다.[51]

49) 周雪恒, 앞의 책, 270~271쪽.
50) 周雪恒, 앞의 책, 311쪽.
51) 백선혜, 앞의 글, 134~135쪽.

시정을 기록하는 일을 맡는다. 모두 문관을 임명하는데 다른 관원이 겸한다. 수찬관 이하는 승정원 홍문관 부제학 이하, 의정부 사인·검상 예문관 봉교 이하 및 시강원 당하관 2인, 사헌부 집의 이하 사간원·승문원·종부시·육조의 당하관 각 1인이 겸한다.

사관은 겸임사관과 예문관의 한림(翰林)인 전임사관으로 구분되었다. 이들은 모두 역사를 기록하는 일을 담당했다. 겸임사관은 춘추관의 수찬관(修撰官), 편수관(編修官), 기주관(記注官), 기사관(記事官) 등을 겸직하고 있는 관원 등으로 15개 중앙 기관에 소속되었다. 예문관의 봉교·대교·검열 등의 한림은 정7품에서 정9품까지 품계는 낮았으나, 후임 사관을 스스로 선발하는 자천제(自薦制)를 통해 직무의 독립성을 유지했다. 이들은 임금과 신하가 논하는 정무에 참석하여 행사와 대화 내용을 기록했다.

사초는 겸임사관과 전임사관이 작성했다. 사초는 예문관에 보관하는 관장사초(館藏史草)와 사관이 기록하여 집에 보관했던 가장사초(家藏史草)가 있었다. 가장사초는 사관의 직서(直書)를 보장하여 사초의 객관성을 확보하기 위해 왕조차도 열람할 수 없었다.[52] 사초의 종류는 가장사초 이외에도 승정원에서 작성한 『승정원일기』, 홍문관에서 작성한 『경연일기』, 겸임관서인 의정부·육조·사헌부·사간원·승문원·종부시·세자시강원의 겸임사관들이 기록한 사초 등이 있었다.

시정기는 가장사초와 함께 실록 편찬의 기초 자료였다. 사관들은 『승정원일기』를 비롯해서 각 관청에서 생산한 기록을 편찬하는 업무도 담당했다. 그밖에도 실록의 포쇄, 왕명 전달 등의 임무도 수행했다. 사초는 사관 이외에는 볼 수 없었으며, 실록이 편찬될 때 실록청

---

52) 오항녕, 『한국 사관제도 성립사 연구』, 한국연구원. 2003, 220~222쪽.

에 제출했다. 실록이 편찬되고 사고에 봉안한 후에는 사초를 세초(洗草)했으며, 재생용지로 활용했다.

실록이 처음 편찬되었던 당나라에서는 황제 재위기간 중에 편찬되기도 했다.[53] 그러나 실록 편찬에 참여한 사관들의 기밀 누설 위험, 사화(史禍) 발생이 예상되었기 때문에 점차 실록을 공개하지 않는 방향으로 제도화했다. 곧 실록은 당대에 접근할 수 없는 기록이었다.[54] 한국과 중국 실록의 공통점 가운데 하나는 기록을 남겼던 사관들의 평가, 곧 사론(史論)이 포함되어 있다는 점이다.[55]

한편 일본에서 정사 편찬은 901년 이후 중단되었다가, 14세기 초 가마쿠라 막부(鎌倉幕府, 1192~1333년)에서 역사편찬이 이루어졌다. 그러나 그 내용은 막부의 역사를 기록한 것이었다. 또한 무로마치 막부(室町幕府, 1336~1573년)에서는 역사편찬이 진행되지 않았다. 그 원인은 일본이 봉건 관료제를 중국과 조선으로부터 수용했으나, 정치 환경의 차이 곧 막부의 통치 행위가 주요 가문을 중심으로 이루어졌기 때문이었다.[56]

에도막부(江戸幕府, 1603~1867년)는 19세기 초에 공식 역사서인 『덕천실기(德川實紀)』를 편찬했다. 『덕천실기』는 역대 쇼군(將軍)들의 재능·덕망 등을 비롯하여 주요 사건을 편년체로 서술했으며, 중국의 명·청 실록 등을 모방하였다. 일본에서는 한국은 물론 중국의 실록과 달리 막부의 기록을 중심으로 실록을 편찬했다. 그러나 사관 제도를 비롯한 실록 편찬 체계의 바탕 위에서 만들어진 것은 아니었다.[57]

53) 오항녕, 앞의 글, 12쪽.
54) 백선혜, 앞의 글, 136쪽.
55) 오항녕, 『조선의 힘』, 역사비평사, 2010, 60쪽.
56) 와타나베 고이치, 김현영 역, 앞의 글, 71쪽.
57) 김현영, 앞의 글, 36~38쪽.

2. 근대 초기 기록관리 체계의 변동

1) 일본 : '아카이브 없는' 기록관리 체계의 형성

서구의 근대는 자본주의의 발달과 시민계급의 성장에 따라 절대 군주의 권력을 타파하여 봉건사회를 해체하고, 시민의 자유와 인권을 획득하는 과정이었다. 이 과정에서 시민의 대표로 의회를 구성하고, 의회에서 제정된 법률을 통해 그 권리를 보장받았다.

프랑스 혁명 후 서구에서는 중세 시대 분산적 성격의 아카이브 체계를 극복하고 국가 아카이브를 설립하여 중앙 집중화를 꾀하였다. 또한 기록관리법을 제정하고, 기록 유산의 보호를 국가의 주요 책무로 인식하였다. 아카이브는 시민들에게 개방되었다. 아카이브는 더이상 군주나 귀족들의 특권을 보장하는 용어로 사용되지 않았다. 서구의 근대적 아카이브 체계 형성과정은 시민사회의 성립과 밀접한 관련이 있다. 곧 시민의 권리를 국가가 보장하기 위한 시스템으로서 기록관리 체계가 성립되었다.

1789년 프랑스에서 국가 아카이브가 설립된 이후 프랑스 아카이브 체계는 나폴레옹의 정복전쟁과 함께 19세기 말까지 유럽 대륙에 확산되었다. 곧 유럽 대부분의 국가는 정부 기록의 국가 아카이브 이관, 기록에 대한 평가와 기술, 기록 공개를 통한 시민의 권리 보장 등을 수용했다.[58]

----

[58] 근대 초기에는 전 근대 시기에 비해 기록의 종류가 다양해졌으며, 양적으로도 급증했다. 기록 생산량이 이처럼 양적으로 팽창할 수 있었던 요인은 (1) 인구의 증가와 근대적 법제 정비 등을 통해 전 보다 국민의 권리와 의무에 대한 증거 기록에 대한 기록화의 필요성이 증대했기 때문이었다. (2) 자본주의 체

19세기 후반 제국주의 열강의 동아시아 침략은 동아시아 3국의 급격한 체제 변동을 결과했다. 동아시아 3국은 서구적 근대화와는 다른 근대화의 경로를 걸었다. 일본은 제국주의 국가로 나아갔으며, 중국은 반식민지 상태로, 한국은 일본제국구의의 식민지로 전락했다. 기록관리 체계 또한 근대화의 상이한 경로와 마찬가지로 서로 다른 변화과정을 겪었다.

일본 메이지(明治)정부는 천황제 유지를 전제로 행정 체계를 주로 독일로부터 수용했다. 기록관리 체계 또한 독일의 등기실 체계가 영향을 끼친 것으로 보인다. 따라서 먼저 등기실 체계에 대해 언급할 필요가 있다.[59]

특히 유럽 국가 가운데 등기실(Registry)·아카이브 체계를 채택한 프로이센의 사례는 근대 초기 동아시아 3국의 기록관리 체계에 일정한 영향을 미쳤다. 등기실은 정부 기관 내에서 현용기록을 관리하는 부서였다. 기관에서 생산되고 유통되는 기록을 제어하고, 아카이브로 기록을 이관했다. 곧 현용기록은 등기실에서 관리하고, 비현용기록은

제가 성립됨에 따라 사회의 복잡성이 한층 심화되었으며, 다양한 분야에서 기록이 생산되었다. (3) 전 근대 시기에 비해 행정 기구가 비대해진 결과 정부 기관에 기록이 축적되었으며, 국민생활에 대한 국가의 통제가 강화되어 이와 관련된 기록이 작성, 배포되었다. (4) 근대적 공교육제도가 도입되어 문자해독이 가능한 인구가 증가했으며, 신문·잡지·간행물 등 대중매체의 발달로 정보를 획득할 수 있는 경로가 다원화되고 기록화의 수단이 다양해졌다. (5) 기록 용구, 매체의 기술적 진보와 싼 가격으로 공급하는 대량 생산체제의 확립, 수요의 증대 또한 기록 생산량 증가에 일조했기 때문이었다(國文學硏究資料館史料館 編, 앞의 책, 119쪽).

[59] 靑山英幸,「日本におけるアカイブズの認識と〈史料館〉, 〈文書館〉の設置」, 安藤正人·靑山英幸 編著,『記錄史料の管理と文書館』, 北海道大學圖書刊行會, 1995, 제2절; 이승휘,「갑오개혁기 기록관리제도와 등기실체제(Registry system)」,『기록학연구』제17호, 2008, 93쪽에서 재인용. 등기제는 기록을 누적된 순서에 따라 연속된 번호를 부과하고 등기부를 작성하는 것이다.

아카이브에서 관리하는 체계였다.

일본은 독일의 등기실 체계를 모방하여 수용했으나, 아카이브는 설립하지 않았다. 따라서 근대적 시민권을 보장하기 위한 국가 아카이브의 설립과 기록의 공개 등은 이루어지지 않았다. 곧 일본은 서구 아카이브 제도에서 "근대 아카이브 정신은 제외한 채 기록관리 실무적 측면만을 모방"하고, "기록관리를 행정의 수단"으로만 인식했다.[60] 이러한 방식은 근대 초기 한국의 기록관리 체계에 이식되었다.

일본은 1885년 종전의 태정관(太政官) 제도를 내각제도로 개편했다. 관제 개편에 따라 기록국(記錄局)이 신설되었다. 기록국 내에는 기록과와 도서를 관리하는 도서과를 설치했다. 기록과의 업무는 내각에서 생산한 기록을 편찬하고 보존하는 것이었으며, 관련 부서의 업무 편의를 위한 목적으로 기록을 제공했다. 또한 이 시기에는 공문서 서식을 통일하여 일정한 형식과 절차에 따라 공문서를 작성하였다.[61]

일본에서 기록에 대한 보존기간을 정한 것은 1887년 「내무성문서보존규칙」이 시초였다. 동 규칙은 보존기간을 영구보존 기록, 유기한 보존 기록, 폐기할 기록으로 구분하여 정하였다. 영구보존 기록은 조서, 칙령, 중요한 복명서, 법률 규칙 제정·개정 관련 기록 등이 포함되었다. 부·현 등 지방정부에서도 국가의 중요 정책 결정과 시행 문서를 영구보존했다. 유기한 보존해야 할 기록은 10년 이상 참조할 필요가 있다고 인정하는 품의나 신고서, 부·현으로의 지령·회답 등이었다. 그 외의 기록들은 일정 기간이 경과하면 폐기되는 기록이었다.[62]

60) 이승휘, 위의 글, 105쪽.
61) 三上昭美, 「新政付の成立と公文書」, 『日本古文書學講座』 第9券, 雄山閣出版株式會社, 1979, 19쪽.
62) 國文學研究資料館史料館 編, 앞의 책, 121~122쪽.

앞에서 살펴본 것처럼 전근대 동아시아 3국의 기록관리 전통은 원본을 보존하는 것이 아니라 원본을 요약해서 부본을 만드는 것이 일반적이었다. 그러나 근대 초기에는 기록 생산량이 급증하면서 원본을 요약하는 것이 불가능해졌기 때문에 원본 보존 방식으로 변화하였다. 이러한 원본 보존 체계로의 변화는 동아시아 3국에서 모두 볼 수 있는 현상이었다.

한편 일본에서 서구의 아카이브 제도는 19세기 후반부터 소개되었다. 1871년 구미 각국의 문물과 제도를 시찰한 이와쿠라(岩倉) 사절단의 공식기록『미구회람실기(米歐回覽實記)』에는 박물관 · 도서관 · 아카이브가 소개되고 있다. 이 보고서는 문화유산기관을 설치하는 것이 곧 문명화된 국가라고 인식했다. 1892년에는 유럽의 아카이브 제도가 최초로 명확하게 역사학회에 소개되었다.

> 구주 각국에는 모두 기록국이 설치되어서, 국원 내에는 역사 · 법률 · 행정 등의 전문가가 있으며, 각각의 문서를 보관한다. 또한 여러 관청의 문서 이관도 업무가 종료되면 기록국이 이를 받아서 보존하는 제도를 채택하고 있다. 문서 정리, 목록 편집, 학술연구, 문서 출판 등의 일을 하고 있다. 또한 각 관청의 의뢰에 응해서 선례고실(先例故實)을 고사(考査)하거나 산일된 문서를 수집 모사하는 등의 일을 담당한다. 단 종전에는 비밀을 지키고 대중의 열람을 허용하지 않았지만, 지금은 정략 상 지장이 없는 한 특히 차람등사(借覽謄寫)하는 것을 허락하여, 비밀 중의 비밀이라고 말해지는 교황의 기록소도 지금 점차 그 열쇠를 열려 하고 있다.[63]

곧 아카이브에는 역사학 등을 전공한 전문 직원을 배치하고, 공공

---

[63] 安藤正人 · 靑山英幸 編著, 앞의 책, 54쪽.

기록은 그 역할이 종료된 후 평가·선별하여 보존하는 체계라고 소개
하였다. 또한 기록 수집·정리 등의 업무를 수행하고 있으며, 기록을
공개하고 있다고 기술했다. 그러나 19세기 후반 독일 역사학의 영향
을 받은 일본 역사학계는 역사학의 연구 영역을 막부말기 이전으로
한정하고, 독일 실증주의 역사학의 토대인 아카이브 제도를 수용하지
않았다.

19세기 유럽의 아카이브 제도는 민족주의 성립에 기여했다. 새로운
국가에 대한 충성을 정당화하기 위해 민족의 뿌리에 대한 연구가 필
요했다. 이에 랑케(Leopold von Ranke) 등 역사가들은 구술 증언 등 기억의
주관성을 배제하고, 중세 왕실과 교회 등에 보존된 기록을 조사했다.
곧 '불편부당한', 객관적인 기록을 바탕으로 역사학을 '과학적' 학문으
로 자리매김하려 하였다. 이 시기 국민국가에 의해 만들어진 국가 아
카이브는 민족주의를 고양하는 저수지 역할을 담당했다.

아카이브 체계를 수용하지 않은 일본에서는 아카이브를 통해서 기
록을 공개하는 것 또한 가능하지 않게 되었다. 곧 관료체계의 비밀주
의와 맞물려 오랜 기간 동안 기록의 비공개 관행이 유지되었다.

기록의 비공개 방침은 1887년 행정 참고자료인 『법규분류대전(法規
分類大全)』 편찬사업의 편집방침에서 엿볼 수 있다. 내각 기록국 기록과
에서 진행한 이 사업은 『태정유전(太政類典)』,『공문록(公文錄)』,『공문잡찬
(公文雜纂)』 등의 기록을 기초로 작성된 것인데, 이 자료들의 원전에 기재
되어 있는 기밀사항이 유포되면 민심을 자극할 수 있다는 이유로 일
정한 기준을 정해서 상당수 기록을 비공개했다. 기록을 은폐하는 이
기준은 내각뿐만 아니라 각 성과 지방행정기구에 영향을 미쳤다.[64]

----

64) 安藤正人·青山英幸 編著, 앞의 책, 65쪽.

요컨대 근대 초기 일본에서 형성된 기록관리 체계는 시민들에게 기록을 공개하여 근대 시민주권을 강화하는 방향으로 나아가지 않았으며, 기록을 은폐하여 천황제를 강화하는 데 기여했다.

일본은 이 시기 서구 아카이브의 존재와 기능에 대해 인식하고 있었으나, 일본 정부는 아카이브를 설립하지 않았고, 대신 역사 편찬에 주력했다. 1895년에는 제국대학의 사학 편찬계에서 편찬사업을 담당하였다. 이때부터 일본 정부는 국가와 천황에 대한 역사편찬을 주요 사업으로 추진했다. 이는 일본 제국주의의 침략 정책과 맞물려 후일 '황국사관(皇國史觀)' 정립의 토대가 되었다.

2) 한국 : 일본 기록관리 체계의 이식

한국에서는 1894년 개화파가 정권을 장악하여 갑오개혁을 단행하고 관제를 개편했다. 왕실과 정치를 분리시키는 방향에서 추진된 갑오개혁은 일본 메이지(明治)정부의 내각 제도를 모방하였다. 갑오개혁으로 개편된 관제에 따라 의정부와 각 아문은 각각 기록국과 총무국을 설치하여 기록관리 업무를 담당했다.[65]

각 아문의 총무국 소속으로는 문서과 · 왕복과 · 보고과 · 기록과 등이 설치되었다. 문서과는 생산과 유통 과정의 문서를 통제했다. 기록과는 업무가 종결된 기록을 인계받아 편철 등 질서를 부여했다. 기록국은 기록과에서 원질서가 만들어진 기록을 업무 참고를 위해 보존했다.[66] 이와 같은 기록관리 기구 변화와 함께 결재 절차, 공문서 서식,

---

65) 이경용, 「한말 기록관리제도: 공문서관리 규정을 중심으로」, 『기록학연구』 제6호, 2003, 214~216쪽.

기록 원본의 보존, 기록에 사용된 문자의 변화, 인장 사용의 변화 등
이 이루어졌다. 곧 「각부각아문통행규칙(各府各衙門通行規則)」, 「각부처무
규정통칙(各府處務規程通則)」 등을 제정하여 공문서의 작성과 유통, 보존
에 이르는 기록의 생산 체계를 정비하였다.[67]

그러나 이와 같은 근대적 행정사무관리 규정, 곧 기록 생산과 접수
를 담당한 문서과, 기록 편철을 담당한 기록과 등의 기능은 독일의 등
기실(Registry) 체계와 일치했다.[68] 독일의 등기실 체계를 일본 메이지
정부가 모방하였고, 개화파 정권은 이를 일본으로부터 수용했던 것이
다.

1897년 성립된 대한제국 시기의 기록관리 체계는 갑오개혁기와 크
게 다르지 않았다. 의정부를 예로 들면, 의정관방에 속한 문서과는 기
록의 발송과 접수, 기안을 담당하고, 총무국에 속한 기록과는 주요 기
록을 편철하고, 조칙·법률 등 주요 법령의 원본을 보존하는 업무를
담당했다. 또한 갑오개혁기의 공문서 양식도 승계했으며, 공문서에
국문이나 국한문을 혼용하도록 하고, 조선의 독자적 연호인 '광무(光
武)'를 사용했다. 아울러 전근대 등록(謄錄) 제도로부터 기록의 원본을
보존하는 체계로 변화를 꾀하였다.[69]

---

66) 이승휘, 앞의 글, 107쪽.
67) 이경용, 앞의 글, 182쪽.
68) 이승휘, 앞의 글, 95쪽.
69) 이영학, 「대한제국시기의 기록관리」, 『기록학연구』 제19호, 2009, 183~187쪽.

52 동아시아의 아카이브 비교 연구

<표 2-1> 의정부의 조직구성과 업무 분장

부 서	과	분장 업무
의정관방 (議政官房)	비서과	·기밀에 관한 사항 ·관리 진퇴 신분에 관한 사항 ·관인(官印) 관수(管守)에 관한 사항
	문서과	·조칙과 법률 규칙의 발포 ·공문의 발송 접수와 기초(起草) ·법률 규칙 등 각 의안(議案)의 등초(謄草)에 관한 사항 ·회의할 때 문답과 토론을 필기 ·주안(奏案)을 정사(淨寫)
총무국	기록과	·각양 문서의 기록 편찬 ·조칙과 법률 규칙과 기타 공문의 원본을 보존 ·의정부소관도서의 구비류별보존 출납 및 그 목록의 편집 ·의정부 소용도서(所用圖書)의 출판 ·제반 통계표 편제
	관보과	·관보 및 직원록의 편찬 발매 및 분파(分派)에 관한 사항
	회계과	·의정부 소관 경비의 예산 결산 및 회계 ·의정부 소관 관유재산 및 물품보존과 그 장부 조제

출전: 「議政府所屬職員分課規程」建陽元年 10月 15日『法令集』2권 190~191쪽; 이영학, 「대한제국시기의 기록관리」,『기록학연구』제19호, 2009, 163쪽에서 재인용.

　　한편 일본제국주의의 식민지로 전락한 조선에는 일본 내각의 기록 관리 체계가 이식되었다. 조선총독부는 「조선총독부사무분장규정」을 통해 기록 생산과 관리를 통제했다.[70] 지방에는 1913년 「부군처무규정에 관한 준칙」, 「면사무지도감독규정준칙」 등의 통첩 형식으로 규정을 마련했다. 일제 강점기 기록관리 체계는 식민통치의 필요성에 따라 이식되었고, 지방행정의 말단까지 확대되었다.[71]

　　조선총독부의 기록관리 규정은 기록 생산과 유통 부분에 한정되어

[70]『조선총독부관보』제29호, 1910년 10월 1일.
[71] 박성진, 「일제하 조선총독부의 공문서 분류방식」,『기록학연구』제5호, 2002, 185~186쪽.

있었고, 해당 업무는 각 기관의 문서과에서 담당했다. 조선총독부 본부에는 총무부 소속의 문서과가 설치되었다. 문서과에서 수행하는 업무는 "문서의 접수·발송·편찬 및 보존에 관한 사항, 관인 및 부인(府印)의 관수에 관한 사항, 관보에 관한 사항, 통계 및 보고에 관한 사항" 등이었다.[72] 곧 문서과는 조선총독부 기록관리 행정의 핵심 기구였으며, 기록의 접수와 발송, 시행 완료 기록의 정리와 보존업무를 담당했다. 또한 조선총독부 본부의 영구기록은 총독관방 문서과에서 보존했다. 산하기관의 영구기록은 각 기관의 서무과에서 보존했으며, 지방에서도 이와 유사하게 문서과와 서무계 등에서 보존하는 체계였다.[73]

그러나 기밀문서·경찰문서 등은 관방 비서과·경무과에서 별도로 보존하여 일반기록과 비밀기록을 분리했다. 이러한 방식은 정부 수립 이후 각급기관 처리과가 자체적으로 비밀기록을 관리하는 체계로 계승되었다.

갑오개혁 시기부터 일제 강점기까지 한국에서는 아카이브를 설립하는 등 기록을 영구보존하는 체계를 갖추지 못했다. 이는 일본 본국의 기록관리 제도가 '내지 연장주의(內地 延長主義)'의 관점에서 그대로 조선에 이식된 것이었다. 곧 일본 내각 제도와 마찬가지로 기록관리 주무부서가 각 행정기관의 문서과를 통제하는 형식을 수용했다. 요컨대 제국주의 본국의 이해와 요구에 부응하는 식민지적 성격은 이 시기 기록관리 체계의 특징이었다.

기록관리 체계의 식민지적 성격은 국가기록원이 보존 중인 조선총독부 기록군에 잘 나타나 있다. 현존하는 조선총독부 기록은 식민지를 겪었던 민족사의 자화상이고, 기록의 식민지적 성격을 그대로 보

---

[72] 조선총독부, 「조선총독부사무분장규정」(조선총독부훈령 제2호).
[73] 이경용, 앞의 글, 229쪽.

여주고 있다. 조선총독부 기록은 현재 국가기록원, 국사편찬위원회, 국립중앙박물관, 고려대학교 아세아문제연구소 등에 분산·소장되어 있다.

1945년 8월 15일 일제의 패망과 함께 소각되는 것을 피한 조선총독부 기록 가운데 일부─약 14,000여 권─는 조선총독부 문서고에 남아 있었다. 이를 미군정에서 접수하였다가 1948년 정부 수립 이후 총무처로 인계되었다. 1969년 정부기록보존소가 설립되면서 조선총독부 기록이 국가 아카이브에 최초로 수집되었다.

한편 1960년대 공공기관에서 보유하고 있던 조선총독부 기록은 사무공간의 확보 등 행정 효율화를 목적으로 전개된 이른바 '보존문서 정리계획'에 따라 폐기되었다. 각 기관에서는 역사적 가치 평가 등을 진행하지 않았다. 그 후 이 과정에서 잔존한 약 16,000여 권의 기록을 정부기록보존소가 법무부·검찰청, 도·시·군, 교육청 등으로부터 수집하였다.

현재 고려대학교 아세아문제연구소에 소장되어 있는 조선총독부 경무국 관련 기록, 법원 기록 등은 한국공산주의운동사 연구를 목적으로 검찰청에서 대출했다가 해당 기관에 남은 것으로 추측된다. 고려대학교 아세아문제연구소는 '희귀문헌'으로 분류하여 조선총독부 경무국의 민족해방운동 관계 기록 약 130,000쪽을 소장하고 있다.[74] 국사편찬위원회는 조선총독부 경성지방법원 검사국 기록 등 286권을 소장하고 있다.

조선총독부 기록군의 문제점을 살펴보면 첫째, 현존하는 기록은 약 3만여 권으로 양적으로 매우 빈약하다. 특히 전시체제기인 1943년 이

---

[74] 고려대학교 아세아문제연구소, 『稀貴文獻 解題─구 조선총독부 경무국 항일 독립운동관계 비밀기록─』, 1995.

후 기록은 거의 존재하지 않는다. 일제 강점기 전체를 고려하면 잔존 기록이 매우 적고, 일부 기록에 편중되어 있다. 또한 조선총독부 각 관서의 업무분장과 연관시켜 보면 기록이 전혀 남아 있지 않은 부서가 대부분이다.

둘째, 질적인 측면에서도 조선총독부 잔존기록은 역사 연구에 대부분 이용되지 못하는 실정이다. 조선총독부는 식민통치를 목적으로 많은 중요 기록을 생산했을 것으로 예상되지만, 주요 업무 기록은 거의 남아 있지 않다. 예를 들면, '일본 국왕과 의회에 대한 보고기록, 주요 회의록, 총독 기록, 정책 결정과정과 그 과정을 기록한 자료, 각종 보고서' 등이다.

조선총독부 기록은 기록 시리즈로 남아 있지 않다. 곧 '상급기관의 하급기관에 대한 지시문, 정보 보고, 재판기록, 통계 기록' 등이 분절적으로 남아 있을 뿐이다. 이러한 기록을 통해서는 중요 정책 결정과정을 알 수 없다. 따라서 일제 강점기 역사 연구는 빈약한 기록을 바탕으로 연구될 수밖에 없는 한계를 띠고 있다.[75]

3) 중국 : '반 식민지적' 기록관리 체계의 형성

중국은 1840년 아편전쟁 이후 서구 제국주의 세력의 침략에 따라 봉건제도가 붕괴하기 시작했다. 이러한 중국 사회의 변화는 기록 생산과 관리제도에 상당한 영향을 끼쳤고, 통일성을 약화시켰다. 근대 초기 중국의 기록관리 체계의 변화 과정에는 반(半) 식민지적 성격이

---

75) 이상민, 「역사를 위하여: 아키비스트와 역사가의 역할」, 『기록학연구』 제6호, 2002, 232~233쪽.

여러 분야에서 나타나고 있다.

첫째, 아편전쟁 이후 청나라는 양무(洋務)를 담당하는 기구를 설치했지만, 이와 함께 외국인이 직접 통제하는 기구가 출현했다. 외국 세력이 직접 통제했던 '총세무사서(總稅務司署)'는 중국인을 배제하고, 외국인이 기록관리 업무를 수행하는 부서를 설치하기도 했다.[76]

둘째, 아편전쟁 이후 외국과의 전쟁 중에 기록이 대량으로 파괴되고 외국으로 반출되었다. 문화학술 교류, 선교, 탐험 등의 명목으로도 많은 기록, 고고학 자료가 반출되었다. 또한 청나라 말기에는 관리들의 국정 농단 사례가 중앙과 지방에서 극심해졌다. 이로 인해 수많은 기록이 훼손되고 파괴되었다. 중요 기록이 보존되었던 내각대고(內閣大庫)의 기록도 소각되거나 산실되었다. 아울러 위안스카이(袁世凱)가 이끌던 북양정부(北洋政府)는 청나라의 중요 기록을 접수했으나, 통치 목적에 필요한 기록만 관리하고 중요한 역사기록은 별도의 조치를 취하지 않았다. 이 때문에 각 관청에서 보존하고 있던 많은 기록이 종이상인에게 팔려나가기도 했다.

셋째, 서구 제국주의 열강에 의해 통제되던 기관에서 외국 문자로 기록된 문서가 대량으로 생산되었다. 외국인이 장악한 기관에서는 본국의 제도를 그대로 적용하였고, 제나라 문자를 사용하여 기록을 생산했다. 1854년 영국·미국 등은 해관(海關)을 자국의 수중에 넣고, 모든 문서를 영문으로 작성했다. 이 시기 기록 생산과정에 사용된 문자는 중국어, 만주어, 몽고어, 일본어, 러시아어, 독일어, 영어, 스페인어 등 20여 종에 이르렀다.[77] 이는 아편전쟁 이후 중국의 반 식민지적

---

76) 周雪恒, 앞의 책, 329~331쪽; 당안을 관리하는 한문과(漢文科)에서는 서양인 가운데 한어에 능통한 자가 담당했다. 각지 분세무사(分稅務司)의 비서과(秘書科)에서도 중국인은 기록관리 업무를 담당하지 못했다.

성격을 기록생산 측면에서 보여주는 사례이다.

한편 20세기 초에 중국의 기록관리 체계는 군벌, 국민당 정부, 공산당 정부 등으로 분립되었다. 곧 당시 중국 대륙의 정치정세로 인해 기록관리 체계는 단절적이고, 비통일적인 특성을 띠었다.

첫째, 군벌들이 수립한 북양정부 시기에는 정부 조직 안에 기록관리 기구를 설치했다. 1912년 북양정부 「관제통칙규정(官制通則規程)」에 따르면, 국무원에 비서청(秘書廳)을 설치하고, 중앙 각 부에는 총무청(總務廳)을 두었다. 총무청 아래 기요과(機要科)와 문서과(文書科)를 설치하여 문서와 전보, 기록관리 업무를 담당하게 했다. 특히 외교부 총무청에는 전문적으로 기록을 정리하고 보존하는 당안방(檔案房)을 설치했다. 내무부에는 기록을 보관하는 당안과를 두었고, 사법부에는 문서보관실을 설치했다. 이는 근대적인 당안실의 토대가 되었다. 아울러 각 성 정부에는 총무과를 설치하여 기록의 생산과 관리 업무를 겸하도록 하였다. 또한 청나라 때의 기록 편찬 전통이 계승되었고, 기록의 정리 · 보관 · 이용에 대해 비교적 엄밀한 방법과 제도를 규정하였다.[78]

둘째, (1) 중국 국민당 정부는 1928년 11월 「공문정식조례(公文程式條例)」를 공포하고, '공문혁신 임시방안'을 수립하여 기록 생산 체계를 정비했다. 곧 "과거 사용되던 상투적인 어구를 배격"하고, "접수문서를 처리하는 단계마다 그 내용을 전부 옮겨 적지 않고 요지만을 기입토록" 했다. 또한 "하급기관에 대한 하행공문에 모욕적 비난 투로 표현하던 것을 금"하였다. 아울러 "민중을 대상으로 하는 공문은 백화문을 채택하고 신식 표점을 사용"했다. 또한 북양정부 시기까지 지속된 원본을 가공하는 기록 편철 방법을 바꾸어 원본은 원본대로 모아서 편철하는 방

---

77) 周雪恒, 앞의 책, 344~345쪽.
78) 周雪恒, 앞의 책, 393~395쪽.

식을 채택했다. 곧 근대적 기록 편철 방식으로 변화해 가고 있었다.[79]

(2) 국민당 정부는 「당안실판사규칙(檔案室辦事規則, 1928)」, 「보존기관 구유당안령(保存機關舊有檔案令, 1930)」 등 체계적인 기록관리 제도를 수립했다. 중앙 각 기관은 모두 당안보관처(檔案保管處)를 설치했다. 대부분 총무사(總務司)에 소속된 하부 기구로 설치되었으나, 비서과(秘書科) 또는 문서과(文書科)에 속한 경우도 있었다. 곧 당안실에서 당안을 집중하여 보관하는 방식을 채택하였다. 1936년에는 시효가 지난 당안에 대해 국가에서 총당안고(總檔案庫)를 건립하여 보존하자는 의견이 제기되었으나, 일부 기관의 반대로 실현되지는 못했다.[80]

(3) 국민당 정부는 내무부 주도로 1933년부터 행정사무 능력을 높이기 위해 행정효율운동을 전개했다. '문서당안개혁'은 행정효율운동의 주요 내용 가운데 하나였다. 같은 해 6월 행정원은 공문서 양식, 기록의 분류와 보관기간 규칙 등을 결정했다. 문서당안개혁의 핵심은 「문서당안연쇄법(文書檔案連鎖法)」이었다. 문서당안연쇄법은 '문서와 당안은 실제로는 하나'라는 인식을 배경으로 문서업무(records management)와 낭안 업무(archives management)를 일치시키는 개념이다.[81] 곧 현용기록과 비현용기록의 관리를 통합적으로 수행하여 당안이 분산 보존되는 것을 피하기 위해 고안되었다. 이는 최근 전자기록 생산 환경의 도래와 함께 새로운 기록관리 방법론으로 주목받는 '기록연속성(records continuum)'[82]

---

79) 이원규, 「1930년대 중국문서당안 행정개혁론의 이해」, 『기록학연구』 제10호, 2004, 286~287쪽.
80) 周雪恒, 앞의 책, 424~429쪽.
81) 周雪恒, 앞의 책, 441~443쪽.
82) 기록연속체는 "기록이 존재하는 범위를 현용기록 단계와 비현용기록 단계가 통합"된 것으로 인식하는 개념이다(한국기록학회, 『기록학 용어사전』, 역사비평사, 2008, 58쪽); 서석제, 「중국의 '문건·당안 일체화' 개념 분석」, 『기록학연구』 제10호, 2005 참조.

과 유사한 개념이다.

(4) 그러나 국민당은 국공내전 과정에서 자신들에 불리한 각종 당안을 대량으로 소각하였다. 중요한 역사당안은 대만으로 이전하여 현재 고궁박물원(故宮博物院), 국사관(國史館) 등에 보존하고 있다.[83]

셋째, (1) 1921년 중국공산당 창당 초기에는 조직 규모가 작았기 때문에 문서처리 등을 모두 당의 지도자들이 수행했다. 1923년 비서제를 도입하여 당의 모든 문건은 반드시 위원장과 비서의 서명을 받도록 하였다. 중국공산당은 1926년 중앙비서처를 설치하고, 중앙비서처에 문서과를 두었다. 문서과는 수발처·문건열람처·문건보관처 등을 설치했다.

1937년 중국공산당 중앙군사위원회는 각 부대나 개인이 보관하고 있는 각종 혁명역사당안과 재료를 수집하도록 지시하여 산실을 방지하였다. 또한 중앙비서처(中央秘書處)에 재료과(材料科)를 설치하고, 전문적으로 당 기록을 관리하였다. 이 부서는 중국공산당 중앙의 당안실인 동시에 중앙당안관의 역할도 수행하였다.[84] 중앙비서처의 업무는 문건의 기밀을 보호하고, 각 기관의 연구에 이용되는 기록을 제공하는 것으로 확대되었다.[85]

(2) 중국공산당의 기록 생산과 관리 방식을 살펴보면, 먼저 당 중앙은 하급기관의 정황을 파악하기 위해 상급기관으로 문건을 보내도록 규정하였다. 기록의 정리 업무는 비서부문에서 책임지고 시행하였다. 보관하고 있는 문건은 "중요(重要)"와 "무용(無用)"으로 구분하여 등기하

---

83) 周雪恒, 앞의 책, 468~469쪽.
84) 周雪恒, 앞의 책, 488~491쪽.
85) 이원규, 「혁명시기 중국공산당의 문서당안관리」, 『기록학연구』 제22호, 2009, 166쪽.

고, 문건 보관 상자에 넣어 관리했다. 기록 편철을 강조하지는 않았다.

기밀 보호를 위해서 여러 벌의 문건을 만들어 각기 다른 장소에 보관하였다. 중앙의 문건은 3벌을 만들어서 1벌은 일상 업무에 사용하고, 1벌은 안전한 장소에 보내어 별도로 보관했다. 나머지 1벌은 코민테른(Communist International, 국제공산당) 중국대표단에 보내 보관하였다. 하급기관에서 상급기관으로 보내는 문서는 반드시 초본을 남기게 하였다. 또한 "청검(淸檢)"이라는 평가제도가 있어서, 청검을 마친 문서 가운데 효력을 상실한 문건은 즉시 폐기하였다.

(3) 중국공산당의 장정 기간에는 각 부대에서 휴대할 수 있는 문서 수량을 최대한 줄여야 했다. 따라서 전문적인 수송부대를 만들어 당안을 포함한 중요 물자를 운반하도록 했다. 이러한 과정을 통해 중국공산당 초기 당안이 보존될 수 있었다.[86]

---

86) 周雪恒, 앞의 책, 491, 500쪽.

제 3 장

현대 아카이브 제도의 성립과 발전

제 3 장 현대 아카이브 제도의 성립과 발전

1. 한국: '지체된' 집권적 기록관리 체계와 '압축 성장'

1) 배태기(1948~1962년)

1948년 정부 수립 이후 한국의 현대 기록관리 제도는 배태기·형성기·성장기·발전기·정체기 등으로 시기 구분할 수 있다.[1] 기록관리 제도 발전 과정의 특징은 첫째, 사무관리 규정의 일 부분으로 출발하여 기록관리법으로 확대·발전했다는 점이다. 둘째, 공공 영역은 물론이고 노동 분야 등 시민사회에서도 사무관리의 관점에서 기록관리를 인식하는 관행이 오랜기간 지속되었다.[2] 셋째, 위로부터의 집권적 개혁

---

[1] 이경용은 1969년 정부기록보존소 성립을 기준으로 기록관리 제도사를 시기 구분하였다(이경용, 『한국 근현대 기록관리제도사-1894~1969년』, 중앙대학교 박사학위논문, 2002). 그러나 정부기록보존소 설립 자체에 의미를 부여하더라도 정부기록보존소의 역할과 성격에 대한 면밀한 검토가 필요하다. 현재까지 진행된 연구를 보면, 정부기록보존소의 기능과 역할 변화는 역시 1999년 기록관리법 제정이 전환점이었다. 이 글은 사무관리에 속한 기록관리 체계가 기록관리법 제정 이전에는 큰 차이가 없었다고 판단하였다. 향후 기록관리 제도사 연구의 과제는 과거와 현재 제도 사이의 연속과 단절 문제를 구명하고, 이를 통해 새로운 제도를 창출하는 것이다.

[2] 곽건홍, 「노동 아카이브 설립 환경에 관한 연구」, 『기록학연구』 제20호, 2009 참조.

〈표 3-1〉 한국 현대 기록관리 제도의 변화 과정

	사무관리		기록관리	조직
	사무처리	문서관리	기록관리	
배태기 (1948 ~ 1962년)	·정부처무 규정(1949) ·정부공문서규정 (1950)	–	–	–
형성기 (1963 ~ 1998년)	·정부공문서규정 (1963) ·정부공문서처리 규칙(1966) ·정부공문서규정 (1984) ·사무관리규정 (1991)	·정부공문서 보관·보존규정 (1963) ·공문서 보존기간 및 책정기준(1964)	·1984년 정부공문 서규정은 영구 문서의 정부기록 보존소 이관을 최초로 규정	·정부기록 보존소 설치 (1969) *기록관리 정책 기능은 총무처 행정능률국에서 담당
성장기 (1999 ~ 2003년)	–	–	·공공기관의 기록 물관리에 관한 법률 시행(2000) *기록물 등록· 분류·편철 조항 04.1 시행(기록물 분류기준표)	–
발전기 (2004 ~ 2007년)	·사무관리규정 개정(2006) ·공공기관의 운영 에 관한 법률 (2007)	–	·국가 기록관리 혁신 로드맵(2005) ·공공기록물 관리 에 관한 법률 전부 개정(2006) ·대통령기록물관 리에 관한 법률 제정(2007)	·정부기록보존소 를 국가기록원 으로 변경(2004) ·국가기록원 직제 개정(2006)
정체기 (2008년 ~ 현재)	–	–	–	–

과정을 거쳐 현재의 제도를 형성했다. 특히 짧은 기간 내에 기록관리 제도는 '압축 성장'을 경험했다.

대한민국 정부 수립 이후 국가 기록관리 제도는 일본제국주의의 유산을 거의 그대로 계승했다. 「정부처무규정」(1949년)은 「조선총독부처무규정」과 비슷했고, 「정부공문서규정」(1950년) 또한 형식적 측면은 물론이고 내용도 유사했다.[3]

이 시기 정부 기록관리의 법적 근거, 처리 원칙은 사무처리 규정 안에 포함되었다. 문서처리 담당부서는 문서과였으나, 이는 조선총독부의 행정 체계를 답습한 것이었다. 문서과는 문서의 생산과 유통, 보존에 관한 사항을 관장하는 부서였다.[4] 1949년 3월 총무처 직제에 따르면, 총무처 문서과 업무는 "문서의 접수·발송 및 배부, 관인 관리, 기록문서와 도서간행물의 편찬보존 및 폐기처분" 등이었다. 곧 문서과의 기능은 기록의 생산·유통은 물론 폐기·보존 등 관리 업무를 총괄하는 형태였다.

그러나 문서과의 기능은 기록 생산부서에서 작성된 극히 일부 기록만을 인수하거나 서고 관리에 머물렀다. 이마저도 제대로 수행하지 않는 기관이 대부분이었다. 따라서 처리과에서 생산된 기록은 문서과로 이관되지 않았고, 사무실 내에 방치된 상태로 관리했다. 이와 같은 잘못된 관행은 일부 기관에서 현재까지도 지속되고 있다.

---

[3] 정부수립 이후 「정부처무규정」과 「공문서규정」에 대해서는 이영남, 『1950~60년대 국가행정체계의 재편과 성격(1957~1963)』, 2004, 서강대학교 박사학위논문, 163~164쪽 참조.

[4] 이경용, 앞의 책, 99쪽; 조선총독부 총무부 문서과(각 도 문서과 포함)의 기능은 '문서의 접수·발송·편찬 및 보존에 관한 사항, 관인·관보, 통계 및 보고에 관한 사항' 등이었다. 한편 1991년 제정된 「사무관리규정」에 따르면, 문서과는 "행정기관 내의 공문서의 수발사무 등 문서에 관한 사무를 주관하는 과·담당관 또는 계"로 정의되었다.

새로운 국가가 성립되었지만, 기본적인 행정체계는 식민 잔재를 극복하지 못하였다. 곧 기록을 생산한 부서와 기관에서 기록을 자체적으로 관리하는 관행이 그대로 계승되었고, 과학적인 기록 보존기간의 결정 등 기록관리의 기본적인 내용을 인식하지 못하였다. 따라서 1950년 대는 기록은 생산했으되 기록을 관리하는 정책은 없는, 현대 기록관리 제도의 특성이 배태되었던 시기였다.

2) 형성기(1963~1998년)[5]

1961년 5·16 군사쿠데타 이후 군사정부는 "경제개발의 효율적 뒷받침을 위한 행정체계"를 구축·운영하기 위해 '행정관리연구위원회' (1961.6)를 비롯하여 "행정 각부의 모든 행정관리를 종합적으로 조정·개선·발전시킬 수 있는 기구"로 내각사무처에 행정관리국을 설치했다. 행정관리국의 기능은 "행정관리상의 일절의 비능률직이고 경제적인 요소를 일소하여 능률화와 경제화를 단행"하는 것이었다.[6] 행정 능률을 강화하기 위한 조치는 1960년대 「정부공문서규정」의 목적에 잘 나타나 있다.[7] 종래에는 정부 공문서의 "작성요령과 절차"를 규정하는 것이 법령의 목적이었으나, 이 시기에는 문서 처리의 '능률화'로 변화하였다. 이처럼 행정 능률이 강조되면서 '문서의 신속한 대량생산'이 행정의 기본 원칙으로 자리 잡았다.

---

5) 이 시기 기록관리 제도 변천에 대한 자세한 내용은 곽건홍, 『한국 국가기록 관리의 이론과 실제』, 역사비평사, 2003, 제1장 참조.

6) 이영남, 앞의 책, 158~161쪽.

7) 정부공문서규정은 "결재, 서식, 기안 및 발송, 접수 및 처리, 공문서 보관처리, 문서통제" 등이 포함되어 있다.

1950년대 기록관리는 조선총독부 사무처리 제도를 답습하는 수준
에서 이루어졌다. 그러나 1961년 5·16 군사 쿠데타 이후 '과학적 관리
를 원리로 하는 미국식 사무관리' 개념이 도입되면서 행정 능률을 극
도로 강조하는 사무관리 체계로 전환되었다.[8] 이와 같은 흐름 속에서
기록관리는 여전히 사무관리의 하위 요소로 구성되었다.

첫째, 기록관리 분야에서 행정 능률을 높이고자 한 대표적인 사업
은 '보존문서 정리사업'이었다. 정부는 행정사무의 간소화를 통해 업
무 능률화를 꾀한다는 미명하에 각급 기관이 보관 중이던 보존문서를
대대적으로 폐기했다. '보존문서 정리사업'은 1962년과 1968년 두 차례
에 걸쳐 실행되었다. 이 사업으로 인해 각급 기관이 보존 중이던 조선
총독부 기록이 대량으로 폐기되었다. 한편 폐기 기록에 대한 매각 대
금은 '중앙문서보존소', 곧 국가 아카이브 설립 자금으로 사용할 계획
이었다.[9] 국가 주요 기록을 폐기하고, 종이 매각 대금으로 국가 아카
이브를 설립하려 한 사례는 세계 어디에서도 찾아볼 수 없다. 이는 효
율성과 능률을 앞세운 행정 체계가 만들어낸 희극이라 할 수 있다.

둘째, 행정 능률을 높이기 위해 「정부공문서규정」은 공문서양식을
바꾸었다. 가로쓰기 방식을 도입하고, 한글 국어체로 기안토록 했다.
또한 문서통제 방식의 도입을 바탕으로 행정사무가 신속하게 처리될
수 있도록 하였다.

셋째, 이 시기 사무관리 제도는 표준화와 통제를 핵심으로 한 '과학적
관리'를 표방하였다. 과학적 관리의 핵심 요소는 서식 표준화와 통제,

---

8) 이영남, 앞의 책, 183쪽.
9) 이경용, 앞의 책, 185~195쪽; 1962년 1월 내각사무처가 수립한 '보존문서 정리
계획'의 목적은 "시효가 경과된 채 누적되어 있는 각 행정기관의 잡다한 각종
보존문서를 정리케 하고, 그 보존방법과 관리를 통일성 있게 규정함으로써 보
존문서의 활용성"을 높이려는 것이었다.

문서 분류 표준화였다. 문서 분류 표준화는 「공문서 보존기간 및 책 정기준」(1964년)으로 구체화되었다.[10] 「정부공문서보관 · 보존규정」(1963 년)에 따르면, 처리 완결된 문서는 기능별 10진 분류 방법에 따라 분류 하도록 하였다.[11] 동 법령이 제정됨에 따라 사무관리에 포함되었던 문서관리 부문이 별도의 영역으로 분리되었다. 1964년부터 공문서의 생산 · 유통은 「정부공문서규정」, 공문서 관리는 「정부공문서보관 · 보 존규정」을 따르도록 정립되었다.

넷째, 기록 보존기간의 연장 또는 단축 권한은 물론 기록 폐기 여부 가 행정기관장의 판단에 따라 이루어졌다. 따라서 전문적인 가치 평 가에 따른 기록 선별은 이루어질 수 없었다. 특히 행정기구의 통폐합, 사무실 이전 등은 기록이 대대적으로 폐기되는 계기로 작용했다. 이 또한 행정 능률화의 관점이 투영된 결과였다.

다섯째, 이처럼 행정 능률이 강조되던 시기에 정부기록보존소가 설 치되었다. 정부기록보존소의 설치 목적은 역사적 가치가 있는 주요 기록을 집중 보존하는 것이었으나, 한편으로 문서 보존의 낭비적 요 소 제거와 수많은 폐기 문서의 재생 활용 방안도 설립 목적 중의 하나 였다. 곧 국가 아카이브의 설립도 행정 능률의 관점에서 결코 자유로 울 수 없었던 것이다.

요컨대 1960년대 초반 국가 기록관리 제도 형성기의 특징은 사무관 리 규정 내에서 문서관리가 분리되었으나, 행정의 능률과 효율성을 강조하는 기록관리 체계가 형성되어 장기간 지속된 점이었다. 그 후 이러한 체계는 공공 영역에 정착되었고, 나아가 시민사회의 여러 분 야로 확산되었다. 따라서 한국의 국가 기록관리 제도 형성 과정은 공

---

10) 이영남, 앞의 책, 171쪽.
11) 「정부공문서보관 · 보존규정」(1963년 12월 각령 제1795호) 참조.

공기관에서 생산한 중요 기록이 파편화·형해화 되는 과정을 내포하고 있다.

3) 성장기(1999~2003년)

1999년 정부가 「공공기관의 기록물관리에 관한 법률」(이하 기록관리법)을 제정한 것은 한국 현대 기록관리 제도사의 일대 전환점이었다.

〈표 3-2〉 기록관리법 제정 과정

시기	내용
1997. 5	행정쇄신위원회에서 대통령에게 "기록보존법" 제정 건의
1998. 2	대통령직인수위원회 새정부 100대 정책과제로 "기록보존법" 제정 선정
1998. 4	참여연대의 대통령기록보존법 청원
1998. 4	국가기록보존법 정책간담회 실시 －역사학계·문헌정보학계·정치학계 등 관계 전문가 의견 수렴
1998. 5	"국가기록물 보존법" 제정안 행정자치부 보고 행정자치부 행정관리국 행정능률과 명의로 각급기관 의견 조회
1998.11	「공공기관의 기록물관리에 관한 법률」 국무회의 통과
1999. 1	「공공기관의 기록물관리에 관한 법률」(법률 제5709호) 공포
1999.12	「공공기관의 기록물관리에 관한 법률 시행령」 공포

출처: 국가기록원, 『국가기록원 40년사』, 2009, 80쪽.

기록관리법 제정 문제에 대해 공감대가 형성된 것은 "1997년 대통령선거 직후 북풍공작 관련 문서와 IMF 이행 관련 문서의 은폐·파기 의혹이 커지면서" 부터였다.[12] 같은 해 10월 국회는 국정감사를 통해

---

12) 국가기록원, 『국가기록원 40년사』, 2009, 79쪽.

기록관리 종합대책 수립을 정부기록보존소에 요구했다.

1998년 2월 대통령직인수위원회는 국민의정부 100대 정책과제의 세부과제로 기록관리법 제정을 채택하였다. 같은 해 4월에는 정부기록보존소 주도로 학계 인사들과 정책간담회를 열고, 법률 제정 문제에 대한 의견을 수렴하였다. 11월에는 법률안이 국무회의를 통과하였고, 마침내 1999년 1월 기록관리법을 제정하기에 이르렀다. 기록관리법은 공무원의 기록 보호 의무, 강력한 벌칙 조항, 기록 생산의무, 기록 등록, 기록 보존기간 제도 변화, 기록관리 전문가의 공공기관 배치 의무, 공공기관 기록관의 설치 등을 규정하여 대단히 개혁적인 성격의 법률이었다.[13]

그러나 법률 자체는 개혁적이었지만, 실제 기록관리 현장의 잘못된 관행은 쉽게 변화하지 않았다. 2000년대 초반 기록학계를 비롯해서 참여연대 등 시민단체들은 현실의 관행을 개선하려는 문제제기를 지속하였다. 이러한 상황에서 2004년 5월 『세계일보』(참여연대와 공동기획)는 '기록이 없는 나라'를 주제로 한 기획기사를 약 한 달 동안 보도했다.

주요 기사의 제목을 살펴보면, 대한민국 정부 수립 이후 국가기록이 어떻게 관리되었는지, 왜 국가기록 관리가 중요한지를 쉽게 이해할 수 있다. 곧 "곰팡이 슬고, 찢어지고, 쓰레기 취급", "폐지공장 방불, 소중한 자료 썩어가", "부끄러운 기록 없애버려", "힘 있는 부처 문서관리 제멋대로", "국장급 원장이 장관급 부처 통제 못하죠", "공공문서 무단폐기 벌칙 규정 엄격히 적용해야", "편지 한 장도 후세에 물려줄 국가자산", "국민에겐 알권리를 후대엔 정확한 역사를" 등이었다.[14]

---

13) 기록관리법 제정과정과 그 의의와 한계에 대해서는 곽건홍, 앞의 책, 제2장 참조.
14) 『세계일보』 2004년 6월 1일자; 『세계일보』 2004년 6월 3일자; 『세계일보』 2004년 6월 5일자; 『세계일보』 2004년 6월 7일자; 『세계일보』 2004년 6월 9일자.

4) 발전기(2004~2007년)[15]

국가기록 관리 체계의 획기적 변화는 참여정부의 기록관리 혁신을 통해 이루어졌다. 기록관리 혁신은 시종일관 노무현 전 대통령의 의지가 작동했다. 기록관리 혁신은 청와대 업무관리시스템인 e지원시스템 생산 기록의 관리 문제에서 비롯되었고, 2004년 봄부터는 대통령비서실 기록관리 체계 개선 문제가 본격적으로 논의되었다. 같은 해 8월 27일 대통령비서실 '기록관리 및 정보공개 개선 태스크포스'는 국가기록 관리 체계 개선 방안을 대통령에게 보고하였다. 이후 대통령비서실 주도로 본격적인 기록관리 혁신이 추진되었다.

같은 해 9월 15일에는 정부혁신지방분권위원회 소속으로 '기록관리 혁신전문위원회'(이하 전문위원회)가 설치되었다. 약 6개월간의 준비 과정을 거쳐 전문위원회는 2005년 4월 7일 '국가기록 관리 혁신 로드맵'(이하 기록관리 혁신 로드맵)을 대통령에게 보고했다. 기록관리 혁신 로드맵이 정부 정책으로 확정된 것은 같은 해 10월이었다. 기록관리 혁신 로드맵은 최초의 국가기록 관리 정책으로서 그 의미가 있다.

한편 국가기록원은 기록관리 혁신 로드맵을 법제화하기 위해 같은 해 10월 기록관리법 개정안을 입법 예고하고, 2006년 1월 국회에 제출했다. 같은 해 9월 국회를 통과한 기록관리법 개정안은 「공공기록물 관리에 관한 법률」로 그 명칭을 변경하였다. 또한 기록관리 혁신의 성과 가운데 하나인 「대통령기록물 관리에 관한 법률」이 2007년 4월 제정되었다.

15) 참여정부의 기록관리 혁신에 대한 자세한 내용은 곽건홍,『아카이브와 민주주의』, 선인, 2014, 1부 제3장 참조; 2008년부터 현재까지의 정체기에 대해서는 곽건홍, 위의 책, 1부 제6장 참조.

〈표 3-3〉 기록관리법 개정안 입법 과정

시 기		내 용
2005년	5월	기록관리법 개정시안 마련
	5~9월	기록관리 관련 법령 정비를 위한 관계기관 협의
	10월 18일	「공공기관의기록물관리에관한법률전부개정안」 입법예고
	10월 24일	행정자치부 당정협의
	11~12월	법제처 심사
2006년	1월 12, 17일	차관회의(12일), 국무회의(17일) 통과
	1월 23일	국회 제출
	2월 14일	행정자치위원회 상정·대체토론
	2월 16, 20일	행정자치위원회 법안심사소위원회 심사·대안제안
	2월 21일	행정자치위원회 대안으로 심사·의결 법제사법위원회 회부
	4월 3일	법제사법위원회 상정, 제안 설명, 검토보고, 대체토론
	8월 24일	법제사법위원회 법안심사제2소위원회 심사
	8월 28일	법안심사제2소위원회에서 국가지정기록물 지정에 필요한 조사를 거부·방해 또는 기피한 자의 벌칙과 과태료를 수정하여 의결, 법제사법위원회에서 가결
	9월 8일	국회 본회의 의결
	10월 4일	「공공기록물 관리에 관한 법률」 공포
	11~12월	시행령 및 시행규칙 개정안 부처협의, 입법예고
2007년	1월 22일	시행령 및 시행규칙 개정안 법제처 심사의뢰
	4월 5일	「공공기록물 관리에 관한 법률」, 동법 시행령 및 시행규칙 시행

출처: 박미애, 「기록관리 '혁신'로드맵의 법제화 연구」, 『기록학연구』 제25호, 2010, 144쪽.

그 밖에도 참여정부의 기록관리 혁신은 사문화될 위기에 있었던 기록관리 전문가(기록연구직)의 공공기관 배치를 실현하였으며, 행정자치부 직제를 개정하여 국가기록원의 위상과 기능을 조정하고 기구를 확대하였다.

요컨대 이 시기 참여정부의 기록관리 혁신은 정부 혁신의 이정표였으며, 현재 한국 국가기록 관리 체제의 근간을 이루고 있다. 매우 짧은 기간 동안 '압축 성장'한 한국의 기록관리 발전 모형은 동아시아는 물론 전 세계적으로도 유례없는 사례이다.

2. 중국: 집권적 기록관리 체계의 형성과 고도화

1) 집권적 기록관리 체계의 성립

1949년 중화인민공화국이 건국되었다. 각급 기관에는 당안실 등 기록관리 기구가 조직되었다. 중국공산당에서 생산한 당안은 항일투쟁 시기와 마찬가지로 계속해서 중앙비서처 재료과가 보관했다. 정부 기관은 정무원(政務院) 비서청 소속으로 당안관을 신설했다. 이때부터 국가적인 '집중통일관리(集中統一管理)'를 지향하는 중국 기록관리 체계의 특징이 형성되었다.

중국에서는 중화인민공화국 성립 이전과 이후로 구분하여 이전에 형성된 당안을 '역사당안(歷史檔案)'으로, 건국 이후의 당안은 '현행당안(現行檔案)'으로 구분했다.[16] 또한 당안업무를 비서업무의 일부분으로 간주하였는데, 그 이유는 각 기관의 당안이 주로 비서부문에서 생산되었기 때문이다. 따라서 당안실(records center) 등은 대부분 비서국 또는 비서처에 속해 있다.[17]

건국 초기부터 중국공산당은 역사기록의 중요성을 인식하여 중화인민공화국 성립 이전 시기의 기록 수집에 집중했다. 중앙군사위원회는 혁명역사문건과 사료를 수집하는 규정인 「통령(通令)」을 발표했다. 정부 또한 '혁명역사당안'[18]을 수집하고, 흩어져 보관되던 기록들을

---

[16] 이승휘, 「건국 후 문혁기까지 중국 역사기록물의 보존과 이용」, 『중국학보』 제47집, 2003, 614쪽.
[17] 周雪恒, 앞의 책, 509쪽.
[18] '혁명역사당안'은 1840~1949년 시기 반제국주의, 반봉건투쟁 가운데 생산된 당안이다. 당안관은 혁명역사당안을 보존하고, 박물관·기념관은 혁명역사문물을 보관한다(周雪恒, 앞의 책, 505쪽).

집중시켰다. 1950년 정무원 총리 저우언라이(周恩來)는 공문서 파손을
금지하고, 당안 보관을 지시했다. 1951년에는 고궁박물원 문헌관(故宮
博物院 文獻館)의 이름을 고궁박물원 당안관(故宮博物院 檔案館)으로 변경하
고, 명·청 시기의 역사당안을 전문적으로 보존하였다. 또한 같은 해
설치된 남경사료정리처(南京史料整理處)는 국민당 정부는 물론이고, 신해
혁명, 남경임시정부 시기 등의 당안 약 130만 권을 수집하여 이후 제2
역사당안관(第二歷史檔案館)이 설립될 수 있는 조건을 마련했다.[19]

　중국은 기록관리를 체계적으로 학습하기 위해 소련의 경험을 수용
했다. 먼저 소련의 기록관리 전문가를 초빙하여 기록관리 방법론을
학습하고, 기록학 서적을 대규모로 번역하였다. 곧 중국은 소련을 통
해 현대적 기록관리 방법론을 수용하고 전문지식을 습득하였다. 그
성과로 중국 기록관리의 원칙인 '집중통일관리' 방침이 채택되었다.
또한 출처주의 원칙을 수용한 전종이론을 도입하여 기록관리 방법론
의 발전을 꾀하였다. 곧 기록 분류 체계를 전종(全宗, 기록군, Fonds), 류(類,
기록계열, Series), 안권(案卷, 기록철, Files), 문건(文件, 기록 건, items) 등으로 구분
하였다.

　1952년에는 중국인민대학에 당안전수반(檔案專修班)을 개설하고 당안
학 교연실(敎硏室)을 설치했다.[20] 이는 기록관리 전문가 양성의 토대로
작용했다. 그러나 건국 초기 기록관리 체계는 전체적으로 통일되지
않았다. 중국공산당의 각급 기관, 정부와 기업의 기록관리는 기본적
으로 독자적인 분산관리 체계를 유지하고 있었다. 각급 기관의 개별
적인 규정에 따라 기록이 관리되었다.

　건국 이후 중국에서 현대적 기록관리 체계가 본격적으로 구축된 것

---

19) 周雪恒, 앞의 책, 505~507쪽.
20) 이승휘, 「중국의 아키비스트 양성제도」, 『기록학연구』 제1호, 2000, 205쪽.

은 국가당안국(國家檔案局)을 설립한 것이 계기였다. 곧 1954년 11월 국무원 총리 저우언라이(周恩來)의 제청에 따라 제1기 전국인민대표대회 상부위원회의 비준을 얻어 국가의 당안관리 사업을 종괄하는 최고 행정기구로서 국가당안국을 설치하였다. 이보다 앞서 같은 해 6월 중국 공산당 중앙 판공청은 「중앙국 취소 후의 당안을 집중 관리하는 것에 대한 판법(關于中央局撤銷後檔案集中管理的辦法)」을 발표했으며, 7월에는 중앙군사위원회 판공청에 전군(全軍)의 당안 업무를 관장하는 당안처(檔案處)가 설치되었다.

국가당안국은 국무원 관할 하에 국가 당안관리 사무를 주관했다. 국가당안국의 임무는 통일된 국가 당안관리 체계를 수립하고, 각 부문의 당안관리를 지도·감독하는 것이었다. 또한 각급 당안관의 건립, 당안 평가와 보존기간 기준에 대한 연구와 심사를 담당하고, 당안관리 법령 제정 등의 사무를 처리했다. 국가당안국의 설립은 중국의 당안관리 체계가 종래의 분산적 관리에서 집중통일적 관리체계로 전환된 것을 의미했다.[21]

같은 해 12월 중국공산당 제1차 전국당안공작회의(全國檔案工作會議)가 북경에서 개최되어 성·시·자치구의 당안 업무에 대해 논의했다. 1956년 4월에는 제2차 전국당안공작회의를 개최하여 「중국공산당 현급 기관의 문서처리공작과 당안공작 임시판법(中國共産黨縣級機關文書處理工作和檔案工作暫行辦法)」을 제정했다. 이 법령은 당안관리 기구와 인원 배치, 당안실의 임무 등을 규정했다.[22] 같은 해 4월 국무원은 「국가 당안 업무의 결정을 강화하는 데 대하여(關于加強国家档案工作的決定)」를 발표했다. 이 결정은 국가 당안관리 체계의 필요성을 명확하게 제시하

---

21) 楊小紅 編著, 『中國檔案史』, 遼寧大學出版社, 2002, 229쪽.
22) 周雪恒, 앞의 책, 521~522쪽.

고, 각급 당안관리 기관의 강화를 요구한 최초의 지침으로 그 의미가
있다.

> 국가의 모든 당안은 중화인민공화국 성립 이래 각 기관, 부대, 단체, 기
> 업 및 사업단위가 생산한 당안을 포함하여, 중화인민공화국 성립 이전의
> 혁명역사 당안과 구정권 당안도 모두 우리나라 사회정치생활 중 형성된
> 문서재료이므로 모두 우리나라의 국가적 역사 재부(歷史 財富)이다. 당안
> 업무의 임무는 국가당안을 통일 관리하는 원칙 하에 국가당안제도를 설
> 립하고 과학적으로 이들 당안을 관리하여 국가기관업무와 과학연구에 이
> 용하는 데 있다.[23]

곧 국가의 모든 당안은 국가의 역사 자산으로 간주했으며, 당안의
범위와 소유권을 명확하게 규정했다. 또한 당안의 통일관리, 당안관
리 제도의 구축, 당안의 과학적 관리를 당안관리의 임무로 설정하였
다. 구체적으로 전국의 당안관리 업무는 국가당안국의 통일적인 지도
와 감독을 받았다. 곧 국무원 소속의 각급 기관은 물론 각 성·시·자
치구 등의 인민위원회 또한 판공청 소속으로 당안실을 설치하고, 해
당 기관의 당안관리 업무를 처리하고, 각급 기관의 당안관리를 감독
해야 했다. 아울러 당안관리를 전담하는 간부 인원을 배치하도록 의
무화했다. 이후 중앙부터 지방까지 각급 당안관리 기구가 설립되었
고, 전국적인 당안관리 기관의 네트워크가 형성되었다.

한편 각급 기관의 당안은 기관 당안실에 집중하여 관리해야 하며,
규정에 따라 허가 받지 않고는 임의로 이전하거나 폐기할 수 없었다.

23) 「國務院關于加强國家檔案工作的決定」, 國家檔案局辦公室 編, 『檔案工作文件
集』第1集, 檔案出版社, 1986, 6쪽; 이승휘, 「건국 후 문혁기까지 중국 역사기
록물의 보존과 이용」, 『중국학보』 제47집, 2003, 613쪽에서 재인용.

그 가운데 영구 보존할 필요가 있는 당안은 중앙당안관(中央檔案館)이나 지방당안관에 보존하도록 했다. 당안관리 업무는 전문적인 분야로 인정받았으며, 각급 기관의 기관장은 그 중요성에 대한 인식을 요구받았다.[24]

국무원의 이 결정은 건국 이후 최초로 당안관리 업무의 기본 원칙을 명확하게 규정한 것으로, 국가 당안관리 체계를 확립하는 밑거름이 되었다. 1956년 6월 국무원은 당안학을 독립된 학과로 인정하였고, 같은 해 12월에는 국가당안국이 제1차 당안공작회의를 개최하였다. 이처럼 1956년은 중국의 국가 당안관리 체계가 기본적인 틀을 갖춘 시기였다.

1959년 1월에는 중국 공산당 중앙위원회가 당과 정부의 기록관리 업무를 통일시키는 「당·정 당안 업무의 통일관리에 대한 통지(關于統一管理黨政檔案工作的通知)」를 채택했다. 곧 당, 정부, 군대의 당안 모두 당의 방침을 근간으로 하기 때문에 서로 밀접한 관련을 갖고 있다는 인식에 따라 각급 당안관리 기관은 당의 기관이면서 정부 기관으로 그 위상을 갖추게 되었다. 이에 따라 국가당안국이 전국의 당안관리를 통일적으로 관장하고, 국가의 중요한 당안은 중앙당안관(中央檔案館, 1959. 10 개관)에 보존하는 현재의 기록관리 체계가 형성되었다.

1950년대 후반부터 당안관 설립이 본격적으로 전개되었다. 명·청 시대와 그 이전의 기록을 보존하는 제1역사당안관(第一歷史檔案館)이 설립되었고, 신해혁명 이후의 기록을 보존하던 남경사료정리처(南京史料整理處)가 제2역사당안관(第二歷史檔案館, 1964년)으로 개칭되었다. 1960년에는 동북지구의 역사당안 약 200만 권을 전문적으로 보존하는 동북당

---

24) 楊小紅 編著, 앞의 책, 230쪽; 周雪恒, 앞의 책, 522~525쪽.

안관(東北檔案館)이 설립되었다.

집권적 기록관리 체계를 형성하기 위한 중국 정부의 정책은 각급 지방당안관의 설립으로 이어졌다. 1958년 4월 북경시 당안관(北京市 檔案館)을 시작으로 강소성(江蘇省), 요녕성(遼寧省) 등에 성·시급 당안관이 설립되었다. 같은 해 5월 하남성 양성현(河南省 襄城縣)에 최초로 현급 당안관이 설치되었다. 1960년 초까지 15개 성급 당안관, 1,509개의 현급 당안관이 건립되었으며, 1965년 말에는 전국적으로 2,483개의 당안관이 만들어졌다.[25]

요컨대 건국 후 10년이라는 짧은 기간에 집권적 기록관리 체계가 성립될 수 있었던 것은 국가가 전면에 나서서 당안관 건립사업을 추진하고, 기록관리 체계를 적극적으로 구축했기 때문이었다. 이는 사회주의 국가 중국 기록관리 체계의 주요한 특징이다.

그러나 1966년부터 시작된 문화대혁명으로 인해 당과 국가의 각종 사회주의 건설 사업은 위축되었다. 건국 후 체계화 되고 있던 당안관리 부문 역시 예외는 아니었다. 문화대혁명이 시작된 이후 국가당안국은 노선을 잘못 이끈 기관으로 분류되어 당안관리에 관한 각종 시책과 기구들이 개조 대상으로 지목되었다.

1966년 6월 중국공산당 중앙위원회 판공청이 「당안 공작 중의 반당 반사회주의 흑색노선을 고발하는 것에 대한 통지(關于揭發檔案工作中反黨反社會主義黑線的通知)」를 발표하고, 건국 이래의 당안 업무 발전을 전면적으로 부정하였다. 또한 「문화대혁명운동 중 당과 국가의 핵심 기밀을 보호하는 것에 대한 규정(關于在文化大革命運動中保障黨和國家的核心機密的規定)」을 통해 당안을 당과 국가의 중요 보호대상으로 지정하여 당안실·당

---

25) 楊小紅 編著, 앞의 책, 230쪽; 周雪恒, 앞의 책, 528쪽.

안관 등을 기밀시설로 정하고 함부로 출입하는 것을 금지하였다.

1967년 2월 중국공산당 중앙과 국무원이 「기요문건과 당안자료의 안전을 확보하는 것에 관한 몇 가지 규정(關于確保機要文件和檔案資料安全的幾項規定)」을 발표하여 기요실과 당안관을 공격하는 것을 금지하고, 유출된 기록을 즉시 되돌려 줄 것을 지시했다. 같은 해 10월에는 중국공산당 중앙, 군사위원회, 중앙문화혁명소조(中央文化革命小組)가 「국민당과 만주국 및 왕정위 국민정부의 당안을 접수·관리하여 조사할 것에 관한 지시(關于接管清查敵僞檔案的指示)」를 발표했다. 1969년에는 당과 정부의 당안을 관리하던 국가당안국을 폐지했다. 동시에 군사 당안을 관리해 오던 군사위원회 판공청 당안처(檔案處) 역시 폐지했다. 이어서 각 성·시·현급 당안관리 기관도 폐지했다.[26] 1970년에 중앙당안관은 중국공산당중앙당안관으로 그 명칭을 변경하여 정부의 당안관리 기능을 상실했다. 1974년 5월에는 중국인민대학 역사당안계(歷史檔案係)가 학업을 중지하였다.

요컨대 1976년까지의 '문화대혁명' 기간에 중국의 기록관리 체계는 심각한 타격을 입었으며, 각급 당안 기구는 철폐되었다. 또한 각급 기관의 기록이 이관되지 않았다. 기록관리 전문직들은 '주자파(走資派)' 등으로 몰려 강제로 지방으로 전출되었다. 또한 당안은 주자파를 공격하는 증거가 되었으며, '반혁명파'의 과거를 미화하는 수단으로 활용되었다. 이에 따라 중국의 기록관리 체계는 극도의 혼란 상황을 연출했다.[27]

---

[26] 周雪恒, 앞의 책, 549쪽.
[27] 楊小紅 編著, 앞의 책, 231쪽.

2) 개혁·개방과 집권적 기록관리 체계의 고도화

1976년 장칭(江靑) 등 반혁명파가 실권하고 문화대혁명이 종료되어 당안관리 업무가 회복되기 시작했다. 1978년 3월 중국사회과학원 규획판공실(規劃辦公室)에서 당안과학규획좌담회(檔案科學規劃座談會)를 개최하고 국가당안국 재건을 제의하였다. 같은 해 7월 중국인민대학 역사당안계(歷史檔案系)의 수업도 다시 시작되었고, 문화대혁명 시기의 잘못된 당안 업무 노선을 비판하였다.

1979년 2월 중국공산당 중앙위원회와 국무원이 국가당안국의 재건을 비준하였으며, 중앙당안관의 기능도 회복되었다. 같은 해 8월에는 국가당안국이 전국당안공작회의를 소집하고, 전국적인 당안사업의 회복을 결정하였다.

> "당안은 역사의 기록이고, 당과 국가의 보귀(寶貴)한 재부이다. 당안 업무는 매우 중요한 전문적인 사업영역으로, 사회주의 현대화 건설을 실현하고, 역사연구를 전개해 나가고, 각 부문에서 효율적인 업무를 진행해 나가는데 복무하는, 중요한 사회적인 필수적 요소이다. 당안 업무를 잘 진행하는 것은 당면한 업무에 필요한 일일 뿐 아니라, 당과 국가의 역사적인 진면목을 보호 유지하는데 있어서 극히 중요한 일이다"[28]

같은 해 11월에는 중국공산당 중앙위원회와 국무원이 국가당안국이 제정한 '문화대혁명 운동 중에 생산된 타인에 대한 비방을 위해 만들어 진 것, 허위로 내용을 기록한 것, 잘못된 내용으로 만들어 진 것 등 문건재료를 처리하는 것에 관한 의견(關于處理文化大革命運動中形成的冤假

---

[28] 周雪恒, 앞의 책, 567쪽.

錯案內容的文書材料的意見'을 발표하였다.

중국에서는 1979년 이후 정부 주도의 당안관리 체계로 전환하여 문화대혁명 기간에 위축된 당안관리 업무를 발전시키고, 새로운 체계를 재형성하기 위한 노력이 여러 분야에서 나타났다. 먼저 전국적인 당안관리 기구가 회복되어 1982년 말 성급 당안관 전체와 84%의 현급 당안국이 재건되었다. 또한 이 시기에 약 28만여 명의 당안 전문인력을 재교육했다. 1980년에는 문화대혁명 기간 중에 폐간되었던 『당안공작(檔案工作)』 잡지를 복간했다. 또한 중국 당안대표단이 런던에서 개최된 제9차 ICA국제대회에 참가하고, ICA 회원국이 되었다.[29] 1981년 11월에는 중국당안학회(中國檔案學會) 창립대회와 전국 제1차 당안학술토론회가 개최되었으며, 1982년 국가당안국이 당안출판사를 설립하였다.[30]

1985년에는 중국공산당 중앙위원회와 국무원이 국가당안국의 지도관계를 중국공산당에서 국무원으로 바꾸는 것에 합의하였다. 곧 "당안관리는 당과 국가의 역사적 진실을 보호하는 중요 사업으로 국가건설 사업에 없어서는 안 될 과정"이라고 강조했다.[31] 또한 당과 정부의 통일 당안관리 원칙을 실행하기 위해 국가당안국은 국무원 직할기관의 위상을 갖고, 전국의 당안 업무를 통일적으로 관리하였다.

1987년 「중화인민공화국당안법(中華人民共和國檔案法)」이 제정된 것을

29) 중국이 ICA 국제회의에 처음으로 참가한 것은 1960년 8월이었다. 비록 업저버 자격으로 참가한 것이지만, 동아시아 3국 가운데 가장 먼저 국제기구와 교류하였다. 중국은 1990년대 초반부터 국제교류 활동에도 적극적으로 참가하기 시작했다. 1992년 7월 ICA 동아시아지부(EASTICA)가 북경에서 설립되었다. 1995년 8월에는 ICA 집행위원회를 광주(廣州)에서 개최하는 한편 1996년 9월에 130개 국가가 참가한 가운데 ICA총회가 북경에서 개최되었다.
30) 周雪恒, 앞의 책, 567~569쪽.
31) 楊小紅 編著, 앞의 책, 232쪽.

계기로 문화대혁명 기간에 위축되었던 당안관리 부문의 활동이 다시
활발해지기 시작했다. 1990년 11월에는 국가당안국 제1호령으로「중화
인민공화국당안법실시판법(中華人民共和國檔案法實施辦法)」이 시행되었다.
이로써 1949년 중화인민공화국 건국 이후 부침을 거듭했던 당안관리
체계가 안정된 상태로 발전하는 계기를 마련했다. 곧 '통일영도(統一領
導), 분급관리(分級管理)'를 구호로 한 중국의 기록관리 체계는 국가 주도
와 지원을 바탕으로 재형성되었다.

　1996년 3월 국가당안국과 중앙당안관은 향후 5년간의 당안관리 전
략계획인 「전국당안사업발전구오계획(全國檔案事業發展九五計劃)」을 발표
했다. 중국은 이 기간 동안 법제와 당안관리 표준 정비, 당안관과 당
안관리 업무 발전 계획, 과학기술 당안관리 발전 계획, 국제교류 활동
등의 목표를 제시했다. 중국은 이 시기 당안관리 업무에 "장족의 발
전"이 있었다고 자평하였다. 곧 1990년대 말에 이르러 전국적으로 당
안관리 행정부문은 2,906개로 증가하였으며, 각급 각류의 당안관은
3,816개였다. 1990년대 전반에 비해 당안관 소장 기록은 26.6% 증가했
다. 또한 이 기간에 전국적으로 새로 건축하거나 확장된 국가종합당
안관 서고는 377개소였으며, 1990년대 전반에 비해 16.2% 증가했다.
아울러「중화인민공화국당안법」등을 비롯한 여러 규정들을 개정하
고, 당안관리 업무를 강화했다.[32]

----

[32] 全國檔案工作會議,「全國檔案事業發展 "十五"計劃」, 2000. 12. 10; 국가당안국이
　　이 시기 당안관리 업무의 문제점으로 지적한 부분은 다음과 같다. 첫째, 당안
　　정보 자원의 개발과 이용 분야의 업무를 증대시켜야 하며, 둘째 당안관리 법
　　령을 지켜나가는 관념이 미약하여 일부 지역이나 부문에서 당안관리 기구에
　　대해 인원편제·경비지원·서고건설·보관설비 등의 인프라를 법령에서 정한
　　대로 하지 못하는 점이었다. 셋째, 당안관리 현대화 수준이 높지 않은 점, 당
　　안학 이론과 업무 발전이 서로 상응하지 못한 점 등이었다. 넷째, 특히 전자기
　　록의 이관과 관리에 대한 대응을 제대로 못하는 점 등이 지적되었다.

한편 당안사업 분야에서 21세기에 중국이 지향하는 바는「전국당안
사업발전 "십오"계획(全國檔案事業發展 "十五"計劃)」을 통해 확인할 수 있
다.[33] 첫째, 이 계획의 목표는 "과학과 교육으로 당안사업을 진흥시키
며, 당안에 관한 법제 건설을 강화하고, 당안 정보화 건설을 가속화하
고, 경제건설과 사회발전을 위해 복무하는 당안 업무의 능력을 강화
하고, 당안 사업의 건강한 발전을 전면적으로 추진하여", "중국 특색의
사회주의 당안사업 체계"를 구축하는 것이었다.

둘째, 구체적인 사업별 목표는 다음과 같다. (1) 당안관리 법제 정
비 부분은 입법과 법의 집행 활동을 강화하고, 법과 표준이 정확하게
실시되도록 감독하는 것이었다. 이를 위해「당안관공작조례(檔案館工作
條例)」,「전자당안저록규칙(電子檔案著錄規則)」 등을 제정하고자 했다. 또
한 당안 평가 방법, 당안관의 전자기록 인수 방법, 전자기록의 보호
등에 대한 연구를 규정하였다.

(2) 당안관은 그 지위를 강화하고 관리 수준을 현대화하여, 정보 자
원을 제공하는 중심 기관으로 그 위상을 실정했다. 구체적으로 당안
관 소장 기록에 대한 구조를 조사·연구하고, 서고 등 당안관의 기본
적인 설비를 갖추는 것이었다. 또한 기록목록센터를 설립하여 역사당
안 데이터베이스를 구축하고자 하였다.

(3) 기관·단체·기업 단위의 당안관리 업무를 강화하고, 당안 수
집·보존·정리 등 당안관리 체계를 표준화하려 하였다.

(4) 당안 정보화를 강화하고, 전자당안의 이관과 관리방법론에 대한
국가표준을 보급하는 활동을 규정하였다. 또한 현재 소장하고 있는
당안의 데이터베이스화를 촉진하고자 하였다.

---

33) 全國檔案工作會議, 위의 자료 참조.

(5) 당안학의 기초이론과 과학기술의 성과를 보급하고, 지식기반 사회에 적응하기 위한 직무교육 등 당안 관련 교육을 강화할 것을 규정했다. 그 밖에도 ICA와 ESATICA 활동에 적극 참여하는 등 국제교류를 활성화하고, 외국의 기록관리 자료를 번역하는 업무를 계속 실행하고, 번역 출판하는 것 등이었다.

3. 일본: 분권적 기록관리 체계의 전개와 변화

1) 지방공문서관의 설립

일본에서는 침략전쟁 패전 직후 기록의 산실과 파괴 상황이 발생하여, 역사 연구자들이 앞장서서 체계적인 사료 보존의 필요성을 논의하기 시작했다. 농림성 '토지제도사료조사위원회', 일본학술진흥회의 '농어촌사료조사위원회', 문부성 '인문과학연구과'가 사료조사·수집사업을 진행한 것이 대표적인 성과였다. 요컨대 역사연구자들이 중심이 되어 지방 사료가 방치되는 현상을 인식하고, 사료 보존에 관심을 갖기 시작했다.

1948년 6월 조직된 '근세서민사료조사연구회'는 5년 동안 전국적인 사료 조사를 실시했다. 이 조사에 참여한 노무라 가네타로(野村兼太郎) 등 90여 명의 연구자들은 각지에 산재하여 방치되고 소멸해 가는 사료들을 보호하고자 했으며, 근본적인 대책 마련을 촉구했다. 이들은 「국립사료관 설치에 관한 청원 및 취의서」를 중의원에 제출하고, 사료관 설립을 촉구하였다.

　　그러나 역사자료로서 잘 정리되고, 사료에 이용되어온 것은 작은 부분으로 에도(江戸)시대 이후의 민간 기록류에 이르러서는 일부의 향토사가(鄕土史家) 이외에는 거의 찾아볼 수 없었습니다. ……우리들 생활에 가장 관계 깊은 산업경제 사회 등의 부문이 소홀해지고, 그중에서도 근세의 서민생활 등에 대한 연구는 없는 것과 마찬가지였습니다. 따라서 이후 역사연구자가 완수해야할 책임은 지금까지 대부분 살펴보지 않았던 사료, 특히 민간기록에 대해서 실증적인 연구를 진행시켜 단지 종래의 역사의 빈

자리를 채우는 것만이 아니라, 과학적 연구에 의해 피가 통하는 일본역사를 새롭게 편찬하는 것에 있습니다. 여기에 가장 불행한 사실은 중요한 근본사료인 고문서 기록, 그 양과 질을 세계에 자랑한 역사자료의 대부분이 현재 망실 위험에 처해 있습니다.

민간에 보존되었던 사료는 앞에서 서술한 사정과 독해의 난해함으로 인해 그 대부분이 미조사, 미정리 상태로 소장되어 있으며, 전시 중에는 불필요한 물건이라는 취급을 받아서 폐품회수의 대상이었습니다. ……문서기록은 상품으로서의 가치가 부족하다는 이유도 있기 때문에 일단 소장자의 손을 떠나게 되고, 결국 그 대부분은 폐지가 되어서 주로 재생용 지원료가 되어 원형을 잃어버리는 것입니다. 그리하여 그 고문서가 담고 있는 사실에 접하는 기회를 잃어버려서 이것에 의해 생긴 역사의 공백은 영원히 채울 수 없는 것입니다. 조상과 가문의 명예 또는 가문과 향토의 자랑으로서 수백 년 보존되어온 고문서 기록이 한 덩어리의 휴지로 판매되었습니다. ……적어도 일국의 역사와 문화에 대해 생각을 가진 사람이라면 분서(焚書)가 늘어나는 현재의 사료 파괴현상에 대해서 무관심으로 있는 것은 용서할 수 없는 것입니다.

역사상 처음으로 인멸과정에 있는 민간사료를 수집하여 이것의 보존과 이용을 계획해서 세계문화에 공헌하는 것은 개인의 힘이나 약체화된 연구기관의 손에 달려있는 사업은 아닙니다. 위 목적을 달성하는데 남아있는 유일한 길은 국립 사료보관기관을 세워서 문서의 산실방지책을 강구함과 동시에 자가 보존 할 수 없게 된 민간의 사료를 나라의 힘으로 수집하는 방법 이외에는 없습니다.

사료의 위기는 절박합니다. ……부디 국가는 중앙, 지방에 사료관을 설치하여 긴급히 강력한 수집사업을 기획할 수 있도록 청원합니다.[34]

---

34) 岩上二郞, 「史料館設置に關する請願および趣意書」, 『文書館への道』, 共同編集室, 1988, 286쪽.

역사연구자들의 청원에 힘입어 1949년 국립국회도서관 산하에 헌정자료실이 설립되었다. 1951년에는 이를 독립시켜 국립사료관으로 설치했다. 당시에는 독립기관으로 각 지방에 분관을 설치하고 전국적인 사료보존기관으로 발전시킨다는 구상이었으나, 이후 기구가 축소되어 현재의 국문학연구자료관 사료관[35]으로 남게 되었다.

한편 1950년대 중반 이루어진 지방정부의 합병에 따라 각 기관에서 보존하던 메이지(明治) 시대 이래의 주요 공문서가 폐기될 위기에 처했다. 이에 따라 기록 폐기를 반대하는 운동이 전개되었고, 역사관련 단체들이 공문서의 보존과 공개를 촉구하는 요청서를 정부에 이송하였다.

특히 1959년 국립공문서관 설치를 전제로 역사학자들이 「공문서 산일(散逸) 방지에 대하여」라는 권고안을 정부에 제출했다. 일본학술회의 의장이 내각총리대신에게 보낸 권고안의 내용은 다음과 같다.

일본에서는 여러 외국의 사례에서 볼 수 있듯이 국립공문서관의 부재가 보존기한이 경과한 관공청의 공문서 산일 소멸의 가장 중요한 원인이 되고 있다. 이러한 공문서 중에는 학술자료로서 가치가 있는 것도 많이 포함되어 있기 때문에, 그 산일 소멸은 장래의 학술발전 상에 우려가 되고 있다. 거기에 궁극적 목표로서 정부에 의한 국립공문서관의 설치를 바라고 있지만, 그 전제로서 정부의 공문서 산일방지 및 그 일반이용을 위하여 유효적절한 조치를 취하기를 희망한다.

(1) 여기에 공문서라 칭하는 것은 관공청이 기안하여 주고받은 학문적 중요한 의의를 가진 서류, 의사록, 장부류 등이다.

(2) 이러한 공문서가……영구보존, 20년, 10년, 5년, 1년 보존 등 각각의 관공청이 행정상, 심의상의 필요도에 따라 구분해서 보존되었다. 그 기한

---

35) 문부성사료관으로도 불린다.

이 지난 것은 폐기하여 제지 원료로서 유출되고 있다. 또한 메이지시대 이후 지진, 화재, 전재(戰災)에 의해서 영구 보존되어야 할 고문서가 소멸되고 있다. 전재에 의해서 만이 아니라 관공청의 통합 폐기 등에 의한 인위적인 폐기 소멸도 심하다. ……최근 일본의 발전과정을 확인하는 사료로서 극히 중요한 근본 자료이지만, 그 상당 부분이 별도의 과정 없이 처리되는 것은 유감스럽다.

(3) 다행히 임시로 보존되어 있는 것 중에는 각 관청 '기록과', '문서과'의 관리에 근거하여 정리 분류가 행해지고 있지만, 그 기준이 각 청마다 각기 다르게 적용되고, 극히 일부를 제외하고는 일반연구자에게 공개 이용의 길이 닫혀 있다. 어느 사무소에 어느 문서 기록이 있는지, 중앙·지방을 불문하고 완벽한 목록조차 작성 되어 공개되지 않기 때문에, 연구에 지장이 많고 그 능률에 지장을 주고 있다.[36]

위의 권고안을 통해 본 일본의 기록관리 실태는 같은 시기 한국과 매우 유사하다. 새로운 청사 건립, 사무실 통폐합 등으로 인한 인위적인 기록 폐기는 물론이고, 정부 기관 내에서도 제각각인 기록 보존기간 제도, 기초적인 목록의 부재, 비공개 관행 등이 그러하다.

이와 같은 권고에 따라 일본 정부는 각 성·청(省·廳)에 공문서 산실 방지를 권유하고, 공문서 보존현황을 비롯해서 외국의 기록관리 제도를 조사하였다.[37] 일본 정부는 1963년 국립공문서관 설치를 결정했으나, 국립공문서관을 설립하려는 부지에 국립근대미술관이 들어서는 등 설립 단계부터 그 규모가 축소되는 우여곡절을 겪은 끝에 결국

---

36) 岩上二郎, 「公文書散逸防止について」, 『文書館への道』, 共同編集室, 1988, 303 쪽.
37) 남경호, 「일본의 공문서관리법 시행에 따른 기록관리 체제 검토」, 『기록학연구』 제30호, 2011, 210쪽.

1971년 국립공문서관을 개관했다.

그러나 설립 초기부터 국립공문서관에는 일본 기록관리 제도의 치명적 한계라 할 수 있는 현용기록(records)에 대한 통제권이 부여되지 않았다. 곧 정부 각 기관에서 생산된 기록은 자체적으로 보관하였고, 국립공문서관으로는 일부 기록만 이관되었다.

1960년대 들어 각 지방에서 문서관(文書館)을 설립하려는 움직임이 활발해졌다. 이 과정에서 서로 상반된 주장이 제기되었다. 첫째, 지방의 사료를 주요 국립대학이 중심이 되어 권역별로 나누어 수집·보존하는 방안이 제시되었다. 이는 현지주의 또는 반중앙주의의 입장, 곧 지방의 관점에서 제기되었다. 그 지향은 지방 '스스로가, 스스로의' 문서관을 설립하여 기록을 보존하고 공개하는 것이었다.

둘째, 국립사료관의 기능을 강화하여 전국의 사료를 수집·보존하자는 주장이 제기되어 서로 대립하는 구도가 형성되었다. 그러나 곧 양측의 주장을 절충하여 각 지방단체별로 사료를 수집하여 보존하는 방향으로 의견이 모아졌다.[38] 한편 서구의 아카이브 개념을 도입한 일본 최초의 지방공문서관인 야마구치현문서관(山口縣文書館, 1959년)이 설립된 이후 각 지방에서 문서관을 설치하려는 움직임이 활발해졌다.[39]

---

38) 北川 健, 「文書館運動と史料保存運動のインターフェイス」, 『日本のアーカイブズ論』(全国歴史資料保存利用機関連絡協議編), 岩田書院, 2003, 125쪽.

39) 일본의 지방공문서관 설립 유형은 지방 자치단체별로 공문서관을 설치한 사례, 지방사 편찬과정에서 수집된 기록의 보존문제가 계기가 되어 공문서관이 설립된 사례, 도서관의 향토자료실과 박물관에 지방 사료가 축적되고 기존 체계로는 감당할 수 없게 되어 공문서관이 설립된 사례, 1987년 제정된 「공문서관법(公文書館法)」의 영향으로 문서관이 설립된 사례 등이 있다(김종철, 「일본의 지방공문서관과 지방기록관리-문서관과 역사자료관의 설립과정을 중심으로-」, 『기록학연구』 제11호, 2005, 219~229쪽).

1977년 일본학술회의에서는 「관공서문서자료의 보존에 관하여」라는 권고안이 채택되었다. 문서관법 제정의 필요성을 주장한 권고안의 주요 내용은 첫째, 공문서 보존·이용제도가 구미 다른 나라보다 뒤쳐져 있다는 인식에 기반하고 있다. 둘째, 보존기간이 지난 공문서를 행정적 가치뿐만 아니라 학술연구의 필요성, 중요성 등을 평가기준으로 하여 선별해야 한다고 주장하였다. 셋째, 공문서관 등에서 주요 기록을 수집·정리·보존하고 공개하여야 하며, 이를 위해 공문서관법을 제정해야 한다고 역설했다. 넷째, 문서전문직 제도의 확립, 문서학 연구·교육, 전문가 양성을 제시했다.[40] 이 권고안은 현대 아카이브 제도의 주요 내용을 망라한 것이었으나, 일본에서는 이러한 체계를 갖추기까지 오랜 시간이 소요되었으며, 특히 기록전문직 제도는 현재까지도 미완으로 남아있다.

2) 공문서관법의 시행과 분권적 기록관리 체계의 성립

1960년대 이후 일본에서는 지방공문서관 설립이 본격적으로 전개되었고, 국립공문서관도 조직되었다. 그러나 일본 아카이브 제도 형성 과정에서 중요한 계기는 1987년에 제정된 「공문서관법」의 시행이었다. 「공문서관법」 제정 과정을 살펴보면, 먼저 1980년 일본학술회의가 「문서관법 제정에 대하여」라는 문건을 일본 참의원에 건의한 것이 계기였다. 일본 참의원 법제국은 1981년 7월 정부 기관과 지방자치단체가 보유한 기록 이관을 규정한 「공문서관법안대강(안)」을 제정했으

---

40) 國文學研究資料館史料館 編,『アーカイブズの科學』上, 栢書房, 2003, 6쪽.

나, 정부 부처의 반대로 실현되지 못했다.[41]

다음으로 지방에서는 1976년 공문서관에 근무하는 담당자들이 중심이 되어 '역사자료보존이용기관연락협의회'를 설립했으며, 그 후 조직을 발전시켜 1984년 역사연구 단체와 사료보존기관들이 연합하여 '전국역사자료보존이용기관연락협의회'(이하 전사료협)를 결성했다.[42] 전사료협은 1986년 「문서관법안」을 작성하여 총리부, 문부성 등 관련 기관에 건의하는 등 활발한 활동을 전개했다.

한편 일본 자민당 국회의원으로 기록관리에 큰 관심을 가졌던 이와카미 지로(岩上二郎)는 국회 내에서 입법 활동을 활발하게 전개했다. 1983년에는 유네스코(UNESCO) 소속 프랑크 B. 에반즈, 1986년에는 ICA의 마이클 로퍼가 일본의 아카이브 제도를 시찰하면서 공문서관리의 문제점을 지적하고 문서관법 제정을 권고했다. 같은 해 ICA가 일본 기록관리 실태를 분석하고, 발전방향을 제시한 「일본 문서관의 발전을 위하여」를 발표했다.

이와 같은 여러 흐름들에 영향을 받이 1987년 12월 마침내 「공문서관법」이 제정되었다. 동 법률은 사료의 보존에 관한 기본 원칙과 국가·지방공공단체의 사료 보존·이용에 대한 책무를 규정한 것이다. 공문서관법은 역사기록의 보존과 이용을 목적으로 한 아카이브 설립을 규정하고 있다. 그러나 공문서관법은 공문서는 물론이고 민간기록

---

41) 김광옥, 「일본 문서관법과 기록보존 현황」, 『역사비평』 통권 38호, 1997, 131~133쪽; 남경호, 앞의 글, 211~212쪽.
42) 전사료협은 공문서관 담당자들을 기반으로 발족한 단체로 '회원 상호의 연계를 넘어 연구협의를 통해 기록사료의 보존 이용 활동의 진흥에 기여하는 것'이 설립 목적이다. '문서기록을 중심으로 기록사료를 보존하고 이용에 이바지하는 기관 직원과 이런 목적에 찬동하는 개인이 입회하여 만든 전국적인 단체'이다(http://www.jsai.jp/toha/index.html).

의 관리, 아키비스트의 양성까지도 규정했던 전사료협의 「문서관법안」
에서 많이 후퇴한 것이었다.

〈표 3-4〉 일본의 기록관리법 관련 연표

연도	주요 내용
1971	국립공문서관 설립
1987	공문서관법 제정
1999	국립공문서관법 제정 행정기관이 보유하는 정보의 공개에 관한 법률
2000	행정문서의 관리방책에 관한 가이드라인에 관하여
2001	독립행정법인으로 국립공문서관 설립 아시아역사자료센터 개설
2009	공문서등의 관리에 관한 법률 제정
2010	공문서관리위원회령 시행 공문서등의 관리에 관한 법률시행령 공포 내각부에 공문서관리위원회 설치
2011	공문서등의 관리에 관한 법률 시행 공문서등의 관리에관한 법률시행령 시행 행정문서의 관리에관한 가이드라인 결정 특정역사공문서등의 보존, 이용 및 폐기에 관한 가이드라인을 결정

출처: http://www8.cao.go.jp/chosei/koubun/kako_kaigi/kako_kaigi.html(cited 2016.3.1).

한편 일본에서는 1999년 기록의 공개를 통해 정부의 활동을 국민에
게 설명하는 정보공개법이 제정되었다. 정보공개법은 공개 대상 기록
을 공문서관법의 관리 범위에서 제외된 현용기록으로 한정했다. 곧
정부 기관에서 생산된 기록은 해당 기관의 공문서관리 규정과 정보공
개법에 따라 통제되었다. 일본의 경우 생산기관의 기록관리를 제어하
는 법령 체계가 미흡했으나, 정보공개법을 통해 보완하는 방향으로
제도를 개선했다.[43] 정보공개법 제정을 계기로 문서관에서도 공개된

---

43) 이경용, 「일본의 정보공개제도」, 『기록보존』 제12호, 1999년, 136쪽.

기록은 역사 연구뿐만 아니라 국민의 알권리를 보장하는 차원에서 접근할 수 있게 되었다.

같은 해 6월에는 「국립공문서관법」이 제정되어 법률적 근거가 명확해졌다. 곧 국립공문서관은 정부기관에서 생산한 공문서 가운데 중요한 역사적 공문서를 보존하고, 시민들이 이용할 수 있도록 편의를 제공하는 기관으로서의 위상을 갖추게 되었다. 내각 총리대신이 정부 각 기관과 협의하면, 중요 역사기록을 국립공문서관으로 이관하는 것이 가능해졌다. 곧 국립공문서관은 중앙정부의 기록을 이관 받고, 지방자치단체의 기록은 해당 지방공문서관으로 이관하는 기록관리 체계를 구축하였다.

〈그림 3-1〉「국립공문서관법」시행 이후 공문서 생산 · 관리 과정

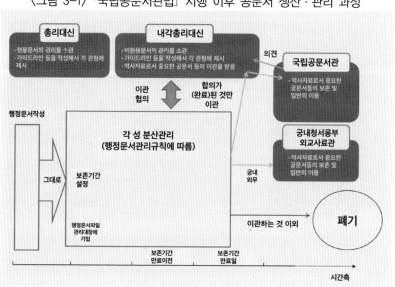

출전: 中原茂仁, 「公文書等の管理に関する法律について」, 『アーカイブズ』 37, 2009, 33쪽.

「국립공문서관법」시행 이후 공문서의 생산과 관리 과정을 살펴보면(《그림 3-1》), 총무대신은 현용기록, 내각 총리대신은 비현용기록에 대한 통제를 수행하는 형태이다. 중앙정부에서 생산된 기록은 각 성·청의 「행정문서관리규칙」에 따라 보존기간을 책정하고 관리하였다. 곧 내각 총리대신과 각 성·청이 협의한 중요 기록만을 국립공문서관으로 이관하고, 보존기간이 만료된 기록은 폐기하는 체계를 마련했다.

이 시기 일본 기록관리 체계의 특징은 종래 국립공문서관의 낮은 위상 등으로 인해 국가 아카이브가 정부 기관의 현용 기록을 통제하지 못하던 단계에서 일부 협의된 기록에 대해서 만이라도 국립공문서관으로 이관하는 방식으로 절충한 점이었다.[44] 일본 기록관리 체계의 한계는 현용기록과 비현용기록을 국가 아카이브가 일원적으로 통합하여 관리하는 체계가 아니라는 점이다. 곧 국립공문서관의 기능에는 정부 기관에 대한 기록관리 감독 기능이 존재하지 않는다. 곧 현용기록과 비현용기록의 '분절적' 관리, 국립공문서관의 제한적 역할 등이 일본 기록관리 체계의 주요 특징이었다.

국립공문서관은 중앙 정부 개혁 방침에 따라 2001년 4월 독립행정법인으로 바뀌었다.[45] 독립행정법인으로 전환한 국립공문서관이 기록을 이관 받기 위해서는 내각 총리와 기록을 생산한 정부 기관 사이에 기록을 이관하기 위한 동의와 협정이 필요했다.[46] 따라서 국립공문서관으로 이관할 기록을 선별하고, 결정하는 주체는 여전히 해당 정부 기관이었다. 요컨대 이 시기에도 여전히 일본의 기록관리 체계

---

[44] 이에 대해서는 남경호, 앞의 글, 210쪽 참조.
[45] 독립행정법인은 책임운영기관으로서의 지위를 갖고 있다.
[46] 일본국립공문서관 편, 「일본에서 독립행정법인으로의 이동과 영구기록 관리」, 『기록학연구』 제9호, 2009, 344쪽.

는 분권적인 특징을 갖고 있다. 중앙 정부와 국립공문서관은 물론이고, 지방정부와 지방공문서관도 독자적인 운영 시스템을 갖추고 있다. 곧 이중의 분권적 기록관리 체계를 바탕으로 운영되고 있는 셈이었다.

한편 2001년 일본 정부는 모든 국민이 정보통신기술을 적극적으로 활용하고 이를 바탕으로 5년 이내에 세계 최첨단 IT 국가를 지향하는 'e-Japan 전략'을 수립했다. 일본 역시 정보화 시대 IT 기술을 이용한 전자공문서 보존 체계의 구축 문제가 시급한 과제로 제시되었다.[47]

3) 공문서관리법의 제정과 현용기록관리의 강화

2002년 12월 『일본경제신문』에 "일본의 아카이브는 중국, 한국에 뒤떨어져 있다"는 칼럼이 실렸다. 이 칼럼은 학습원대학에서 개최한 '기록을 지키고 기억을 전한다─21세기 아시아의 아카이브와 아키비스트'라는 심포지움의 내용을 정리한 것이었다.[48] 곧 일본의 기록관리 체계가 상당히 후진적이라는 기사였다. 그 가운데에서도 특히 기록을 관리하는 아키비스트의 양성이 문제이며 유럽과 미국은 말할 것도 없고, 한국과 중국에도 뒤쳐져 있다고 지적했다.

이 기사는 당시 내각의 관방장관이었던 후쿠다 야스오(福田康夫)를 자극했고, 2003년 4월 '역사자료로서의 중요한 공문서 등의 적절한 보존 및 이용 등을 위한 연구회'(이하 연구회) 발족의 계기가 되었다. 연구

---

47) 國文學研究資料館史料館 編, 앞의 책, 9쪽.
48) http://www.gakushuin.ac.jp/univ/g-hum/arch

회는 같은 해 12월 「제 외국의 공문서 등의 관리·보존·이용 등에 관한 실태조사 보고서」를 작성했다. 이 보고서에서 공문서는 국민이 공유해야 할 유산이며, 공문서 제도는 설명책임을 확보하는 것으로 국가의 기본적인 책무임을 천명했다. 그 밖에도 현용기록관리 체계의 확립, 기록 수집 대상 확대, 기록관리 전문인력의 양성, 기록 이용의 촉진 등이 주요 내용이었다. 그 후 연구회는 '공문서 등의 적절한 관리, 보존 및 이용에 관한 간담회'(이하 간담회)로 개칭하고, 공문서관 제도 정비가 정부의 주요 시책임을 분명히 했다. 간담회 운영의 결과는 「공문서 등의 적절한 관리, 보존 및 이용을 위한 체제 정비에 대하여」라는 보고서로 제출되었다.

그 후에도 2006년 '공문서관리법연구회'의 제안, 기록관리학회의 「공문서관법 제정을 위한 기록관리학회 제안」 등 관련 단체들이 기록관리 체제 개혁과 관련된 보고서를 제출했다. 그러나 기록관리 체제 정비에 대한 직접적 계기는 몇 가지 사건에 기인했다. 곧 2007년 방위성 소속 보급함의 항해일지를 기록 보존기간 만료 전에 파기한 사건, 후생노동성의 C형 간염환자 명단 방치 문제, 사회보험청의 연금기록 5,000만 건을 부실하게 관리하다 발각된 사건 등이다.

부실한 기록관리 실태에 대해 '공문서관추진위원간담회'(이하 간담회)는 2007년 가을 긴급 제언을 국회에 제출했다. 공문서관 설립을 목적으로 조직된 간담회는 공문서 작성부터 이관까지의 제도 정비, 상설 전시시설의 정비, 공문서의 디지털화를 통한 인터넷 서비스 등을 통한 이용 확대, 주요 도시에 공문서관 설치 등을 추진하고자 했다.[49] 기록관리 체제 개혁 문제는 2007년 가을 임시국회의 긴급 과제로 상

---

[49] 松岡資明, 『日本の公文書(開かれたアカイブズが社会システムを支える)』, ポット出版, 2010, 10~13쪽.

정되었다. 임시국회에서는 역사자료로서 중요한 공문서가 정부 각 기
관과 국립공문서관이 합의하지 않는 한 이관되지 않는 구조적 문제를
논의했다. 이에 따라 국립공문서관의 강화문제가 주요 의제로 설정되
었고, 내각관방에 '행정문서 · 공문서 등의 관리 · 보존에 관한 관계 성
청연락회의'가 설치되었다.

2008년 1월 내각총리대신은 국회에서 국립공문서관 제도와 공문서
보존 체제의 정비를 표명하고, 2월에는 '공문서관리 본연의 모습에 관
한 유식자회의'를 개최했다. 같은 해 11월 유식자회의 최종보고서가
발표되었다.[50]

최종보고서는 첫째, 기록 생애주기 전체에 걸쳐 체계적으로 관리되
는 구조를 확립하는 것, 둘째, 기록관리에 대한 책임과 기준을 명확하
게 하고, 기록관리 현장에 많은 부담을 주지 않도록 효율적으로 업무를
수행할 수 있는 체계를 만드는 것, 셋째, 공유재산인 공문서의 이관과
활용 체계를 확립하여 이용을 활성화 하는 방안 등을 제안하였다.[51]

이러한 과정을 거쳐 2009년 7월 「공문서 등의 관리에 관한 법률(이하
공문서관리법)」이 공포되었고, 2011년 4월부터 시행되고 있다. 공문서관
리법 시행으로 전자공문서의 이관, 임의적인 기록 폐기 금지, 기록 생
산단계에 대한 통제 등 현용기록관리 체계가 종래에 비해 강화되었
다.[52]

---

[50] 남경호, 앞의 글, 215쪽.

[51] 笹川朋子, 「公文書管理法の施行について」, 『アカイブーズ』 제44호, 2011, 8~9
쪽.

[52] 남경호, 앞의 글, 243쪽; 이경용, 「일본의 기록관리 제도 개혁에 관한 연구-공
문서리위원회의 활동과 국립공문서관의 확충 노력을 중심으로-」, 『한국기록
관리학회지』 제15권 제3호, 2015, 170쪽.

〈그림 3-2〉「공문서관리법」시행 이후 기록관리 흐름도

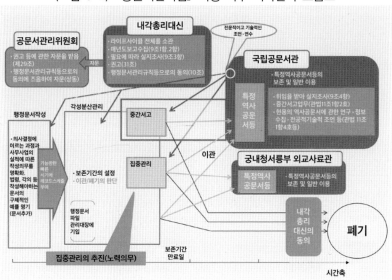

출전: 中原茂仁, 「公文書等の管理に関する法律について」, 『アーカイブズ』 37, 2009, 38쪽.

공문서관리법 시행 이후 내각총리대신은 기록 생애주기 전반을 통제하게 되었다.[53] 또한 공문서관리위원회와 국립공문서관이 내각총리대신에게 기록관리 제도에 대해 전문적인 자문을 할 수 있도록 제도화했다. 요컨대 공문서가 생산 되면 기록처리일정에 따라 보존기간을 책정하고, 각 기관에서 관리하다가 보존기간 만료 전에 집중 관리하는 형태로 전환된다. 곧 보존기간이 만료되면 국립공문서관으로 이관하거나, 내각총리대신의 동의를 받아 폐기하도록 하여 국제적 수준

[53] 종래 일본의 기록관리 제도는 「공문서관법」, 「국립공문서관법」 등 비현용 단계의 기록관리 체계가 중심이었으며, 현용기록 통제에 대한 법제화는 이루어지지 않았다(이경용, 위의 글, 170쪽).

에 부합하는 기록관리 체계가 수립되었다.

한편 공문서관리법 시행 이후 주목할 만한 현상은 지방공공단체에서 공문서관리 관련 조례 제정을 추진하고 있는 점이다. 공문서관리법은 중앙정부에 적용되는 규정이지만, 지방공공단체도 공문서관리법 체계를 따르도록 권고하고 있다. 공문서관리법 공포 당시 공문서관리에 관한 조례는 오사카시(大阪市) 등 일부 사례에 지나지 않았으나, 2011년 시행을 계기로 전국적으로 확산되었다.54) 또한 국립공문서관의 조직 위상을 높이고 시설을 보완하여 '새로운 국립공문서관'을 건설하려는 노력이 진행되고 있다.55)

둘째, 전자공문서관리의 체계화를 제시하고 있다. 곧 전자공문서의 이관·보존·이용 등에 대한 구체적 방법에 대해 논의했으며, 국립공문서관은 전자공문서시스템 요건을 정의하고, 시스템 구축을 시행하였다. 각 기관에서도 전자공문서 관리 체계를 마련했다.56)

요약하면, 한국의 경우 현대적 의미에서 아카이브 제도 형성은 동아시아 3국 가운데 가장 역사가 짧다. 제도적 측면에서 현대 기록관리 체계는 1999년 기록관리법 제정을 계기로 형성되었다. 곧 정부가 중심이 되어 기록관리 체계를 발전시켜 왔으며, 그 과정에서 기록학이 새로운 학문 분야로 성립되었다.

중국은 1960년대에 이미 전국적인 당안관리 체계를 확립하였으나,

<hr>

54) 宇賀克也, 「日本における公文書管理法の制定と今後の課題」, 『アーカイブズ』 45, 2011, 21-31쪽; 공문서관리법 제34조는 "지방공공단체는 이 법률 취지에 따라 보존하는 문서의 적정한 관리에 관하여 필요한 시책을 책정하고 노력해야 한다"고 규정했다.
55) 이경용, 앞의 글, 172쪽.
56) 風間吉之, 「電子公文書等の移管·保存·利用システムについて」, 『アーカイブズ』 47, 2012, 33~36쪽.

문화대혁명 시기 침체되었다가 개혁·개방 이후 정부가 주도하는 당안관리 체계가 확립되었다. 특히 1987년 「중화인민공화국당안법」 제정을 계기로 현재의 당안관리 체계를 형성하였다.

일본은 패전 후 지방에 축적되어 있던 공문서가 멸실되는 등의 문제점이 나타나면서 역사학계를 중심으로 지방공문서관 설립운동이 전개되었다. 이에 따라 국립공문서관이 설립되기 전에 지방공문서관이 먼저 설치되어 분권적 기록관리 체계를 형성했다. 또한 일본의 기록관리 체계는 현용기록과 비현용기록의 관리가 분리되는 '분절적' 기록관리 체계를 특징으로 했으나, 최근 「공문서관리법」의 시행으로 제도적 보완책을 마련했다. 동아시아 다른 국가들에 비해서는 다소 늦었고 일정한 한계를 지니고 있지만, 기록의 생애주기에 따라 일원적 관리 체계를 확립해 가고 있는 것으로 평가할 수 있다.

요컨대 한국·중국의 경우는 정부 주도로 위로부터의 집권적 기록관리 발전 모형을 보여주는 데 반해 일본은 아래로부터의 요구에 정부가 부응하고, 지방의 공문서관 설립이 진행된 이후에 중앙 정부의 공문서관이 설립되는 등 분권적 기록관리 발전 모형을 보여주고 있다.

한국과 중국의 경우에도 상당한 차이가 존재한다. 중국의 경우 정부 주도로 중앙과 지방에 당안관, 곧 아카이브가 국가 주도로 설립된 점이 특징이다. 이에 반해 한국에서도 정부 주도로 기록관리 체계를 발전시켰으나, 공공기관의 기록관을 중심으로 발전이 이루어졌다. 곧 지방 정부로 아카이브가 확산되지 못하고 있다. 일본의 아카이브 체계 형성과정을 참고한다면, 지방의 핵심 기록과 역사 사료를 수집하는 지방 아카이브 설립 운동이 요구된다 할 것이다.

동아시아 3국의 현대 기록관리 제도 형성과정은 그 출발이 상이했으나, 국제적 수준의 기록관리 방법론에 부합하는 방향으로 기록관리 체계를 개선해가고 있다. 또한 정보화 사회의 진전에 따라 전자기록의 생산과 관리라는 새로운 도전에 직면하고 있는 상황이다. 이는 앞으로 동아시아의 아카이브가 서로 협력해야 할 주요 과제이기도 하다.

제 4 장

동아시아의 기록관리법과 아키비스트

제 4 장 동아시아의 기록관리법과 아키비스트

1. 기록관리법의 구조와 목적

1) 기록관리법의 구조

국제기록기구회의(ICA)는 1996년 베이징(北京) 총회에서 기록관리법 제정 원칙을 천명한 바 있으며, 기록관리법 모형에 대해서도 교육 교재로 채택한 바 있다.[1] 이를 정리하면 다음과 같다.

기록관리법은 (1) 기록에 대해 정의해야 한다. 곧 현용기록(records)과 비현용기록(archives)을 구분하고, 법령에서 일관성 있게 사용할 것을 권고하고 있다. 또한 공공기록(public records)은 매체에 관계없이 각 기관이 생산·접수·유지하는 기록으로 정의했다. (2) 기록관리법의 적용을 받는 국가기관을 명확하게 규정하도록 했다. 그 대상은 정부 수반은 물론이고, 입법부·사법부·행정부 등 국가기관 전체를 포함했다. (3) 국가기록은 공공의 자산이고, 국가에 소유권이 있음을 천명해야 한다. (4) 아카이브는 민간 부문의 기록을 수집할 수 있어야 한다고 규정했

---

[1] ICA · IRMT, 김명훈 역,『기록관리법 모델』, 진리탐구, 2004; 이상민,「서구의 국가기록보존법 원칙과 기록보존관리체제」,『기록보존』제16호, 1997 참조.

다. (5) 기록관리 기관의 사명과 기능을 명시하고, 아카이브의 책임을 규정해야 한다.

(6) 국가 아카이브를 중심으로 기록관리 기관 사이의 협력을 권고하고 있다. (7) 자문기구를 설치하고, (8) 기록관리에 대한 조사 권한을 요구하고 있다. (9) 기록의 평가와 폐기에 대한 아카이브의 역할과 아카이브가 동의하지 않으면 기록을 폐기할 수 없도록 규정하고 있다. (10) 기록 이관 시기를 비롯해서 기록 공개와 이용에 대한 규정을 요구하고 있다. (11) 임의적인 기록 폐기 등에 대한 처벌 조항의 필요성을 지적하고 있다. 이와 같이 국제표준의 성격을 띤 기록관리법 제정 원칙은 동아시아 3국의 기록관리법에 대체로 반영되어 있다. 그러나 향후 보완해야할 과제가 있는 것 또한 사실이다.

기록관리법의 구조를 살펴보면 다음과 같다. 첫째, 한국의 기록관리법은 종래 「공공기관의 기록물관리에 관한 법률」에서 「공공기록물관리에 관한 법률」로 그 명칭을 변경했다.[2] 개정된 법에서는 공공기관이 생산·보유한 기록만이 아니라 민간에서 소유하고 있는 공공기록도 관리 범위에 포함시켰다. 기록관리법은 제1장부터 제12장까지 구성되어 있다.

제1장 총칙은 기록관리법의 목적과 기록의 정의, 공공기관의 적용 범위, 전자적으로 기록을 생산하고 관리하는 원칙 등을 규정하고 있다. 제2장·제3장은 기록관, 국가·지방 아카이브의 기능, 거버넌스 조직인 국가기록관리위원회 등의 기능과 역할을 기술하고 있다. 제4장은 기록 생산 부분, 제5장은 기록의 이관·평가·폐기 등 기록관리

---

[2] 2006년 개정된 법률은 전자기록 생산 환경에 주도적으로 대응하고 있는 미국·영국·호주 등의 사례는 물론 기록관리 국제표준 ISO 15489의 영향을 받았다.

과정 전반을 다루고 있으며, 비밀기록관리에 대해 규정하고 있다. 제8
장은 기록의 공개 절차 등을 명시했다. 제9장은 기록관리 표준화를
언급하고 있으며, 국가표준, 공공표준의 제정 절차 등으로 구성되어
있다.3) 기록관리 표준은 공공기관의 기록 생산부터 폐기·이관까지

〈표 4-1〉 한국의 「공공기록물 관리에 관한 법률」 구성

	주요 내용
제1장 총칙	기록관리법의 목적, 적용범위, 정의, 공무원의 의무, 기록관리의 원칙, 기록의 전자적 생산·관리 원칙, 기록관리의 표준화 원칙, 다른 법률과의 관계
제2장 기록관리기관	중앙기록물관리기관(국가기록원의 기능), 헌법기관기록물관리기관, 지방기록물관리기관, 기록관. 특수기록관
제3장 국가기록관리위원회	국가기록관리위원회의 구성과 기능
제4장 기록 생산	기록 생산원칙, 생산의무, 기록의 등록·분류·편철 등
제5장 기록 관리	기록의 이관 등 관리, 전자기록 관리, 중요기록의 이중보존, 시청각기록 관리, 폐지기관의 기록관리, 기록평가심의회, 기록 보안 및 재난대책 등
제6장	삭제
제7장 비밀기록관리	비밀기록관리 원칙, 비밀기록생산현황 통보, 관리방법론 등
제8장 기록공개, 활용 등	기록의 공개여부 분류, 기록공개심의회 등
제9장 기록관리 표준화 및 전문화	기록관리 표준화, 기록관리 전문요원, 기록관리 교육·훈련
제10장 민간기록의 수집 관리	국가지정기록의 지정·해제 등 관리, 주요 기록정보 자료 등의 수집
제11장 보칙	비밀누설의 금지, 보존매체에 수록된 기록의 원본 추정
제12장 벌칙	벌칙, 과태료 등

3) 2016년 2월 말 현재 국가표준은 「기록관리 국가표준」 등 12개, 공공표준은 「기록관리시스템 기능요건 표준」 등 46개, 아카이브 표준인 원내표준은 12개가 제정되어 시행되고 있다.

의 현용기록과 아카이브로 이관된 이후의 비현용기록 관리에 이르는
전 과정이 연속적으로 관리되어야 한다는 원칙을 반영하고 있다.

또한 기록관리법은 공공기관에 전문성을 갖춘 기록관리자(records
manager)를 의무적으로 배치하도록 규정하였다. 제10장은 민간 기록의
수집을 명시하였으며, 제11장 · 제12장은 보칙과 벌칙으로 구성되어
있다.

요컨대 한국의 기록관리법은 현용기록과 비현용기록 관리를 일원
화하고 있으며, 최근의 하이브리드 기록 생산 환경을 반영하여 종이
기록 관리 이외에 전자기록관리 부분을 중요하게 다루고 있다. 한국
의 경우 법률 이외에 시행령 · 시행규칙을 통해 법률에서 위임된 사항
을 상세히 규정하고 있다.

〈표 4-2〉 중국 「중화인민공화국당안법」의 구성

	주요 내용
제1장 총칙	기록관리의 목적, 당안의 정의, 당안의 보호, '통일영도와 분급관리' 원칙
제2장 당안기구와 그 직책	국가당안국 및 현급 이상 당안국의 기능, 기관 · 단체 · 기업 등의 당안관과 기록관리 업무 책임, 기록관리 전문가의 당안관리학 지식 습득 의무, 당안관의 기능 등
제3장 당안의 관리	당안의 이관, 당안관 사이의 이용 협조, 당안의 이용과, 당안관 시설 구비, 비밀당안의 관리와 이용, 당안 평가와 폐기 방법 규정, 당안의 기증과 판매 금지
제4장 당안의 이용과 공개	당안의 30년 공개 원칙, 정기적 목록 공개, 당안관 연구인원의 배치
제5장 법률 책임	당안의 훼손 분실, 위조, 판매 등에 대한 벌칙 규정
제6장 부칙	시행 시기 등

앞서 살펴본 것처럼, 중국은 국가의 강력한 지원을 바탕으로 기록관리 체계를 형성한 특징이 있다. 이러한 점은 기록관리법 체계에 잘 드러나 있다. 중국의 기록관리 체계는 1987년 제정된 「중화인민공화국당안법(이하 당안법)」을 근거로 하고 있다. 시행령에 해당하는 「당안법실시판법」은 1999년에 제정되었다.

제6장 제27조로 구성된 당안법(檔案法)은 당안관리의 원칙, 당안관리 기구, 당안관리, 당안의 이용과 공개 등을 규정하고 있다. 또한 당안법에 근거하여 각급 당안관리 기구들은 각 기관의 특성에 따라 자체 규정을 마련할 수 있도록 하였다. 그밖에도 당안법은 당안의 수집·공개·이용, 당안에 대한 의무와 권리를 규정하고 있으며, 당안의 정리·보존·열람 등도 구체적으로 언급하고 있다. 특히 아키비스트의 전문성 확보를 비중 있게 다루고 있다. 중국 당안법의 특징은 법률의 강제성이 매우 강하다는 점이다.

중국의 기록관리 체계는 당안법을 중심으로 시행령·시행규칙·지침으로 세분화되어 있다. 시행규칙은 중앙당안관의 당안 수집 기준, 당안 보존기간 규정, 당안의 공개와 이용, 직무교육, 전문당안의 관리 등에 대해 구체적으로 명시하고 있다. 중국도 국가표준과 업계표준을 운영하고 있다.

다음으로 일본의 기록관리 체계는 「공문서관법」·「국립공문서관법」·「공문서 등의 관리에 관한 법률」(이하 공문서관리법)에 기초하여 운영되고 있다. 공문서관리법은 시행령과 지방공공단체에 적용하는 「행정문서관리에 관한 가이드라인」을 통해 내용을 보완하고 있다. 「공문서관법」은 7개조와 부칙으로 구성되어 있으며, 공문서관의 목적과 공문서 정의, 국가와 지방공공단체의 책임 등을 규정하고 있다.

〈표 4-3〉 일본 「공문서관법」·「국립공문서관법」·「공문서관리법」의 구조

공문서관법	국립공문서관법	공문서관리법
제1조(목적) 공문서관의 목적	제1~2조(총칙) 국립공문서관법의 목적 및 정의	제1~3조(총칙) 공문서관리법의 목적 및 정의 다른 법률과의 관계
제2조(정의) '공문서 등' 정의	제3~7조(통칙) 국립공문서관의 명칭, 목적 사무소의 위치, 자본금에 관한 규정	제4조(행정문서의 작성) 문서의 작성 의무에 관한 규정
제3조(책무) 국가 및 지방공공단체가 공문서에 대해 갖는 책임	제8~10조(직원) 직원, 이사 등 직무 및 권한 등, 임기에 관한 규정	제5~10조(행정문서의 정리 등) 문서의 정리, 보존, 이관, 폐기, 관리 상황 보고 등에 관한 규정
제4~5조(공문서관) 공문서관의 목적 및 직원배치, 설치 및 관련 조례의 제정	제11~12조(업무 등) 업무의 범위, 적립금의 처분 등에 관한 규정	제11~13조(행정문서의 관리) 관리에 관한 원칙, 관리 상황 보고 등에 관한 규정
제6조(자금의 융통 등) 국가의 지방공공단체 공문서관 설치에 관한 자금 지원	제13조(기타 규칙) 주체(주무대신) 및 영에 관한 규정	제14~27조(역사공문서 등의 보존, 이용 등) 행정기관 이외 국가기관 역사공문서 보존 및 이관, 특정역사공문서의 보존, 이용방법, 수수료, 이의신청, 이용규칙 등에 관한 규정
제7조(기술상의 지도 등) 내각총리대신의 공문서관 운영에 관한 지도 및 조언	제14조(벌칙) 위반사항에 관한 규정	제28~30조(공문서관리위원회) 위원회 설치 등에 관한 규정
		제31~34조(기타규칙) 내각총리대신 권고, 지방공공단체 문서관리 등에 관한 규정
(부칙) 시행기일 및 전문직원에 관한 특례규정	(부칙) 시행기일, 직원인계, 권리의무 등	(부칙) 시행일시, 특정역사공문서 등에 관한 경과조치

「국립공문서관법」은 14개조와 부칙으로 구성되어 있으며, 국립공문서관의 목적, 업무의 범위, 공문서의 보존, 이용, 직원·이사 등의 직무와 권한, 벌칙 등에 대해 규정하였다. 공문서관리법은 공문서관리법의 목적, 문서 작성 의무, 문서의 정리, 보존, 이관과 폐기 등 현용기록관리 과정을 다루고 있다. 특히 「공문서관리법」의 시행은 현용기록에 대한 통제를 강화했다는 점에서 종래보다 진일보한 것이라 할 수 있다.

2) 기록관리의 목적

기록관리의 목적은 각국의 기록관리에 대한 인식을 엿볼 수 있는 부분이다. 한국의 경우 1999년에 제정된 기록관리법은 '기록의 안전한 보존과 기록정보의 효율적 활용'을 그 목적으로 했다. 2006년 개정된 기록관리법은 '투명하고 책임 있는 행정의 구현'을 강조하였다. 그러나 참여정부 기록관리 혁신 과정에서 제기되었던 기록관리를 통한 설명책임성과 업무의 신뢰성 제고, 기록정보의 공개를 통한 국민과의 소통 확대, 기록관리를 바탕으로 한 '절차적' 민주주의의 완성 등과 같은 지향은 기록관리 목적에 반영되지 않았다.

중국의 당안법에서 규정한 기록관리의 목적은 사회주의 현대화에 대한 기여가 표현되어 있으며, 기록의 수집·정리·보호·이용 등 일반적인 기록관리 과정이 서술되고 있다. 중국은 개혁·개방 이후 문화대혁명 과정에서 경험한 중국사회의 문제를 '사회주의 법규건설 강화'를 통해 극복할 필요성을 인식했으며, 이에 모든 행정 부문에서 법제화가 요구되었다. 중국의 당안법은 이와 같은 배경을 바탕으로 제

정되었다. 당안법은 의무적인 법령으로서의 위상을 갖추고 있다. 곧
국가기관, 사회조직은 물론 일반 국민들까지도 국가의 기록 자원을
보호할 의무가 있다.

<표 4-4> 법률에서 규정한 기록관리의 목적

한국 기록관리법	중국 당안법	일본 공문서관리법
이 법은 공공기관의 투명하고 책임 있는 행정의 구현과 공공기록물의 안전한 보존 및 효율적 활용을 위하여 공공기록물 관리에 관하여 필요한 사항을 정함을 목적으로 한다.	당안의 관리와 수집 그리고 정리 업무를 강화하고, 당안을 효과적으로 보호하고 이용하며, 사회주의 현대화 건설에 이바지하기 위하여 본 법률을 제정한다.	이 법률은……공문서 등이 건전한 민주주의의 근간을 이루고, 국민공유의 지적 자원으로서, 주권자인 국민이 주체적으로 이용하는 것을 바탕으로……국가 및 독립행정법인 등을 유지하는 여러 활동을 현재 및 장래의 국민에게 설명 책임을 완수하는 것을 목적으로 한다.

일본의 공문서관법은 "공문서 등을 역사자료로 보존·열람 제공하
는 것의 중요성에 비추어 공문서관에 관해 필요한 사항을 정하는 것
을 목적으로 한다"[4]고 규정하여 이 단계에서는 현용기록관리 부문이
제외되어 있음을 알 수 있다. 그러나 공문서관리법 제정과 함께 공적
기록은 '민주주의의 근간'으로 인식되고 있다. 또한 기록을 국민이 공
유하는 지적 자산으로 간주하고, 공공기관에서 생산한 기록은 공적
소유임을 명확히 밝혔다. 아울러 기록 이용이 주권자인 국민의 권리
임을 선언하였다. 이러한 공문서관리법의 목적은 한국, 중국에 비해
기록관리와 민주주의 관계를 보다 명확히 한 것으로 평가할 수 있다.

4) 「공문서관법」 제1조.

2. 국가 아카이브와 거버넌스

1) 국가 아카이브

국가 아카이브(National Archives)는 한국은 국가기록원, 중국은 국가당안국(중앙당안관 포함), 일본은 국립공문서관이다. 첫째, 국가 아카이브의 기능은 다음과 같다. 한국의 국가기록원은 기록관리 정책기관으로서의 성격과 아카이브 본연의 기능, 곧 이관된 기록의 관리·보존·서비스 등의 업무를 동시에 수행하고 있다. 곧 국가 기록관리에 관한 정책 수립, 제도 개선은 물론이고 기록관리 표준화 정책을 입안하는 등 기록관리 정책기관으로서 그 역할을 규정하고 있다. 또한 한국의 기록관리 체계는 국가 기록의 일원적 관리를 강조하고 있다. 모든 기록관은 국가기록원의 지도·감독을 받는다. 그러나 국가기록원의 위상이 낮은 점, 지방 아카이브 설치가 지연되고 있음에도 이를 통제할 수 있는 수단을 갖지 못한 점 등은 한계라 할 수 있다.

중국 기록관리 체계의 특징은 '통일영도(統一領導), 분급관리(分級管理)'이다. 곧 당안국이 각급 기관의 기록관리 업무에 대한 지도·감독 기능을 수행하며, 실제 당안을 이관 받아 정리·보존·활용하는 업무는 관리 기구인 당안관을 설치하여 운영하고 있다. 곧 기록관리 제도 기능은 당안국이 담당하고, 이관 받은 비현용기록의 정리는 당안관에서 수행하도록 그 기능을 분리하고 있다. 또한 당안국장과 당안관장은 겸임하게 하여 기록관리 정책과 집행 업무를 통일시키고 있다.

한편 국가당안국은 당과 국가의 '과학문화사업' 기관으로 규정하고 있다. '과학문화사업' 기관으로 확립된 이유는 문화대혁명 기간에 정치적인 영향으로 국가당안국이 제 기능을 발휘하지 못한 점과 관련이 있다.

〈표 4-5〉 국가 아카이브의 기능

한국 기록관리법	중국 당안법	일본 국립공문서관법
제9조 행정자치부장관 소속하에 설치·운영하는 영구기록물관리기관("중앙기록물관리기관")은 다음 각 호의 업무를 수행한다. 1. 기록물관리에 관한 기본정책의 수립 및 제도의 개선 2. 기록물관리 표준화 정책의 수립 및 기록물관리 표준의 개발·운영 3. 기록물관리 및 기록물관리 관련 통계의 작성·관리 4. 기록물의 전자적 관리체계 구축 및 표준화 5. 기록물관리의 방법 및 보존기술의 연구·보급 6. 기록물관리 종사자에 대한 교육·훈련 7. 기록물관리에 관한 지도·감독 및 평가 8. 다른 기록물관리기관과의 연계·협조 9. 기록물관리에 관한 교류·협력 10. 그 밖에 이 법에서 정하는 사항	* '중화인민공화국당안법' 제6조 국가의 당안행정 관리 부문은 전국의 당안 사업을 주관하며, 전국의 당안사업에 대해서 통주규획(統籌規劃)과 조직협조, 제도의 통일 그리고 감독과 지도를 실행한다. * '중화인민공화국당안법 실시판법' 제7조 국가당안국은……아래에 열거한 직책을 이행한다: (1) 유관 법률·행정법규 그리고 국가의 유관 방침정책에 근거하여 당안 공작의 규장제도와 구체적인 방침정책을 연구하고 제정한다. (2) 전국 당안사업의 발전을 조직하고 협조하며, 당안사업을 발전시킬 종합적인 계획과 전문적인 계획을 제정하며, 아울러 조직하고 실시한다. (3) 유관법률·법규 그리고 국가의 유관 방침정책의 실시 정황에 대해서 감독과 검사를 진행하고, 당안에 관한 위법행위를 依法査處한다. ……중략…… (5) 당안에 관한 이론과 과학기술의 연구·당안에 관한 선전활동과 당안교육·당안공작인원에 대한 재교육·직무교육에 대해서 조직하고 지도한다. (6) 당안공작의 국제교류활동을 조직하고 전개한다.	제11조 국립공문서관은……다음의 업무를 행한다. 1. 이관을 받은 역사자료로서 중요한 공문서 등을 보존하고 일반의 이용에 제공할 것 2. 국립공문서관 또는 국가 기관이 보유하고 있는 역사자료로서 중요한 공문서 등의 보존 및 이용에 관한 정보의 수립, 정리 및 제공을 할 것 3. 역사자료로서 중요한 공문서 등의 보존 및 이용에 관한 전문적 기술적인 조언을 할 것 4. 역사자료로서 중요한 공문서 등의 보존 및 이용에 관한 조사연구를 할 것 5. 위 각호의 업무에 부수되는 업무를 할 것

또한 국가당안국은 전국적으로 기록관리 체계를 통일하고, 기록관리 정책에 대한 연구를 수행하고 있다. 종합적인 계획은 물론 각 분야별 전문적인 계획 수립이 국가당안국의 주요 기능임을 명시하고 있다. 국가당안국의 주요 정책은 전국의 각급 당안관에 영향을 미치고 있다. 요컨대 당안법은 집권적 기록관리 체계를 단적으로 보여주고 있다. 곧 국가당안국은 통일적인 기록관리 체계를 형성할 권한이 부여되어 있으며, 기록관리 제도를 수립·조정하고, 감독하는 역할을 담당한다.

일본은 국가 아카이브의 기능과 역할에 대해「국립공문서관법」을 별도로 두어 규정하고 있다. 다만, 기록의 생산·관리에 대한 프로세스는「공문서관리법」에서 규정하고 있다. 국립공문서관은 이관 받은 기록의 보존과 이용·서비스 업무를 담당하고 있으며, 국가 기록관리 정책과 관련해서는 별도로 규정하지 않았다. 곧 일본 국립공문서관의 기록관리 정책 기능은 한국·중국에 비해 미약하며, 이는 일본 국립공문서관의 한계라 할 수 있다.

둘째, 국가 아카이브가 현용기록 관리를 통제할 수 있는가의 문제이다. 한국의 국가기록원은 공공기관의 기록 생산·관리와 관련된 통제 권한을 부여받고 있다. 곧 기록 생산현황의 통보 의무, 기록처리 일정 승인, 각종 공공표준의 제정 등을 통해 기록관리 과정 전반에 개입하고 있다. 예를 들어 기록관리 표준화 정책 수립과 표준의 개발 운영, 기록관리 통계의 관리, 전자적 기록관리 체계 구축, 기록관리에 관한 지도·감독·평가 등을 국가기록원의 주요 기능으로 명시하였다.

중국의 국가당안도 중앙기관은 물론이고 성·자치구·직할시의 기록관리 업무에 대한 지도·감독 권한을 보유하고 있다. 그러나 일본의 국립공문서관은 앞에서 언급한 것처럼 비현용기록의 관리에 한정되어 있을 뿐이다. 현용기록에 대한 통제는 공문서관리법을 바탕으로 운영되고 있지만, 법령에서 정한 국립공문서관의 역할은 매우 미약하다.

셋째, 기록관리 전문직에 대한 교육·훈련 기능을 살펴보면, 한국의 국가기록원은 공공기관의 기록관리 종사자 등을 대상으로 교육 기능을 수행하고 있다. 중국 또한 국가당안국의 업무로 이론 연구를 비롯해서 기록관리 재교육, 직무교육 등의 교육활동을 규정하여 한국에 비해 그 범위가 넓은 점이 특징이다. 그러나 일본의 국립공문서관은 기록 전문직에 대한 교육 기능을 수행하지 못하고 있다.

2) 거버넌스 조직

ICA에서 제시한 기록관리법 모형에 따르면, 국가 아카이브는 기록관리 자문위원회를 구성하도록 권고하고 있다. 거버넌스(governance) 체계를 구성하고 있는 국가는 한국과 일본이다. 중국은 별도의 거버넌스 조직을 설치하지 않았다.

거버넌스 조직에 해당하는 한국의 국가기록관리위원회(이하 위원회)는 국무총리 소속으로 설치하도록 규정하였다. 위원회의 심의 기능은 광범위하다. 기록관리 정책 수립, 기록관리 표준 제정, 대통령기록관리, 비공개 기록의 공개 문제 등에 대한 심의 기능을 수행하도록 명시하였다. 또한 위원 구성은 학계의 전문가들이 참여할 수 있도록 규정하고 있다.

〈표 4-6〉 위원회 규정

한국 기록관리법	중국 당안법	일본 공문서관리법
제15조(국가기록관리위원회) ① 다음 각 호의 사항을 심의하기 위하여 국무총리 소속하에 국가기록관리위원회(이하 "위원회"라 한다)를 둔다. 1. 기록물관리에 관한 기본정책의 수립 2. 기록물관리 표준의 제정·개정 및 폐지 3. 영구기록물관리기관 간의 협력 및 협조사항 4. 대통령 기록물의 관리 5. 비공개 기록물의 공개 및 이관시기 연장 승인 6. 국가지정기록물의 지정 및 해제 7. 그 밖에 기록물관리와 관련하여 위원회의 위원장이 심의에 부치는 사항 ② 위원회는 위원장 1인을 포함하여 20인 이내의 위원으로 구성하고, 위원은 다음의 자 중에서 국무총리가 임명 또는 위촉한다. 1. 국회사무총장·법원행정처장·헌법재판소사무처장 및 중앙선거관리위원회사무총장이 추천하는 소속 공무원 2. 중앙기록물관리기관의 장 3. 기록물관리에 관한 학식과 경험이 풍부한 자	규정 없음	제28조 1. 내각부에 공문서관리위원회(이하 위원회)를 둔다. 2. 위원회는, 이 법률의 규정에 의해 그 권한으로 속한사항으로 처리한다. 3. 위원회의 위원은 공문서등의 관리에 관해서 뛰어난 식견을 가지는 사람 중에서, 내각총리대신이 임명한다. 4. 이 법률에 규정하는 것 이외에 위원회의 조직 및 운영에 관계되어 필요한 사항은, 정령으로 정한다. (위원회의 자문) 제29조 1. 내각총리대신은 다음 사항에 대해 위원회에 자문해야 한다. ·국립공문서관으로의 이관 및 폐기 ·행정문서파일 등의 분류, 명칭, 보존기간, 보존장소 ·특정역사공문서의 폐기, 공표, 열람, 수수료 등에 관한 사항 ·국립공문서관의 이용 규칙 제정 ·행정기관의 장에 대해 공문서관리에 대한 개선 사항 권고 등

일본은 「공문서관리법」에서 공문서관리위원회를 설치하도록 규정하고 있다. 위원은 "공문서 등의 관리에 관해서 뛰어난 식견"이 있는 자를 임명하도록 하여 전문가의 참여를 전제로 하였다. 그러나 위원의 자격 요건을 구체적으로 제시하지는 않았다. 위원회의 기능은 행정문서파일의 보존기간, 국립공문서관으로의 이관·폐기, 특정 역사 공문서의 폐기·열람, 국립공문서관의 이용 규칙 제정 등에 대해 자문하도록 한정되어 있다. 자문의 내용도 정책적인 측면은 배제되었고, 집행적인 업무로 한정하였다. 곧 한국의 국가기록관리위원회가 국가 기록관리 정책과 관련된 심의를 주요 기능으로 하고 있는데 반해 일본의 공문서관리위원회는 비현용기록의 실무적 처리에 대한 자문으로 한정하였다.

3. 기록 생산과 관리

1) 기록의 정의

ICA에서 제시한 기록관리법 모형에 따르면, 기록은 현용기록과 비현용기록으로 구분하는 것이 원칙이다. 한국의 기록관리법은 현용기록과 비현용기록을 개념적으로 명확하게 구분하지 않았다.[5] 반면에 일본의 공문서관리법은 현용기록을 '행정문서'로, 비현용기록을 '역사공문서'로 표현하고 있다. 중국의 당안법은 "현용의 업무가 끝나고 문건에 질서를 부여하는" 비현용기록으로서 당안(archives)을 규정하였다. 또한 현용기록은 '문건'이라는 용어를 사용하고 있다.

〈표 4-7〉 기록의 정의

한국 기록관리법	중국 당안법	일본 공문서관리법
"기록물"이라 함은 공공기관이 업무와 관련하여 생산 또는 접수한 문서·도서·대장·카드·도면·시청각물·전자문서 등 모든 형태의 기록정보 자료를 말한다.	당안은 과거와 현재에 있어서 국가기구, 사회조직 및 개인이 정치·군사·경제·과학·기술·문화·종교 등 활동에 종사하면서 직접 생산한 국가와 사회에 대해서 보존가치가 있는 각종 문자·도표(圖表)·성상(聲像)등 모든 형식의 역사기록물을 가리킨다.	'행정문서'라 함은, 행정기관의 직원이 직무상 작성하고, 또는 취득한 문서(그림 및 전자적 기록을 포함함)로 작성된 기록을 말한다.…이 법률의 '역사공문서등'이라함은 역사자료로서 중요한 공문서 이외의 문서를 말한다.

---

5) 기록관리법에서는 아카이브(archives)를 '영구기록물', '영구기록물관리기관'으로 표현하고 있을 뿐이다. 기록학계에서 아카이브의 대역어로 사용하고 있는 '비현용기록', '보존기록'이라는 용어는 기록관리법령 체계에 반영되지 않았다.

종래 기록은 그 생애주기에 따라 현용기록과 비현용기록으로 구분
하여 관리하는 것이 일반적이었다. 그러나 최근 전자기록 생산 환경
에 조응하여 기록연속성(records continuum) 개념이 확산되었다. 이에 따라
기록의 생애주기 모형처럼 현용기록(current records)·준현용기록(semi-current
records), 비현용기록(non current records) 단계로 구분하지 않고, 기록이 존재
하는 전체 범위를 통합된 것으로 이해하는 것이 일반적인 추세이다.

곧 기록의 생애주기 모형에 기반 하면 기록은 일정한 단계에 따라
관리되는 물리적 실체이지만, 기록연속성 개념에서 기록은 논리적 실
체로 간주되고 있다. 따라서 논리적 실체로서의 기록은 생산되기 이
전 시점부터 기록의 폐기나 처분 이후의 시점까지 시·공간에 통합된
형태로 존재하는 것이다.

중국에서는 1980년대 중반부터 서구의 기록연속성 이론에 대비되
는 '문건·당안 일체화' 개념을 발전시켜 왔다. 이는 현용기록 관리에
해당하는 문건관리와 비현용기록을 관리하는 당안관리가 서로 밀접
하게 연관되어 있으며, 일체화된 형대로 통합 관리되어야 한다는 개
념이다. 서구의 기록연속성 개념이 이론적 접근을 바탕으로 이루어진
것이라면, 중국의 '문건·당안일체화론'은 실무적 경험이 축적된 결과
로 제기된 점이 특징이다.[6]

한국의 경우 기록연속성 개념에 입각한 관리 방법론을 수용하여 기
록관리법 체계 내에 일정 부분 포함시키고 있다. 반면에 일본은 이와
같은 이론적 발전을 법제화하지 못하였다. 곧 한·일 양국은 중국과
같이 자생적으로 기록관리 개념을 이론화하는 수준까지는 이르지 못
하고 있는 실정이다. 중국의 기록관리 발전 모형은 기록관리 분야의

6) 서석제, 「중국의 '문건·당안 일체화'개념 분석」, 『기록학연구』 10, 2004, 200쪽.

실무적 경험과 이론적 토대가 취약한 우리에게 일정한 시사점을 제공한다.

2) 기록 생산

한국의 기록관리법은 공적 업무의 입안과 집행, 종결에 이르는 전 과정을 기록으로 남겨야 한다는 기록 생산 원칙을 강조하고 있다. 곧 기록관리를 바탕으로 업무 수행의 설명책임성을 적극적으로 확보하려 했다. 또한 전자기록 생산 환경을 반영하여 전자기록관리를 법률에 포함했다. 곧 전자기록 생산·관리의 원칙과 기록관리 국제표준(ISO 15489)에서 제시한 전자기록 요건인 진본성·무결성·신뢰성·이용가능성 등을 법령에 반영했다.[7] 이와 같은 원칙은 전자기록 생산시스템을 바탕으로 한 기록 생산, 전자기록 관리시스템의 도입 등 기록관리 전 과정에 적용되고 있다.

아울러 주요 정책은 조사·연구 검토서를 작성해야 하며, 주요 회의는 회의록을 남기도록 생산의무를 부과하고 있다. 이는 종래 기록을 남기지 않았던 관행을 쇄신하기 위해 마련한 조치였으며, 중국·일본 등에 비해 강제적인 기록 생산 조항을 갖추고 있다.

---

[7] 진본성(authenticity)은 기록의 물리적 특징, 구조, 내용과 맥락을 포함하며, 어떤 기록이 위조되지 않은 원래 그대로의 것이며, 훼손된 바 없는 상태를 지칭한다(한국기록학회, 『기록학 용어사전』, 역사비평사, 2008, 237쪽). 무결성(integrity)이란 기록이 완전하고 변경되지 않은 것을 말한다. 신뢰성(reliability) 있는 기록은 그 내용이 업무나 활동, 사실을 완전하고 정확하게 나타내주는 기록이다. 이용가능성(usability)이란 기록이 검색되고, 해석될 수 있는 것을 의미한다(ISO 15489 참조).

일본의 「공문서관리법」은 문서주의의 원칙에 따라 행정기관이 작
성해야 할 문서의 범위를 구체적으로 규정하고 있다. 「행정문서관리
에 관한 가이드라인」에서는 이를 구체화했다. 곧 최종적인 결정내용
뿐만 아니라 경위를 포함한 의사결정 과정, 업무 실적을 합리적으로
추적하고 검증할 수 있도록 문서를 작성해야 한다. 또한 작성 의무가
있는 문서는 법령의 제정·개정, 관계 행정기관의 장으로 구성되는
회의, 법인의 권리의무에 대한 사항, 직원의 인사기록 등으로 규정했
다.[8] 이 조항은 한국의 기록관리법과 매우 유사하다. 이는 일본이 공
문서관리법을 제정하는 과정에서 한국의 제도를 연구하고 이를 법령
에 반영한 때문으로 보인다.

중국의 당안법에는 기록 생산과 관련된 조항이 포함되지 않았다.
문서 작성 규정에 해당하는 「국가행정기관공문처리판법(國家行政機關公
文處理辦法)」에도 기록 생산의무와 같은 조항은 발견할 수 없다. 서구의
기록관리법도 마찬가지이다. 곧 중국에 비해 상대적으로 한국과 일본
이 '완전하고 정확한' 기록 생산 체계를 깃추지 못했음을 보여주는 사
례로 해석할 수 있다. 달리 말하면, 기록 생산의무를 부과해야 할 정도
로 기록 생산에 대한 통제가 제대로 이루어지지 않는 것을 의미한다.

3) 기록 이관과 폐기

한국의 기록관리법은 공공기관에서 생산한 기록의 이관 시기를 기
산일로부터 10년 이내로 정하고 있다. 그러나 검찰청·경찰청 등 특

---

8) 「공문서등의 관리에 관한 법률」 제4조.

수기록관에서 생산한 비공개 기록은 예외 규정을 두고 있다. 곧 특수
기록관 비공개 기록은 국가기록원장과 협의하면 생산연도 종료 후 30
년, 국가정보원 비공개 기록은 50년까지 이관 시기를 연장할 수 있다.
이관하지 않았을 경우에도 국가기록원이 조치할 수 있는 수단은 기록
관리법에 규정되지 않았다.[9] 한편 공공기관은 기록관리기준표를 작
성하고 업무기능에 따라 기록 보존기간을 설정하도록 규정했다. 이에
따라 폐기되는 기록은 기록관리 전문직(기록연구직)의 심사, 기록물평가
심의회의 심의 등의 절차를 거쳐 폐기 여부를 결정하고 있다.

오스트레일리아 퀸즈랜드주 기록관리법은 "타당한 이유 없이 개인
은 30년 이상 된 공공기록을 손상시켜서는 안된다. 이 조항은 아카이
브에 보관 중이거나 그렇지 않은 모든 공공기록에 적용된다"[10]라고
규정하였다. 곧 아카이브에서 기록 폐기는 매우 신중해야 한다는 사
실을 강조하고 있다. 반면에 한국은 아카이브에서 기록을 폐기할 수
있는 규정을 두고 있다. 이는 국가기록원이 소장하고 있는 영구 또는
준영구 보존기록 가운데 영구 보존의 가치가 없는 기록을 폐기하기
위한 것이다. 그러나 한국과 같이 기록 보존기간 설정 자체가 부정확
한 경우에 기록 폐기는 보존기간을 기준으로 할 것이 아니라, 보존되
었던 기간을 기준으로 삼을 필요가 있다.

중국의 경우도 당안은 정기적으로 해당 당안관으로 이관하여야 한
다. 이관 시기는 20년으로 정하였다. 또한 당안으로 등록하는 것을 엄
격히 규정하여 가치 없는 당안의 생성을 방지하도록 하였다. 보존기
간이 만료된 기록에 대한 폐기는 기록처리일정에 해당하는 '당안보존

9) 이에 대해서는 곽건홍, 「특수기록관 비공개 기록의 이관에 관한 연구」, 『기록
학연구』 제42호, 2014 참조.
10) State of Queensland, *Public Records Act 2002*, 2002.

기한(檔案保存期限)' 제도를 통해 이루어지고 있다.

<표 4-8> 기록 이관과 폐기 규정

한국 기록관리법	중국 당안법	일본 공문서관리법
제19조(기록물의 관리 등) ②공공기관은 대통령령이 정하는 기간 이내에 기록물을 소관 기록관 또는 특수기록관으로 이관하여야 한다. 다만, 소관 기록관 또는 특수기록관이 설치되지 아니한 공공기관의 경우에는 대통령령이 정하는 바에 따라 공공기관의 장이 지정하는 부서에 기록물을 이관하여야 한다. ③기록관 또는 특수기록관은 보존기간이 30년 이상으로 분류된 기록물에 대하여는 대통령령이 정하는 기간 이내에 이를 소관 영구기록물관리기관으로 이관하여야 한다. ④특수기록관은 제3항의 규정에 불구하고 소관 비공개 기록물에 대하여는 생산연도 종료 후 30년까지 그 이관시기를 연장할 수 있으며, 30년 경과 후에도 업무수행에 사용할 필요가 있는 경우에는 대통령령이 정하는 바에 따라 중앙기록물관리기관의	* '중화인민공화국당안법' 제10조 국가에서 규정한 당연히 편철, 보존기록으로 등록하여야 하는 재료는 반드시 규정에 준하여 정기적으로 해당 기관의 당안기구나 혹은 당안업무인원에게 넘겨주어서 집중하여 관리하여야 하고, 어떠한 개인이라고 할지라도 개인적으로 소유할 수 없다. 국가에서 규정하기를 보존기록으로 등록하지 말아야 할 재료는 함부로 당안으로 등록하는 것을 금지한나. 제11조 기관·단체·기업사업 단위와 기타조직은 반드시 국가의 규정에 준하여 정기적으로 당안국으로 당안을 이관하여야 한다. * '중화인민공화국당안법 실시판법' 제12조 국가당안국의 문건재료를 보존기록으로 등록하는 규정에 따라서, 당연히 편철하여 보존기록으로 등록하여야	제5조 5. 행정기관의 장은 행정문서파일 및 단독으로 관리하고 있는 행정문서(이하, '행정문서파일등 '이라 한다)에 대하여, 보존기간(연장된 경우에 있어서는 연장 후의 보존기간. 이하 동일)의 만료 전에 될수 있는한 빠른 시기에 보존기간이 만료된 때의 조치로서, 역사공문서 등의 해당사항의 정령에서 정하는 것에 의하여 국립공문서관 등으로의 이관조치를, 그 이외의 것에 있어서는 폐기조치를 취하지 않으면 안 된다. 제8조 1. 행정기관의 장은 보존기간이 만료한 행정문서파일등에 대해서, 제5조제5항의 규정에 의하며, 국립공문서관등에 이관 또는 폐기해야한다. 2. 행정기관의 장은 규정에 의하여, 보존기관이 만료한 행정문서파일 등을 폐기하려 할 때는, 사전에, 내각총리대신과 협의하고, 그 동의를 얻어야 한다. 그 경우의 내각

한국 기록관리법	중국 당안법	일본 공문서관리법
장에게 이관시기의 연장을 요청할 수 있다. ⑤국가정보원장은 제4항의 규정에 불구하고 소관 비공개 기록물에 대하여 생산연도 종료 후 50년까지 그 이관시기를 연장할 수 있으며, 공개될 경우 국가안전보장에 중대한 지장을 초래할 것이 예상되는 정보업무 관련 기록물에 대하여는 대통령령이 정하는 바에 따라 중앙기록물 관리기관의 장과 협의하여 이관시기를 따로 정할 수 있다. ⑥공공기관은 기록물의 원활한 수집 및 이관을 위하여 대통령령이 정하는 바에 따라 매년 기록물의 생산현황을 소관 기록물관리기관에 통보하여야 한다. 이 경우 중앙행정기관의 소속 기관에 기록관 또는 특수기록관을 설치한 경우에는 중앙행정기관의 기록관 또는 특수기록관이 그 생산현황을 취합하여 중앙기록물관리기관으로 통보하여야 한다. 제27조(기록물의 폐기) ① 공공기관이 기록물을 폐기하고자 하는 때에는 대통령령이 정하는 바에 따라 미리 소관 기록	하는 재료는 해당 기관의 문서기구나 업무기구에서 모두 온전하게 수집하고 아울러 정리·편철하여 정기적으로 본 단위의 당안관리 기구나 당안공작 인원에게 넘겨주어 집중 관리한다. 어떤 개인도 개인적으로 위의 문건재료를 소유하거나 보존기록으로 등록되는 것을 거절할 수 없다. 제13조 ①기관·단체·기업사업단위와 기타조직은 국가당안국의 당안 이관에 대한 규정에 따라서 정기적으로 유관한 국가당안관으로 당안을 이관하여야 한다. ②중앙급과 성급·하부에 구(區)를 설치한 시급 국가당안관의 접수범위에 속하는 당안은 입당(立檔) 단위에서 당안 형성일로부터 만 20년이 되면 유관한 국가당안관으로 이관하여야 한다. 현급 국가당안관의 접수범위에 속하는 당안은 입당단위에서 당안 형성일로부터 만 10년이 되면 유관한 현급의 국가당안관으로 이관하여야 한다. ③동급 당안행정 관리 부문의 검사와 동의를 얻	총리대신의 동의가 얻어지지 않을 경우는 당해 행정기관의 장은 당해 행정문서파일 등에 대하여, 새로운 보존기간 및 보존기간이 만료하는 날을 설정해야 한다. 제9조 1. 행정기관의장은 행정문서 파일 관리부의 기재상황, 그밖의 행정문서의 관리 상황에 대해서, 매년, 내각총리대신에 보고해야 한다. 2. 내각총리대신은 매년도, 전항의 보고를 취합해서, 그 개요를 공표해야 한다. 3. 내각총리대신은 제1항에서 정하는 것 이외, 행정문서의 적정한 관리를 확보하기 위하여 필요가 있다고 판단되는 경우, 행정기관 장에게 행정문서 관리에 대해서, 그 상황에 관한 보고, 자료 제출 요구, 또는 당해직원에 현지조사를 시킬 수 있다. 4. 내각총리대신은 전항의 경우에 있어서, 역사공문서 등의 적절한 이관을 확보하기 위하여 필요하다고 판단될 때는 국립공문서관에 해당보고 혹은 자료제출을 요구 또는 당해직원에 현지조사를 시킬수 있다.

한국 기록관리법	중국 당안법	일본 공문서관리법
물관리기관의 심사를 받아야 한다. ②영구기록물관리기관이 보존 중인 기록물에 대하여 보존가치를 재분류하여 폐기하고자 하는 때에는 대통령령이 정하는 기준과 절차를 준수하여야 한다.	어서 전업성이 비교적 강하거나 비밀보호가 필요한 당안은 당안관으로 이관하는 기한을 연장할 수 있다. 이미 취소된 단위의 당안이거나 보관조건이 열악하여 불안전한 상황이나 중대한 훼손을 야기할 가능성이 있는 당안은 기한 이전에도 당안관으로 이관할 수 있다.	

일본「공문서관리법」은 매년 기록의 관리 상황을 보고하도록 규정하였으며, 역사공문서의 이관을 원활하게 수행할 수 있도록 필요할 경우 국립공문서관에 조사권을 부여하고 있다. 과거 역사공문서의 이관은 각 행정기관과의 협의에 따라 허가 된 기록만 이관되었으나,「공문서관리법」은 모든 역사공문서의 이관을 규정하였다.

또한 기록 보존기간을 설정하기 위해 가이드라인을 통하여 행정기관의 실태를 파악하고, 공문서관리위원회의 심의를 거쳐 보존기간을 정하도록 하였다. 아울러 행정기관장의 결정에 따라 보존기간이 만료된 행정문서파일 등은 국립공문서관에 이관하거나 폐기하여야 한다. 그러나 별도의 기록 이관 시기는 정하지 않았다. 이는 여전히 기록 이관의 주체가 국립공문서관이 아니라 행정기관에 있음을 보여주는 사례이다. 한편 보존기간이 만료된 행정문서파일 등을 폐기할 때에는 미리 내각총리대신과 협의하고, 그 동의를 얻어야 한다고 규정했다. 종전에 비해 기록 이관과 폐기 절차를 강화한 점이 특징이다.

4) 기록 공개

〈표 4-9〉 기록 공개 규정

한국 기록관리법	중국 당안법	일본 공문서관리법
제35조(기록물의 공개 여부 분류) ①공공기관은 소관 기록물관리기관으로 기록물을 이관하고자 하는 때에는 당해 기록물의 공개 여부를 재분류하여 이관하여야 한다. ②기록물관리기관은 비공개로 재분류된 기록물에 대하여는 재분류된 연도부터 매 5년마다 공개 여부를 재분류하여야 한다. ③비공개 기록물은 생산연도 종료 후 30년이 경과하면 모두 공개함을 원칙으로 한다. 다만, 제19조제4항 및 제5항의 규정에 따라 이관시기가 30년 이상으로 연장되는 기록물의 경우에는 그러하지 아니하다. ④영구기록물관리기관의 장은 기록물 생산기관으로부터 기록물 비공개 기간의 연장 요청이 있는 경우에는 제3항 본문의 규정에 불구하고 제38조의 규정에 따른 기록물공개심의회 및 위원회의 각 심의를 거쳐 당해 기록물을 공개하지 아니할 수 있다. 이	* '중화인민공화국당안법' 제19조 ①국가당안관이 보관하는 당안은 일반적으로 생산된 일자로부터 30년이 지난 후에 사회적으로 개방한다. 경제·과학·기술·문화 방면 등의 당안을 사회를 향해 개방하는 기한은 30년보다 미만일 수 있으며, 국가의 안전이나 혹은 중대한 이익에 관련되거나 기한이 되었더라도 개방하기에 적절하지 않은 당안을 사회에 공개하는 기한은 30년 보다 길 수 있다. 구체적인 기한은 국가당안행정관리 부문이 정하여 국무원에 보고하여 비준을 얻어 실시한다. ②당안관은 당연히 정기적으로 당안의 목록을 공개·개방하여야 하며, 아울러 당안의 이용을 위해 조건을 만들어야 하며, 수속을 간단히 하고 편리함을 제공하여야 한다. * '중화인민공화국당안법 실시판법' 제20조 ①각급 각류 당안관에 보관하고 있는 당	제16조 1. 국립공문서관 등의 장은 국립공문서관 등에서 보존되고 있는 특정역사공문서 등에 대해서 이용을 제한할 수 있다. ……중략…… 다. 공개로 인해 국가의 안전에 해를 끼칠 우려, 타국가 혹은 국제기관과의 신뢰관계가 훼손될 우려, 또는 타 국가 혹은 국제기관과의 교섭상 불이익을 받을 우려가 있을 경우, 해당역사공문서 등을 이관한 행정기관의 장이 판단한 상당한 이유가 있는 정보 라. 공개로 인해 범죄 예방, 진압 혹은 조사, 송소의 유지, 형집행 기타 공공의 안전과 질서유지에 지장을 끼칠 우려가 있으며, 해당 특정역사공문서 등을 이관한 행정기관의 장이 판단에 따른 상당한 이유가 있는 정보 ……하략……

한국 기록관리법	중국 당안법	일본 공문서관리법
경우 비공개로 재분류 된 기록물에 대하여는 비공개 유형별 현황을 관보 및 인터넷 홈페이지 등에 공고하여야 하고, 재분류한 연도부터 5년마다 공개 여부를 재분류하여야 한다. ⑤기록물관리기관의 장은 통일 · 외교 · 안보 · 수사 · 정보 분야의 기록물을 공개하고자 하는 경우에는 미리 당해 기록물을 생산한 기관의 장의 의견을 들어야 한다. 제36조(영구기록물관리기관 보존기록물의 비공개 상한기간 지정) 중앙 기록물관리기관의 장은 영구기록물관리기관으로 이관된 기록물에 대하여는 대통령령이 정하는 바에 따라 기록물의 성격별로 비공개 상한기간을 따로 정할 수 있다.	안은 『당안법』의 규정에 따라 분기별로 나누어서 사회에 공개한다. 당안을 처음으로 공개하는 기점은 아래와 같다. (1) 중화인민공화국 성립 이전의 당안(청대와 청대 이전의 당안, 민국시기의 당안과 혁명시기의 력사당안을 포함하여)은 『당안법』의 시행과 동시에 사회적으로 공개한다. (2) 중화인민공화국 성립 이후에 생산된 당안은 일반적으로는 생산 일자로부터 만 30년이 경과하면 사회적으로 공개한다. (3) 경제 · 과학 · 기술 · 문화 등 종류의 당안은 수시로 공개할 수 있다. ②앞에서 열거하였던 당안 중에 국방 · 외교 · 공안 · 국가안전 등 국가의 중대한 이익에 관계되거나, 기타 기한이 도래했으나 공개하기에 적당하지 않은 당안의 공개기한은 당안의 생산 일로부터 만 50년까지 연장할 수 있다. 만으로 50년이 되었다고 하더라도 공개하는 것이 계속하여 국가의 중대한 이익에 손해를 조성할 수 있는 당안에 대해서는 계속하여 공개시기를 연기할 수 있다.	

한국과 중국은 기록 생산 후 30년이 지나면 일반적으로 공개하는 것을 원칙으로 한다. 이는 국제 표준인 '30년 공개 원칙'을 수용한 것이며, 기록관리법에 반영하고 있는 점은 공통적이다. 다만, 일본의 경우는 공문서관리법에서 이를 규정하지 않고, 정보공개법에서 별도로 정하고 있다.

한국의 기록관리법은 기록 공개 문제에 대한 적극적인 대처가 돋보인다. 곧 기록관과 아카이브에 이관된 비공개 기록은 5년마다 공개 재분류를 실시해야 하며, 이를 통해 비공개 기록의 공개를 유도하고 있다. 다만, 국가기록원장이 아카이브로 이관된 기록의 성격에 따라 '비공개 상한기간'을 정할 수 있다고 규정하여 계속해서 기록이 비공개될 여지는 남겨 놓았다.

중국의 「당안법」, 「당안법실시판법」, 「각급 국가당안관의 당안개방판법」 등은 기록 공개 문제를 다루고 있다. 곧 생산 후 30년 이상 경과한 기록의 공개 원칙을 비롯해서 기록의 공개 시한, 기록 목록의 공개 등에 대해 규정하였다. 또한 당안법은 '경제·과학·기술·문화' 분야의 기록은 30년이 지나지 않아도 공개할 수 있도록 정하였으나, 국가의 안전, 중대한 이익에 관련된 기록 등은 50년까지 비공개할 수 있도록 하였다. 「각급 국가당안관의 당안개방판법」은 위탁된 기록의 공개 여부는 위탁자 또는 합법적인 계승자가 결정하도록 규정하였다.

일본의 경우는 비현용기록인 역사공문서의 이용 문제는 「공문서관리법」과 「국립공문서관법」에서 규정하고 있다. 「공문서관리법」은 비현용기록의 이용과 공개 문제를 종전에 비해 구체화했으며, 현용기록의 이용 범위를 확대한 특징이 있다. 그러나 일본의 현용기록 공개는 한국, 중국(2008년 5월 시행된 「중화인민공화국 공공정보공개조례」) 등과 마찬가지로 정보공개법에 따라 결정하고 있다. 요컨대 동아시아 3국은 대체로 기

록을 공개하는 방향으로 정책과 제도를 마련하고 있으며, 이는 정부
의 투명성과 설명책임성을 강조하는 국제적인 추세와도 부합하는 것
이다.

5) 벌칙 조항

집권적 기록관리 체계를 형성한 한국과 중국은 기록관리법의 집행
을 위해 처벌 규정을 별도로 정하고 있다. 특히 한국은 정부 수립 이
후 기록관리 체계가 제대로 작동되지 않았던 역사적 경험을 반영하여
강력한 처벌 규정을 마련한 점이 특징이다.

한편 중국의 현급 이상 당안국은 당안 이관 거부 행위, 이관 대상이
아닌 기록을 이관하는 행위, 당안의 접수 범위를 확대 또는 축소하는
행위, 규정에 따르지 않은 당안의 개방 등 위반사항에 대해 행정처분
을 할 수 있도록 권한을 부여받고 있다.[11]

일본의 경우 최근 시행된 「공문서관리법」은 벌칙 조항이 없으며,
「국립공문서관법」에서만 규정하고 있다. 그 처벌도 내부 직원에 한정
하여, 국립공문서관의 주요 업무인 공문서의 수집·보존·제공·조사
연구 등 이외의 업무를 한 경우, 적립금 처분과 관련해서 내각총리대
신의 승인을 받지 않은 경우로 한정하고 있다.

---

11) 「중화인민공화국당안법실시판법」 제27조.

〈표 4-10〉 벌칙 조항

한국 기록관리법	중국 당안법	일본 국립공문서관법
제50조(벌칙) 다음 각 호의 어느 하나에 해당하는 자(기록물을 취득할 당시에 공무원이나 공공기관의 임·직원이 아닌 자는 제외한다)는 7년 이하의 징역 또는 1천만원 이하의 벌금에 처한다. 1. 기록물을 무단으로 파기한 자 2. 기록물을 무단으로 국외로 반출한 자 제51조(벌칙) 다음 각 호의 어느 하나에 해당하는 자(제1호 내지 제3호의 경우에는 기록물을 취득할 당시에 공무원이나 공공기관의 임·직원이 아닌 자는 제외한다)는 3년 이하의 징역 또는 500만원 이하의 벌금에 처한다. 1. 기록물을 무단으로 은닉 또는 유출한 자 2. 기록물을 중과실로 멸실시킨 자 3. 기록물을 고의 또는 중과실로 일부 내용이 파악되지 못하도록 손상시킨 자 4. 제37조제2항의 규정을 위반하여 비공개 기록물에 관한 정보를 목적 외의 용도로 사용한 자	* '중화인민공화국당안법' 제24조 아래 항목에 속하는 것은……직접적으로 책임이 있는 인원에게 법률에 의해 행정처분을 하여야 한다. 범죄를 구성한 경우에는 법률에 의해 형사책임을 물어야 한다. (1) 국가 소유에 속하는 당안을 훼손하거나 분실한 경우 (2) 국가 소유에 속하는 당안을 함부로 제공하여 이용하게 하거나, 초록하게 하거나, 공포하거나, 폐기한 경우 (3) 당안을 고쳐 쓰거나 위조한 경우 (4) ……함부로 당안을 내다 팔거나 넘겨주는 경우 (5) 당안을 판매하여 이익을 취하거나, 당안을 외국인에게 내어 팔거나 기증한 경우 (6) ……규정에 따라 귀당하지 않거나, 시기를 어기고 이관하지 않는 경우 (7) 보존하고 있는 당안이 위험에 처해 있는 것을 분명히 알고 있으면서 조치를 취하지 않아 당안이 훼손되는 사태를 조성한 경우 (8) 당안공작인원이 직무를 소홀히 하여 당안의 손실을 가져온 경우	제14조 다음 각 호의 사항에 해당하는 경우에는 그 위반 행위를 한 국립공문서관의 역원은 20만 엔 이하의 과태료에 처한다. 1. 제11조에 규정한 업무 이외의 업무를 한 때 2. 제12조 제1항의 규정에 의한 내각총리대신의 승인을 받아야 하는 경우에 그 승인을 받지 않은 때

제52조(벌칙) 다음 각 호의 어느 하나에 해당하는 자는 2년 이하의 징역 또는 300만원 이하의 벌금에 처한다. 1. 정당한 사유 없이 제26조제2항의 규정에 따른 조사를 거부·방해 또는 기피한 자 2. 제47조의 규정을 위반하여 업무처리 중 알게 된 비밀을 누설한 자 제53조(과태료) ①다음 각 호의 어느 하나에 해당하는 자는 100만원 이하의 과태료에 처한다. 1. 제43조제3항의 규정에 따른 조사를 거부·방해 또는 기피한 자 2. 제44조의 규정에 따른 신고를 하지 아니한 자 ② 제1항에 따른 과태료는 중앙기록물관리기관의 장이 부과·징수한다.		

4. 아키비스트 양성

비현용기록을 관리하는 아카이브는 일반적으로 아키비스트(archivist) · 보존기술직(conservator) · 정보기술직 · 행정직 · 기능기술직 등으로 구성되어 있다. 아키비스트의 주요 직무는 지속적인 가치가 있는 기록을 선별하여 수집하고, 지적 통제(Intellectual control)를 위해 기록을 정리(arrangement), 기술(description)하는 것이다. 또한 영구보존 기록과 폐기할 기록의 선별, 기록처리일정(records disposal schedule)의 결정과 승인, 기록 제공 서비스 등을 통해 기록 이용을 촉진한다. 대부분의 나라에서 아키비스트는 대학원 수준의 교육과 일정한 자격이 요구되는 전문직이다.

전문직은 어떤 분야에서 "전문적인 교육과 공식적인 자격을 가지고 있는 직업"[12]이다. 곧 전문직의 특징은 '지식과 기술 습득, 업무능력 유지를 위한 교육과 훈련, 성문화된 윤리강령의 준수' 등이 요구된다는 점이다.[13] ICA(International Council on Archives) 윤리강령은 아키비스트 직업윤리의 필요성을 다음과 같이 기술하고 있다.

> "기록관리 업무에 종사하는 사람들이 지켜야 할 고도의 행위규범을 수립해야 한다. 이 강령은 기록관리직에 새로 들어온 사람들이 지켜야 할 행위규범을 제시해주어야 하며, 경력이 있는 아키비스트에게도 전문가로서 그 책무를 상기시켜주어야 한다. 또한 이 강령은 아키비스트에 대한 공공의 신뢰를 고취시켜야한다"[14]

---

[12] 이소연, 「기록관리와 전문성」, 『한국기록관리학회지』 제11권 제1호, 2011, 115쪽.

[13] 유혜정, 정연경, 「기록관리 전문 인력의 전문성 증진 요건에 관한 비교 연구」, 『한국비블리아학회지』 제23권 제3호, 2012, 89쪽.

[14] 이상민, 「ICA 아키비스트 윤리규약」, 『기록보존』 제12호, 정부기록보존소,

아키비스트의 윤리 문제는 아카이브가 처한 사회적 관계 때문에 발생하는 것이며, 실제적인 문제라 할 수 있다. 대체로 아키비스트 윤리강령은 아키비스트와 아카이브의 관계, 아키비스트와 기록, 아키비스트와 기록생산자 또는 기증자, 아키비스트와 연구자 또는 이용자, 아키비스트와 사회의 관계 등으로 구성되어 있다.[15]

전문직으로서의 직업적 특성을 지닌 아키비스트의 형성 과정과 자격 조건은 각 나라별로 상이하다. 한국의 경우 기록관리법은 비현용기록을 관리하는 아키비스트와 현용기록 관리를 담당하는 기록관리자(records manager)[16]를 따로 구분하지 않고 '기록물관리 전문요원'(이하 기록관리 전문직)으로 통칭하고 있다. 기록물관리 전문요원은 각급 공공기관, 국가기록원 등에 기록연구직으로 임용되고 있다.

한국에서는 기록관리자와 아키비스트 모두를 고려한 교육과정 운영을 통해 전문 인력을 양성하는 점이 특징이다. 이는 기록 생애주기 전체에 대한 효율적 관리와 협력의 가능성에 대한 고려,[17] 기록관리 체계가 정립되지 않은 현실적인 문제 등에 기인하는 것으로 이해할 수 있다.

한국에서 기록관리 전문직 양성이 본격화 된 것은 1999년 기록관리법 제정 이후이다. 곧 기록관리법에서 기록관리 전문직의 자격을 규

1999, 263~276쪽.
15) 서구에서는 대부분의 국가 아카이브, 전문가협회 등이 아키비스트 윤리강령을 제정하고 있다. 그러나 한국의 국가기록원은 윤리강령을 제정하지 않고 있다. 다만, 한국기록전문가협회가 국내에서는 최초로 2014년 7월 '한국기록전문가윤리강령'을 채택하였다(http://www.archivists.or.kr/795).
16) 기록관리자의 직무는 기록의 대부분을 차지하는 현용기록, 곧 한시적으로 보존하는 기록을 관리하고, 법령에 따라 기록 생산을 제어하는 일을 담당한다. 또한 보존기간의 결정, 승인 받은 기록에 대한 폐기 집행, 기록 정보의 공개, 기록 정리와 기술 업무의 수행, 비현용기록의 아카이브 이관 등을 담당한다.
17) 이소연, 앞의 글, 126~127쪽.

정하고, 각급 공공기관에 최소 1인 이상을 의무적으로 배치하도록 했기 때문이다. 이러한 강제 규정은 정부 수립 이후 중요 기록을 남기지 않았던 잘못된 기록관리에 대한 성찰에서 비롯되었다.[18] 한국의 기록관리 전문직 양성은 이익집단의 요구에 따른 것이 아니라, 기록관리 혁신 과정에서 사회적 필요에 의해 제도화된 것이다. 곧 공공기관이 생산한 기록을 체계적이고 전문적으로 관리할 목적으로 기록학 석사학위 소지자에 한해 그 자격을 부여했던 것이다.

기록관리법 제정을 논의하던 시기부터 기록관리 전문직의 자격 문제는 정부와 학계 사이에 상당한 이견과 갈등 관계가 노정된 사안이었다. 기록관리법 제정안을 마련했던 초기에는 전문 직렬을 신설하는 방안과 기존의 학예직·사서직을 재교육하는 방안 등을 검토하고, 후자를 활용하는 방안을 채택했다. 그러나 기록관리법 제정 과정에서 학계의 반발과 문제제기에 따라 기록관리 전문직의 자격을 조정했다. 자격 규정의 특징은 기록학 석사학위 취득자와 역사학·문헌정보학 석사학위 소지자를 대상으로 자격 요건을 갖출 수 있도록 규정한 점이다.

그 후 전국의 대학원 과정에서 기록학 전공자가 양성되었다. 그러나 2004년 참여정부의 기록관리 혁신이 전개될 때까지 정부는 공공기관에 기록관리 전문직을 배치하는 등의 후속 조치를 취하지 않았다. 기록관리 혁신 과정에서 기록관리 전문직을 공공기관에 배치하기 위해 '기록연구직렬'을 신설했다. 2005년 상반기부터 중앙행정기관을 비롯해서 지방자치단체 등에 기록관리 전문직, 곧 기록연구사가 배치되

---

[18] 과거 공공기관의 기록관리 업무는 공직자들이 기피하는 일이었으며, 주로 신입 직원이 담당하고, 기록의 정리는 기능직의 업무였다. 공공기관에 기록 전문직이 존재해야 한다는 인식은 없었다.

기 시작했다.

2010년 초 이명박 정부는 기록관리 전문직의 자격 요건을 '학력 제한 철폐', '행정 내부 규제 개선' 등을 이유로 학사 학위 수준으로 낮추는 조치를 취했다.[19] 곧 기록관리의 전문성을 높이는 것이 아니라 후퇴시키는 방향으로 정책을 변경했다. 이러한 퇴행적 조치로 인해 기록관리 전문직의 자격은 기록관리학 석사학위 이상을 취득하거나, 기록관리학 학사학위·역사학 또는 문헌정보학 학사학위 이상을 취득하고 행정자치부령으로 정하는 기록관리학 교육과정을 이수한 자 가운데 기록관리 전문요원 시험에 합격한 사람으로 완화되었다.

한편 한국의 기록학 교육은 기록관리법 제정과 함께 발전하기 시작했다. 1999년 목포대학교 기록관리학 협동과정과 한국기록관리학교육원의 신설, 이어 한남대·명지대·한국외대 등에 대학원 과정이 설치되었다. 현재는 25개 대학에서 대학원 과정을 운영 중이다. 또한 행정자치부 장관이 인정하는 교육기관은 한남대대학원 소속 기록관리학교육원, 명지대와 한국국가기록연구원이 공동 부설한 한국기록관리학교육원 등이 운영되고 있다.

기록관리 전문직을 양성하는 대학원 교육과정은 대부분 협동과정형태로 운영되고 있다. 일부 대학은 문헌정보학과 또는 사학과의 전공 과정에 속해 있다. 명지대의 경우는 기록정보과학전문대학원으로 운영 중이다. 협동과정으로 운영되는 대학은 대체로 역사학·문헌정보학·행정학 등이 중심이다.

중국은 1950년대 초부터 국가가 전면에 나서서 아키비스트 양성을 추진했다. 특히 1980년대 개혁·개방 이후 규정을 정비하면서부터 본

---

19) 한국기록관리학회·한국기록학회, 「기록관리법령 개정에 관한 토론회 자료집」, 2010.7.22.

격화되었다. 아키비스트 제도는 국가당안국에서 제정한 「당안전업인원직무시행조례(檔案專業人員職務試行條例, 1986)」에 근거하고 있다. 동 조례에 따르면, 중국의 아키비스트 직무 등급은 연구관원(硏究館員)[20], 부연구관원(副硏究館員)[21], 관원(館員)[22], 조리관원(助理館員)[23], 관리원(管理員)[24]으로 구분된다. 연구관원과 부연구관원은 고급직무, 관원은 중급직무, 조리관원과 관리원은 초급직무를 수행한다.

중국의 아키비스트 제도는 자격에 준하는 학력이나 훈련 정도, 경력 등을 규정하고 있다. 또한 인재 등용의 폭을 넓히기 위해 규정 학력을 갖추지 않아도 직무에 대한 지식이 있고, 업무성적이 뛰어나 직무를 감당할 수 있는 사람을 임용하는 제도도 갖추고 있다.[25]

「지방각급당안관인원편제표준(地方各級檔案館人員編制標準, 1985)」에 따르면, 기록관리 전문직은 국가공무원 직렬로 규정되고 있다. 또한 각급 당안관이 소장하고 있는 기록의 양을 기준으로 정원 규모를 설정하고 있다. 곧 성(省)·직할시(直轄市)당안관은 1만 권당 10명, 현(縣)·구(區) 당

---

[20] 연구관원의 직무는 당안 업무를 담당하는 다른 사람을 지도 할 수 있어야 한다. 또한 국내외 당안 업무에 대한 역사와 현상을 연구하고, 국가 당안 사업 발전 계획 등을 수립하는 것 등이다.

[21] 부연구관원은 박사과정 취득하고 관원으로 2~3년 근무 경험이 있는 자 등이 자격 요건이다.

[22] 관원은 박사학위 소지자, 석사학위 취득 후 조리관원으로 2년간 근무한 경우 등으로 자격을 제한하고 있다. 1개 이상의 외국어를 구사할 수 있어야 하고, 당안 업무와 연구를 독립적으로 진행할 수 있다. 또한 대학 과정에서 강의를 담당할 수 있다.

[23] 조리관원은 석사학위 취득자 등이 자격 요건이며, 1개 이상의 외국어 또는 고대 漢語를 알아야 한다. 조리관원은 당안 업무 연구에 참여 할 수 있다.

[24] 관리원은 대학의 전문과정이나 중등직업학교를 졸업하고 1년간 견습과정을 이수한 자를 자격 요건으로 하고 있다. 관리원은 기록관리에 대한 기본적인 지식을 갖추고 있다.

[25] 이승휘, 「중국의 아키비스트 양성제도」, 『기록학연구』 제1호, 2000, 194쪽.

안관은 소규모인 경우에도 최하 3명 이상 배치해야 하며, 1만 권당 5
명이 기준이다. 아울러 각급 당안관이 소장하고 있는 기록의 양이 1
만 권부터 30만 권까지일 경우 매 5,000권이 증가할 때마다 1명을 증
원하고, 소장량이 30만 권을 초과할 때에는 매 7,000권마다 1명씩 증
원하도록 정하였다. 그밖에 당안관에 근무하는 인원 가운데 당안관리
학을 전공하지 않은 일반 인원은 전체 인원의 20%를 넘지 못하도록
규정하였다. 또한 당안관 간부를 다른 부서로 이동시키려면 국가당안
국의 동의를 얻어야 할 정도로 당안관의 전문성이 유지될 수 있는 제
도적 장치를 갖추고 있다.[26]

중국에서 근대적 의미의 당안학이 발전하기 시작한 시기는 1930년
대이다. 특히 1980년대 이후 중국인민대학교 당안학원을 중심으로 당
안이론과 실무연구를 본격화하였다. 중국에서도 초기에는 당안학이
사료 연구의 방편 곧 역사학의 보조학과로 인식되었으나, 최근에는
독립적인 학과 체계를 형성하기에 이르렀다.

이러한 점은 미국 사례와 유사하다. 1934년 국가 아카이브 설치 이
래 유럽의 전통에 영향을 받아 기록학은 역사학적 원칙과 방법론에
따라 연구되는 것이 대체적인 경향이었다. 1970년대 이후 문헌정보학
의 방법론이 기록학에 도입되었으며, 역사학과 문헌정보학의 관점에
서 기록학을 연구하는 경향이 지속되었다. 이러한 상황은 기록학의
정체성 논쟁을 불러 일으켰다. 1980년대 이후에는 역사학과 문헌정보
학에서 탈피하여 기록학의 학문적 독립성이 강조되기 시작했다. 이는
정보기술의 발달에 따라 전자기록의 생산과 관리문제가 기록학의 과
제로 대두한 것과 맥을 같이 한다.

---

26) 「機關檔案工作條例」 제10조.

중국의 당안학 교육은 매우 체계적이다. 당안학 교육은 학력교육과 직무교육으로 구성되어 있으며, 고등교육·직무교육이 유기적으로 결합되어 있다. 중국에서 당안학 교육은 1952년 중국인민대학에 1년제 전문기록반이 개설되면서 시작되었다.[27] 그러나 문화대혁명 과정에서 기록학 교육도 위축되었다가, 1979년 국가당안국과 중앙방송통신대학이 공동으로 당안학 전공과정을 개설하는 것을 시작으로 중국인민대학 등에 대학원과정을 설치하였다.[28]

한편 일본의 아키비스트 양성 제도는 한국·중국과 달리 기록관리 법령 체계에 반영되지 않고 있다. 따라서 국가적 차원의 자격 규정과 양성 제도는 없는 실정이다. 일본에서 아키비스트 양성 제도의 필요성이 언급된 것은 1980년대 이후의 일이었다. ICA는 1986년 「일본의 문서관 발전을 위하여」라는 보고서를 통해 아키비스트 양성을 권고했으며, '전국 역사 자료 보존 이용 기관 연락 협의회(日本全國歷史資料保存利用機關聯絡協議會, 이하 전사료협)' 등에서도 아키비스트 양성을 위해 대학원 설치를 제언한 바 있다.

그러나 이러한 제안은 대학원 등 정규 과정의 설치로 나타나지 않았다. 몇몇 기관이 아키비스트 양성을 위해 단기적인 연수회 등을 개최하였다. 특히 '국문학연구자료관사료관'은 1988년 '사료관리학연수회'를 장기연수과정(8주), 단기연수과정(2주)으로 나누어 개최했다. 2002년부터는 'Archives College'로 이름을 바꾸고 대학원 과정과 유사한 형태로 운영하고 있다. 또한 국립공문서관은 1998년부터 '공문서관 등 전문직원 양성과정'을 개최하고 있다. 이 과정은 지방공문서관 직원을

27) 이승휘, 앞의 글, 211쪽.
28) 강대신·박지영, 「중국·일본의 기록관리 제도에 관한 연구」, 『한국기록관리학회지』 제4권 제2호, 2004, 101쪽; 이승휘, 앞의 글, 214쪽.

대상으로 4주간의 교육을 실시하고 있다. 그 밖에 '기업사료협의회'와
법정대학(法政大學) 산업정보센터가 공동으로 1992년에 개설한 '비지니
스 아키비스트 양성강좌'가 있다. 이 강좌는 기업의 문서관·자료관,
사사편찬실의 직원을 교육대상으로 주 1회, 1개월 교육과정으로 운영
되고 있다.[29]

이처럼 일본의 아키비스트 양성 제도는 아직 확립되지 않은 상태이
다. 또한 정규 교육과정보다 단기강좌가 집중적으로 개최되고 있다.
곧 기존의 업무담당자를 재교육하는 차원에서 이루어지고 있는 점이
특징이다. 따라서 아키비스트 양성 제도의 부재는 일본 기록관리 체
계의 약점으로 지적되고 있다.

일본의 기록학 교육은 1990년대에 이르러 일부 대학에 교과목을 개
설하면서 시작되었다. 특히 스루가다이대학(駿河台大學)은 1994년 문화
정보학부 지식정보학과 기록관리 전공과정을 개설했으며, 1999년부터
대학원 석사과정도 운영하기 시작했다. 그 후 도쿄대 등 몇몇 대학에
서 정규 교육과정을 개설했지만, 대부분 문화재학에 포함되어 운영하
였다.

2001년 '전사료협 전문직 문제위원회'가 조사한 바에 따르면, 학부
또는 대학원 역사학과 등의 교육과정으로 기록학 강의를 개설하고 있
는 대학이 일부 존재한다. 학부과정으로는 치바(千葉)대학문학부의 문
서관학, 토야마(富山)대학 인문학부의 문서관학 등이 설치되었다. 대학
원 과정은 치바대학 대학원 문학연구과의 사료관리학 과정 등이 있
다. 또한 2003년에는 가쿠슈인대학(學習院大學)대학원 인문과학연구과가
사료관리학 등의 과목을 신설했으며, 현재는 대학원 과정을 운영하고

29)   國文學研究資料館史料館 編, 앞의 책, 386쪽.

있다. 가쿠슈인대학은 향후 도입될 아키비스트 자격 제도에 대비하여 교육과정을 편성하고 있다. 일본의 기록학 교육 인프라는 매우 빈약하다. 대학원 협동과정 또는 독자 전공 개설에 대한 문제는 물론 커리큘럼의 개발과 교육 내용에 대한 과제도 안고 있다.[30]

---

30) 國文學研究資料館史料館 編, 앞의 책, 388쪽.

제 5 장
동아시아의
아카이브 구성

제5장 동아시아의 아카이브 구성

1. 아카이브 유형

이 장에서는 아카이브의 유형을 공공 영역과 민간 영역으로 구분하여 살펴보고자 한다. 먼저 공공 영역의 아카이브는 국가 아카이브를 비롯해서 의회 · 법원, 지방 아카이브 등 여러 영역에서 존재한다.

국가의 기억을 유지 · 전승하는 기관으로서 한국의 국가 아카이브는 그 존재 자체가 거의 알려지지 않았었다. 최근에 이르러 대통령기록 '유출'사건, 남북정상회담 회의록 실종 문제 등 일련의 부정적 사건을 통해 언론에 노출되었다.

국회도서관 산하에 국회기록보존소가 설치되어 있고, 대법원기록보존소 또한 존재한다. 특히 동아시아 3국 가운데 대통령제를 채택하고 있는 한국은 대통령기록관리법을 제정하였으며, 이에 근거해서 대통령기록관을 두고 있다. 다만, 지방 아카이브는 기록관리법에서 반드시 설치하도록 규정하고 있지만 현재 한 곳도 설립되지 않았다. 서울시가 유일하게 2017년 개관을 목표로 '서울기록원' 건립을 추진 중이다.

중국은 국가당안국을 비롯해서 정부 각 기관에 여러 당안관이 존재

하고 있으며, 지방 아카이브 또한 전국의 성·시·현 등에 대부분 설
치하였다. 2012년 말 현재 전국에 걸쳐 총 3,987개의 당안관이 존재한
다. 곧 국가종합당안관 3,167개, 국가전문당안관 245개, 부문당안관
146개, 기업당안관 215개, 문화사업기관 당안관 126개, 기술사업기관
당안관 94개 등이다.[1] 특히 중국인민해방군당안관(中國人民解放军档案馆)
은 전문당안관으로 군사기록을 수집·보존하고 있다. 소장 기록은
1949년 이전 중국 인민해방군 기록과 그 이전 역사기록, 1950년 이후
중국공산당중앙군사위원회와 그 직속기관의 기록, 총참모부·총정치
부의 기록, 중국 인민해방군 육군 기록, 중국인민지원군 기록 등으로
광범위하다.

<표 5-1> 공공영역의 아카이브

	한국	중국	일본
국가	국가기록원	국가당안국 (중앙당안관)	국립공문서관
의회	국회기록보존소		
법원	대법원기록보존소	최고인민법원당안관 최고인민검찰원당안관	
대통령	대통령기록관		
정부 기관	*기록관리법에서 설치 대상으로 규정하지 않음 (외교부·국가정보원· 군기관·검찰청 등은 특수기록관 설치 대상 기관임)	외교부당안관 국가안전부당안관 공안부당안관 중국인민해방군당안관	방위청사료관 외무성 외교사료관
지방	*서울시기록원 (2017년 설립예정)	북경시당안관 천진시당안관 하북성당안관 산서성당안관 외 각 성·시 등에 설치	도쿄도공문서관 등 도·부·현 등에 설치

1) http://www.saac.gov.cn

중국은 외교부·군·국가안전부·공안부 등의 기록은 별도로 당안관을 설치하여 관리하고 있다. 이에 해당하는 한국의 기관들은 아카이브를 설치할 수 없다. 대신 특수기록관을 설치하여 일부 비공개 기록에 대해서는 이관 시기를 연장할 수 있도록 하였다.

일본은 국립공문서관을 비롯해서 방위청사료관·외무성 외교사료관 등 일부 정부기관에 아카이브를 설치하였다. 지방은 도(都)·도(道)·부(府)·현(県) 단위에 37개의 지방공문서관이 설립되어 있을 정도로 체계가 잘 갖추어져 있다.

요컨대 동아시아 3국 가운데 공공 영역의 아카이브 체계가 가장 발달하지 않은 나라는 한국이라 할 수 있다. 따라서 한국의 과제는 공공 영역에서 더 많은 아카이브를 설립하고, 아카이브 문화를 사회에 확산하는 것이다.

〈표 5-2〉 민간 영역의 주요 아카이브

	한국	중국	일본
역사	민주화운동기념사업회 사료관 5·18민주화운동기록관	제1역사당안관 제2역사당안관	아시아역사자료센터 전쟁책임자료센터
과학기술		중국과학기술당안관 (예정)	
여성			여성아카이브센터
노동	노동자역사 한내		
소수자	퀴어락 아카이브		일본 하와이 이주자료관
문학		중국문학예술당안관 (예정)	
음악	서태지아카이브	중국음악자료관	
영화		중국영화자료관 상해영화자료관	
언론방송		중국방송국 녹화·녹음자료관	NHK 아카이브

종교	대한불교조계종 중앙기록관 정동제일교회 역사관 한국천주교주교회의 · 한국천주교중앙협의회 사료실		
병원			국립한센병자료관
사진 필름		중국사진(照片)당안관 중국소리영상(聲像) 당안관(예정)	일본사진박물관
NGO	성공회대학교 NGO 자료관		
기업	교보생명역사관 교보생명 창립사료실 하나은행 사료실 메리츠화재 사이버역사관 SK사료실, SK 아카이브 에코넷 아카이브 등	기업 당안관 300개 이상	제국데이터뱅크사료관
대학	홍익대학교 기록보존소 등 31개 (한국 대학기록관협회 소속)	대학 당안관 약 240개	동경대학교 사료편찬연구소
개인 가족	김대중도서관 노무현사료관(디지털)	가보당안관	
마을			
정당		중앙당안관에서 관리	

* 위 표에서 중국은 모두 공공 영역에 해당하지만, 비교의 편의를 위해 배치하였음.

　　민간 영역의 아카이브는 〈표 5-2〉에서 보는 것처럼, 역사·여성·
노동·문학예술·언론방송·종교·대학·기업·정당 등 사회 전 분야에 걸쳐
매우 다양하다. 한국은 초기 기록학 연구가 공공 분야에 집중되었던
경향에서 탈피하여 점차 다양한 분야에 대해 논의를 축적하고 있다.
곧 기록학 연구 대상이 된 주제만 보더라도 영화·연극 등 문화예술 분
야, 종교 분야, NGO 등 시민사회 분야, 노동 분야, 여성 분야 등 매우

다양하다. 최근 북미에서 공동체 아카이브[2])에 대한 논의가 활발한 것처럼 마을 아카이브 등 공동체 아카이브에 대한 연구도 관심 분야 가운데 하나이다.

그러나 연구 분야가 다양해지는 현상과 달리 실제로 민간 영역의 아카이브는 양적으로 빈약하다. 일부 기업에 사료실 형태의 아카이브가 존재하고, 노무현사료관·서태지아카이브 등 디지털 아카이브가 최근에 만들어졌다. 또한 2005년에는 대학기록관과 교사자료실을 중심으로 '대학기록관협의회'가 창립되어, 민간 영역의 아카이브 문화 확산에 기여하고 있다. 요컨대 공공 영역과 마찬가지로 여러 분야에서 다양한 아카이브를 설립하는 것이 과제이다.

중국은 한국·일본에 비해 다양한 아카이브가 존재하지만, 민간 영역의 아카이브가 아니라 국가에서 설립하고, 지원하는 공공 영역의 아카이브이다. 중국은 국영기업을 중심으로 한 기업 당안관, 대학 당안관이 다수 설치되어 있다.

일본의 경우 사료관·자료관·아카이브센터 등 다양한 이름으로 아카이브 기능을 수행하는 기관이 존재한다.

아카이브는 사회 전 분야에 걸쳐 점차 다양화하는 추세이다. 그러나 동아시아 3국은 모두 이와 같은 흐름을 반영하지 못하고 있다. 따라서 사회 각 분야에서 다양한 아카이브가 만들어지고, 아카이브의 여러 활동을 통해 공공 영역과 민간 영역이 서로 영향을 주고받으면서 발전해 가는 것이 향후의 과제가 될 것이다.

----

2) 이경래, 「북미지역 공동체 아카이브의 '거버넌스'논의와 비판적 독해」, 『기록학연구』 제38호, 2013 참조.

2. 국가 아카이브(National Archives)

1) 한국 국가기록원

〈그림 5-1〉 국가기록원 홈페이지

한국의 국가 아카이브는 1969년 정부기록보존소로 설립되었다. 공식 기록에 따르면, 정부기록보존소가 설립된 주요 이유는 국가 기록을 관리하는 시설이 없었기 때문이었다. 또한 폐기문서를 재생·활용할 수 있는 제도를 마련하기 위해서였다.3) 특히 1960년대 초부터 폐

---

3) 총무처, 「정부기록보존소 직제 중 개정령안」(제60회), 『국무회의안건철』, 1969.

기기록의 매각 대금으로 국가 아카이브 설립을 계획했던 점은 한국 현대 기록관리 역사의 오점으로 남아 있다.

1984년에는 중요 기록을 분산·보존하여 유사시 '국가 비상사태'에 대비할 목적으로 부산에 서고시설을 건축하였다. 부산 서고는 이중 방폭 시설을 갖춘 지하형 서고이다. 정부의 주요 영구기록을 정부기록보존소로 이관해야 한다는 규정은 「정부공문서규정」(1984년)에서 최초로 명시되었다. 이 시기부터 주요 기록이 일부 이관되었고, 제한적이지만 국가 아카이브로서의 기능을 수행하였다.

정부기록보존소는 2004년 4월 국가기록원으로 그 명칭을 변경하였다. 참여정부의 기록관리 혁신 추진에 따라 2005년 이후 국가기록원은 조직과 인적 구성에서 상당한 변화를 겪었다. 조직 개편 과정은 국가기록원의 양적 성장과정을 잘 보여주고 있다. 2007년 말에는 대통령기록관의 신설과 나라기록관 개관에 따라 3부 13팀 3관, 약 360명으로 증가하였다.[4]

국가기록원의 주요 기능은 국가 기록관리 정책 수립과 제도 개선, 국내외 주요 기록의 수집·서비스, 기록 콘텐츠 구축, 대통령기록 관리, 기록관리기관 지도·감독, 기록관리 교육 등이다.

2013년 주요 업무계획을 살펴보면 다음과 같다.[5] 각 기관 업무관리 시스템과 기록관리시스템의 연계를 통한 전자기록관리 체계 구축을 주요 사업으로 설정하였다. 이를 바탕으로 전자기록의 대량 이관에 대비하고자 하였다. 또한 체계적인 기록관리를 위한 기록관리 전문직의 배치 확대, 지방 아카이브 설립 지원, 국가 주요정책 관련 기록의 수집, 민간 기록 기증 유도, 한국 관련 해외 기록 수집, 비공개 기록의

---

[4] http://www.archives.go.kr
[5] 국가기록원, 「2013년도 업무계획」, 2013.

적극적 공개, 대통령기록 이관과 대통령기록관의 건립 추진, 2016년
ICA 서울 총회 개최 준비 등이 주요 사업이었다. 곧 기록 전문직, 전
자기록관리 체계 구축, 대통령기록관 건립 등 기록관리 인프라의 확
대가 주요 과제였음을 알 수 있다.

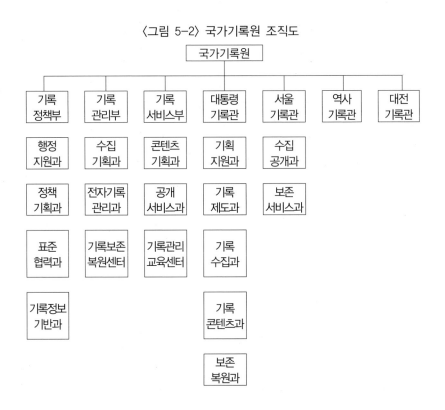

〈그림 5-2〉 국가기록원 조직도

2) 중국 국가당안국

<그림 5-3> 중국 국가당안국 홈페이지

중국의 국가 아카이브에 해당하는 국가당안국은 1954년 전국인민 대표대회 상무위원회에서 국무원 직속으로 설치되었다. 곧 중국공산 당의 각종 당안은 중국공산당 중앙 판공청 당안관리처에서 별도로 관 리하고, 국가당안국은 국무원에 소속된 행정 각부와 위원회 등의 당 안을 관리하는 구조였다. 그 후 당안관리처가 폐지되고 중앙당안관의 관리권도 국가당안국으로 이관되면서 국가당안국은 중국의 당안관리 에 관한 최고 기관이 되었다.

1979년 국무원에서 국가당안국에 대한 중건을 승인하였고, 제1역사당안관·제2역사당안관을 직속기관으로 두게 되었다. 1985년 중국공산당 중앙과 국무원이 국가당안국을 국무원 판공청의 관리를 받는 기관으로 결정하였다. 곧 국가당안관과 중앙당안관은 하나의 기관이 두 개의 기관명을 사용하는 것으로 중국공산당 중앙위원회 소속기관이면서, 동시에 국무원 판공청의 관리를 받는 국가급 행정관리 기구이다.

국가당안국 국장은 차관급이며, 중앙당안관의 관장을 겸직한다. 조직은 국장, 부국장, 판공실, 법규정책연구사 등 4사, 제1역사당안관 등 7개의 소속기관으로 구성되어 있다. 2005년 현재 355명의 인원으로 구성되어 있다. 당안학 전공자가 전체의 46.5%를 차지하고 있다.

국가당안국의 주요 기능은 기록관리 업무에 대한 통일적인 계획수립, 당안관리 정책과 방침 결정, 중국공산당과 중앙기관의 주요 당안 수집·관리, 비밀당안의 관리, 당안관리의 과학화와 시설 현대화, 연구 출판, 국내외 중국 관련 역사당안 수집, 당안관리 전문직의 양성과 교육·훈련, 국제교류 활동 등이다. 주요 사업은 기관지 『중국당안보』(1995)의 발행, 당안 관련 서적 등을 출판하는 중국당안출판사(1982) 운영, 잡지 『중국당안』(1951) 간행, 당안 보존 기법 연구 등의 업무를 수행하는 당안과학기술연구소 운영이다. 또한 전국 당안관에서 당안 관리 업무에 종사하는 간부들을 대상으로 교육하는 당안간부교육센터(1988)를 운영하고 있다.[6]

------

6) http://www.saac.gov.cn/xxgk/node_483.htm

〈그림 5-4〉 중국 국가당안국 · 중앙당안관의 조직도

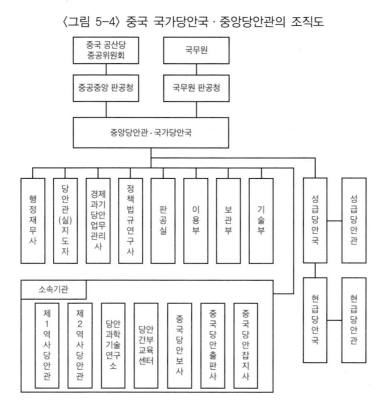

3) 일본 국립공문서관

일본의 국가 아카이브인 국립공문서관은 공문서의 분실·산실을 방지하고 이용을 촉진할 목적으로 1971년에 설립되었다. 설립 당시 총리부에 속했으나, 정부 기관의 기록 이관에 대한 강제력은 미약한 상태였다. 1988년 츠쿠바 분관(つくば分館)을 설치해 서고를 확충했다. 그 후 「국립공문서관법」을 개정하여 역할을 강화하려 하였으나, 2001

〈그림 5-5〉 일본 국립공문서관 홈페이지

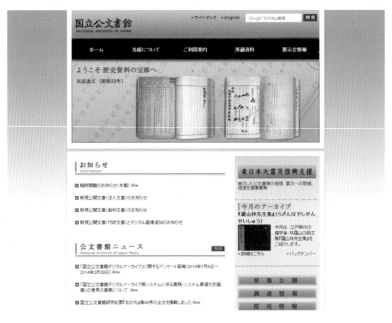

년 독립행정법인으로 개편되었다. 같은 해 국립공문서관 소속으로 '아시아역사자료센터'를 개설하였다.[7] 동 센터는 일본 정부 각 기관이 보존하고 있는 아시아 관련 역사 자료를 제공하고 있다. 국립공문서관은 실제 운영에 있어서 종래 소속되었던 내각부 총무처의 영향을 받고 있다. 조직은 2012년 현재 관장과 이사 각 1명, 직원 47명으로 구성되어 있다.[8]

7) http://www.jacar.go.jp/ (cited 2016.3.1); 아시아 역사자료란 근현대 시기 아시아 여러 나라와 관련된 역사자료, 일본의 공문서 등을 의미한다.
8) http://www.cao.go.jp/sasshin/doku-bunka/kaigi/2011/wg1_1/04.pdf(cited 2012.11.26)

〈그림 5-6〉 국립공문서관 조직도

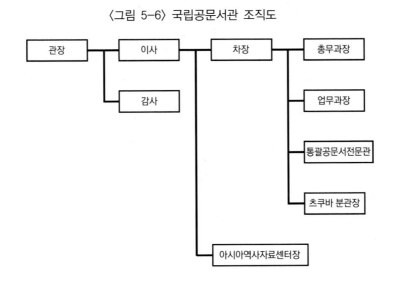

국립공문서관의 기능은 역사공문서의 수집 · 정리 · 보존과 이용, 행
정기관에서 위탁받은 공문서 보존, 역사공문서의 보존 · 이용에 관한
전문적 · 기술적 조언, 조사 연구, 연수, 내각총리대신이 필요하다고
인정하는 경우에 행정 기관의 행정문서 관리현황에 관한 보고와 실지
조사 등이다.

비현용기록의 보존과 이용 기능이 핵심 업무이며, 그 밖의 기록관
리 기능과 권한은 매우 제한적이다. 국립공문서관의 주요 업무는 집
행 기능이라 할 수 있는 역사공문서 등의 입수, 목록 작성, 보존, 마이
크로필름화, 수복사업 등이 중심이다. 그 밖에 전시, 주요 기록 목록
조사 연구, 외국 기록관리제도 조사 연구, 공문서관리 연수, 국제교류
등을 수행한다. 한국 · 중국에 비해 국가 기록관리 정책 수립 권한을
갖지 못한 점이 한계이다.

3. 지방 아카이브

1) 한국 지방기록관리기관: 서울시 사례

지방 아카이브는 공공기관에서 생산한 기록은 물론 해당 지역의 역사와 관련된 기록 등을 이관·수집하여 조직화하고, 이를 편찬하는 기관이다. 또한 기록이 행정적 측면에서만 활용되는 것이 아니라 연구자와 시민들이 이용할 수 있도록 서비스하는 곳이다.

한국에서 지방 아카이브 설립 문제는 기록관리법 제정 직후부터 활발하게 논의되었다. 당시에는 지방 아카이브 설립이 법령상 권고사항에 불과했기 때문에 실효를 거둘 수 없었다. 2006년 개정된 기록관리법은 광역지방자치단체의 지방 아카이브 설립을 의무화했지만, 예산과 인력 부족 등을 이유로 현재까지 지방 아카이브가 설립되지 않고 있다.

그러나 서울시는 2017년 개관을 목표로 최초의 지방 아카이브인 '서울기록원' 건립을 적극 추진하고 있다. 향후 서울시 사례는 한국의 지방 아카이브 역사에서 이정표 역할을 할 것이다.

박원순 서울시장은 2011년 10월 취임 이후 "투명성이 우리시대의 최고의 가치"라는 메시지를 전달하여 강력한 시정 혁신 의지를 천명했다. 이와 같은 인식은 혁신의 동력으로 작용하여 2013년 3월 '정보소통 혁신 종합계획'으로 구체화되었다.[9] 정보소통 혁신은 철저한 기록관리, 기록 정보의 투명한 공개와 공유 등을 목표로 전개되고 있다. 곧 기록은 완전하고 정확하게 생산되어야 하며, 이를 철저하게 관리

---

[9] 서울시 정보공개정책과, 「정보소통 혁신 종합계획」, 2013.3.15.

해서 투명하게 공개하는 행위를 통해 시민들과의 소통을 확대하고자
한 것이다. 이를 위해 서울시는 회의록 공개, 결재문서의 홈페이지 공
개, 서울시장의 공식·비공식 면담 기록 작성 등이 체계적으로 이루
어지고 있다.

아울러 '서울기록원' 건립 계획은 기록정보 공개 확대 정책과 밀접
한 관련 속에 추진되고 있다. 서울기록원은 공공 기록의 기록화와 체
계적인 보존·서비스, 행정 정보의 공유를 실행할 소통 시정의 중추
기관인 동시에 기록관리법에서 정한 지방기록관리기관이다. 서울시
는 서울기록원 건립이 필요한 이유로 "현 보존공간의 수용 능력 및 시
설 수준의 한계", "전자·정보화시대 현대화된 전문 서고시설 구축의
필요성", "단순 기록물 보존 위주에서 기록물 지식 자원화로 기록관리
의 패러다임이 변화함에 따라 이를 지원하는 연구·편찬·교육·전시
공간 필요" 등을 제시하고 있으며, 서울기록원 건립 자문단을 운영하
고 있다.[10] 서울시는 2013년 3월 서울기록원 설립 부지를 은평구 녹번
동으로 확정하고, 6월에 건립계획을 수립하였다. 서울기록원은 2017
년 하반기 개관할 예정이다. 서울기록원이 건립되면, 최초의 지방 아
카이브로서 그 "대표성과 상징성"을 갖추게 된다.[11]

설립 추진단계에서 제출된 연구용역 보고서는 서울기록원의 조직
구성(안)을 〈그림 5-7〉과 같이 제안하고 있다. 기록 이관·평가 등 아
카이브의 일반적인 기능 이외에 시민소통과를 두고 기록정보 소통을
확대하려는 의지를 보여주고 있다. 아울러 지식편찬과를 설치하고,

---

10) 서울시 행정국, 「서울기록원 건립계획」, 2013.6.14.; 서울시 행정국, 「서울기록
   원 건립개선계획(안)」, 2014.9.
11) 기억과기록경영연구원·명지대학교 디지털아카이빙연구소, 『서울기록원 건립
   추진을 위한 학술연구용역 연구보고서 1권』, 2013, 11쪽.

기록관리 심의 의결기구로 거버넌스 조직인 '서울기록관리위원회', 연
구기능을 수행하는 아카이브연구소를 두고 있는 점이 특징이다. 이와
같은 조직구성(안)은 실제 설립 추진 과정에서 많은 변화가 예상되지
만, 지방 아카이브의 업무를 기록정보 소통과 연결하여 확장시키고
있는 점은 주목할 만하다.

　그러나 정보소통 혁신 사업이 한 단계 더 도약하기 위해서는 이와
같은 사업들만으로는 불충분하다. 곧 현재의 기록화 작업과 정보소통
에 초점을 맞춘 사업들로는 시민들의 요구를 모두 만족시킬 수 없기
때문이다. 현재의 기록을 공개, 공유하여 소통하는 것 못지않게 먼 과
거 또는 가까운 과거의 일들을 기록으로 남기는 작업이 시급하게 전
개되어야 한다.

　곧 정보소통 혁신의 완성을 위해서는 서울시라는 공간과 장소, 그
곳에서 살았던 사람들의 이야기와 경험, 시대에 따른 주요 사건, 주제
별 이슈 등을 기록화해야 한다. 곧 현재 뿐만 아니라 과거에 대한 기
록화 전략(documentation strategy)이 요구되는 것이다. 이와 같은 작업이 가
능하다면 과거와 현재의 기억과 기록을 사회화하는 데 기여할 것이
다. 이것은 곧 우리 시대가 요구하는 지방 아카이브의 표상이 될 것이
다.

〈그림 5-7〉 서울기록원 조직 구성(안)

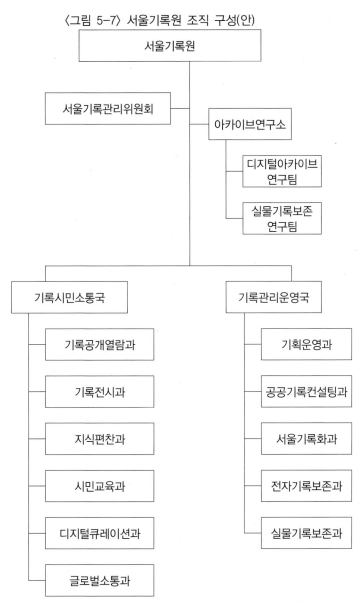

출처: 기억과기록경영연구원·명지대학교 디지털아카이빙연구소, 『서울기록원 건립 추진을 위한 학술연구용역 연구보고서 1권』, 2013 참조.

〈표 5-1〉 서울시의 기록 종류별 현황

		합계	영구	준영구	30년	10년	5년	3년	1년
총계	권	248,225	102,708	65,087	8,219	40,092	27,913	4,131	75
문서	권	216,620	78,905	61,604	6,676	37,424	27,860	4,076	75
도면	권	14,216	9,430	523	1,541	2,614	53	55	-
	매	1,739,492	1,419,973	51,342	97,071	162,359	2,409	6,338	-
카드	권	17,389	14,373	2,960	2	54	-	-	-
	매	597,664	456,163	138,283	65	3,153	-	-	-

기록화의 필요성은 서울시 잔존기록 현황에서 시사점을 얻을 수 있
다. 2014년 10월 말 현재 서울시 기록 보존 규모는 〈표 5-1〉과 같다.
기록 종류별로 살펴보면, 문서가 전체의 83.3%를 차지했다. 또한 문서
가운데 영구기록 36.4%, 준영구 기록 28.4%였다. 곧 장기보존 대상은
64.8%였다.

다음으로 영구기록(문서) 가운데 서울시 본청에서 생산된 기록을 대
상으로 처리과별 유형을 살펴보면 〈표 5-2〉와 같다.

〈표 5-2〉 서울시 영구기록 현황

	처리과명	주요 기록철명	권수	
1	내무국 총무과	고용원임용철, 정규 및 임시고용원 임용철, 임시고용원 해면 및 임용관계, 기능직 공무원 전보발령, 운전원 임용철, 신규임용 등	403	437 (1.8%)
		상훈관계철, 공공청사 건립 및 보수(본청사 1965), 신청사건립추진 관계철(1995) 등	34	
2	내무국 인사과	소청심사자료, 소청심사결정통지, 해직공무원 심의관계철, 퇴직자명부(1984), 행정소송관계 철(1991) 등	147	505 (2.1%)
		공무원징계대장(1962), 인사발령대장(1994), 퇴직자인사기록카드(1961) 등	358	

	처리과명	주요 기록철명	권수	
3	내무국 시민과	고시(1985), 고시도면(1985), 고시철(1994), 공고대장, 고시대장 등	1,415	3,332 (14.0%)
		조례, 규칙관계철, 훈령철, 예규철	60	
		국제혼인신고서(1956) 등	1,125	
		관인대장(1949~1962), 관인승인철 등	732	
4	내무국 사계과	서울특별시일반,특별세입세출예산서(1947), 예산정리부(1957), 예산에관한철(1958), 기채관계(1942) 등	171	
5	내무국 기획예산과	서울특별시일반회계세입세출추가경정예산(1965)	20	
6	내무국 예산과	서울특별시일반회계세입세출추가경정예산(1966~1967), 외자도입관계(1967), 차관관계(1966), 미잉여물자취득관계(1968) 등	92	
7	총무과	역대시장취임(1990), 역대시장님서명(1992), 마이크로필름촬영목록표, 사무인수인계서(시장), 관인대장(직인, 자치구) 등	106	
8	행정관리국 총무과	고시, 규칙철, 조례철, 예규, 공고대장	108	
9	행정국 민원과	조례, 규칙철(2002)	31	
10	민원과	(삼풍백화점)실종관리현황(1995), 마이크로필름촬영문서목록(1993) 등	7	
11	행정과	서울특별시의회(출근부) 1956, 시의회의원선거벽보비용(1960), 대통령부통령선거이명부(1960), 행정구역개편(1962), 조례개정(1975), 업무추진계획(사본) 1980, 분동계획도(22개동증설) 1988 등	85	
12	자치행정과	분동관계철(1983), 구경계조정(1988), 사무인계인수서(노원구) 1995	49	
13	기획관리실 기획담당관	수도권행정협의회관계철(1987), 대통령재가문서인계(1994) 등	14	
14	기획관리실 예산담당관	서울특별시일반특별회계세입세출예산서(1951), 세출예산요구서(1975), 추경예산자료(1976), 기채관계(1958), 외자도입(1968) 등	536 (2.2%)	
15	기획관리실 법무담당관	조례, 예규, 규칙, 훈령 등	154	
16	법무담당관	삼풍백화점사고(1995) 등	5	1,218 (5.1%)
		폐지조례규칙철-시유재산조례(1969~1973),	1,213	

	처리과명	주요 기록철명	권수	
17	기획예산실 심사평가담당관	폐지조례규칙철-아파트건설사업소설치조례(1969) 등 서울특별시행정서비스시민평가제도입시행		3
18	기획담당관	시장지시사항(1988~1995) 등		39
19	재무국 세무행정과	외국인에 대한 유흥음식세 면제조례, 시세조례 개정관계철, 전직대통령시세감면조례, 세제일반관계철 등		121
20	재무국 회계과	잠실APT건립공사제8공구(1976), 성산상가건립공사(1976), 미8군시설물이설공사(1977)		1,411 (5.9%)
21	재무국 관재과	재산취득(성무재산) 1981~1982 등		10
22	재무국 재산관리과	수유지구토지매매계약서, 시유지매각서류 등		1,309 (5.5%)
23	행정관리국 재산관리과	시유재산관리서류, 매매계약서(1962)		4,455 (18.7%)
24	보건사회국 사회과	삼풍사고사망자보상금 남부장애인복지관건립관계철(1985~1993)	123 11	134
25	보건복지국 의약과	서울서대문병원신축(1999) 등		10
26	보건복지국 보건위생과	질의문서철(1976), 예규철(1977) 등		8
27	보건복지국 노인복지과	재단법인 대한예수교장로회총회 자선사업재단(1975) 등		5
28	산업경제국 중소기업과	운전자금대하철(1986~1993), 협동조합설립인가(1994) 등		5
29	산업경제국 소비자보호과	시장개설허가갱신 미도파(1961~1972), 호텔롯데관계철(1980) 등		27
30	산업경제국 농축과	지가증권주소변경, 지가증권보상, 분배농지반환청구소송(1960) 등		931 (3.9%)
31	국제협력담당관	서울,브라질상파울로시자매결연철(1973~1977), 시장해외방문철(1984) 등		57
32	여성정책관 여성개발담당관	부녀교실설치관계철, 마포부녀복지관 건립		15
33	문화관광국 문화재과	서울성곽복원 보수공사(1977), 동대문 보수공사(1987) 등		209 (0.9%)
34	도로계획과	공사검사원명령부(1979), 공사감독명령부(1980), 공사대장(1961) 등		169
35	도로시설과	소송비용회수관계(1994)		1

	처리과명	주요 기록철명	권수	
36	도로보수과	지하차도관계철(1999) 등		3
37	교통관리실 운수물류과	개인택시면허철(1976) 등		74
38	공보관	서울시민신문(1986), 한국군사혁명사자료(1963) 등		10
39	공보관 홍보담당	서울시보(1972) 등		148
40	홍보담당관	71서울(1971) 등		12
41	공원녹지과	안중근의사기념관 설치관계철(1967), 북악골 프장관계철(1969) 등		337
42	치수과	용산유수지복개공사(1980), 한강개발현황종합도(1982)		102
43	환경관리실 조경과	마을마당조성(1988~1999) 등		5
44	주택국 건축지도과	건축허가대장(1959)		29
45	주택기획과	문서접수대장(1992), 민원서류대장(1993), 결재문서기록부 등	73	197
		시민아파트건립사업기본계획(1969) 등	124	
46	건설행정과	명의변경신청현황(2000), 행정소송(2000) 등		387
47	건설국 관리과	사정원안철(1963), 보상관계철(1968~1970) 등		113
48	종합건설본부	고덕지구 APT건설공사 설계도(1983), 중랑 하수처리장 건설공사(전기) 1984 등		33
49	도시계획과, 도시정비국 도시계획1과	도시계획위원회심의안및회의록(1989~1990) 수도권심의안건철(1990~1991) 등		548 (2.3%)
50	도시관리과	지구단위계획소위원회심의안(2001년제8차 위원회) 2001 등		83
51	시설계획과	도시계획사업(공항)시행허가(1990), 도시계획 위원회회의록(1978) 등		1,553 (6.5%)
52	도시계획국 지적과	외국인토지취득관리대장(1997)		16
53	시의회	의안(임시 1-5회 1956), 속기록(임시 1-2회 1956), 서울시의회회의록 1권 제48,49,50회 임시회 본회의(1991) 등		330
54	시민생활국 생활체육과	국립경기장기본계획(1982), 올림픽선수 기자 촌 신축공사설계도(1986) 등		98
55	감사담당관	감사원 감사결과 처분요구시정관계(1972), 감사원 처분요구집행(1979) 등		3,093 (13.0%)

	처리과명	주요 기록철명	권수
56	시정개발담당관	공무원정원대장(1962), 기구 및 정원조정철 (1985~1987) 등	85
57	시정개혁단	서울특별시기구변경도(1993)	1
58	조직담당관	정원현황(1992~1993), 자치구기구승인요구 (1995) 등	60
59	심사평가담당관	자치구기구승인요구(1995) 등	56
60	조사담당관	삼풍실종자관리현황(1995), 삼풍신고된실종 자관리계획및통계(1995) 등	55
61	환경과	환경오염피해분쟁(1991~1994), 환경영향평가 제도도입추진(1996~1997), 청계천복원사업(2003) 등	66
62	균형발전추진과	광화문광장세종대왕 이순신장군동상저작재 산권양도계약서(2011) 등	2
63	주거정비과	한강로구역사업계획(1987), 주거환경개선장기 계획(1982~1992) 등	97
64	소방행정과	서대문소방서신설(1997~1998)	1
65	하수계획과	공사대장철(1951~1959), 여의도종합개발계획 (1968~1969) 등	162
66	행정1부시장	결재문서등록대장 등	13
67	행정관리국 세무지도과 행정과	관인등록관계철(1984~1986)	3
68	하수처리과	공공하수도관망도1/600종로구(홍제, 청계배수 구역) 1982~1983, 중금속 등 수질항목 관계철 (1993) 등	137
69	하수계획과	독산중앙고지배수로공사(1980) 등	3
70	교통관리실 대중교통과	정책자료집(구로권역버스공영차고지조성) 1999	11
71	교통관리실 주차계획과	정책자료집(사당역환승주차장건설) 1999 등	2
72	교통기획과	차관협정관계철(1971~1972), 지하철기본계획 (1981~1982) 등	60
		합계	23,769 (100%)

첫째, 영구기록 78,905권 가운데 서울시 본청에서 생산한 기록은 23,769권으로 약 30.1%에 지나지 않았다. 약 69.9%의 기록은 서울시립대학교, 시립체육시설관리사업소, 서울대공원관리사업소, 난지지하수처리사업소, 구로부녀복지관, 공무원교육원, 은평병원 서무과, 상수도사업본부, 아동병원, 동부병원, 교통소방본부, 공원녹지관리사업소 보라매공원, 건설자재시험소, 농촌지도소, 시립부녀보호소, 지하철건설본부, 전산정보관리소, 한강관리사업소, 성동구, 동대문구, 마포구, 영등포구, 서초구(구청 기록은 대부분 인감대장) 등 각 사업소, 구청, 병원 등에서 생산한 기록이었다. 특히 공무원교육원, 은평병원, 상수도사업본부 기록 대부분은 인사기록이었다.

둘째, 영구기록을 다수 생산한 처리과를 살펴보면, 행정관리국 재산관리과 18.7%, 내무국 시민과 14.0%, 감사담당관 13.0%, 시설계획과 6.5%, 재무국 회계과 5.9%, 재무국 재산관리과 5.5%, 법무담당관 5.1% 순이었다. 7개 처리과에서 생산한 기록이 약 68.7%로 전체 기록의 대부분을 차지했다.

셋째, (1) 인사기록을 생산한 처리과는 내무국 총무과, 내무국 인사과 등이었으며, 그 비율은 전체 기록의 3.8%였다. (2) 조례·규칙·훈령 등 법규성 기록은 내무국 시민과, 행정관리국 총무과, 행정국 민원과, 법무담당관, 재무국 세무행정과, 기획관리실 법무담당관 등에서 생산했으며, 13.0%를 차지했다. (3) 예산기록은 내무국 사계과, 내무국 기획예산과, 내무국 예산과, 기획관리실 예산담당관 등에서 생산했으며, 그 비율은 3.4%였다. (4) 시 재산의 매각, 매입 기록은 재무국 관재과, 재무국 재산관리과, 행정관리국 재산관리과 등이 생산했으며, 그 비율은 24.3%였다. 이상 네 가지 유형의 기록이 44.5%로 거의 절반에 육박하고 있다. 여기에 인허가·토지보상·도시개발 등의 기록 유형을 합하면 증빙성 기록이 대부분을 차지한다.

넷째, 영구기록을 생산한 처리과 수가 서울시 개청 이후 72개에 지나지 않는 사실도 주목할 만하다.

요컨대 정책기획, 정책결정 과정 등을 담고 있는 서울의 중요 기록이 사라진 것이다. 따라서 서울기록원 설립을 계기로 시급하게 서울 기록화 전략이 추진되어야 할 것이다.

2) 중국 지방당안관

중국의 지방당안관은 성·자치구·직할시급 당안관, 현·구급 당안관으로 구분할 수 있다. 중국의 지방당안관은 1956년부터 각 지역에서 설립을 준비하였고, 1960년 초에는 전국적으로 성 당안관 15개, 시 당안관 106개, 현 당안관 1,509개에 이르렀다. 1965년에는 전국 29개 성·직할시에 당안관이 모두 설치되었다. 그러나 문화혁명 과정에서 많은 기록이 파괴되었고, 당안관은 위축되었다. 개혁·개방과 함께 1979년 전국당안공작회의를 통해 당안관 재건을 본격화하여 현재는 전국 성·시는 물론이고 현·구에도 당안관이 설치되어 있을 정도로 상당한 규모를 자랑하고 있다.

현 이상의 지방 당안국은 해당 기관의 당안관리 업무는 물론 행정 구역 내의 단체·기업 등의 당안관리에 대한 감독과 지도 기능을 갖고 있다. 또한 당안의 수집·정리·보존, 당안관리 이론 연구, 당안관리 발전계획의 수립, 당안관리 교육·훈련 등을 수행한다. 곧 지방에서 국가당안국의 역할과 유사한 기능을 수행한다. 성 당안관은 당안

법을 근거로 행정 구역 내에서 시행하는 당안관리 규정 제정권이 있다.[12]

대표적인 지방당안관인 북경(北京)시 당안관은 1958년 설립되었으며, 시 소속의 공공기관·각종 단체, 기업의 당안을 보존하고 있다. 종래 북경시 당안관은 연구자들이 주로 이용할 수 있었으나, 2008년부터 시민들에게 서비스를 시작하였다. 북경시 당안관에는 전문당안관인 '북경시 도시건설당안관'이 소속되어 있다.[13]

북경시 당안관의 조직 구성과 기능은 〈표 5-3〉과 같다. 주요 기능은 정책연구, 기록 생산기관의 기록관리 감독, 기록관리 제도의 통합과 교육, 기록의 수집·정리·보존·이용·편찬 등 아카이브 고유 업무를 수행하고 있다.

〈표 5-3〉 북경시 당안관의 조직 구성

조직	담 당 업 무
판공실	- 일반적인 사무업무 담당. 기밀문서, 보관과 관리, 재무, 회계, 외사, 홍보, 인민대표회의 건의 등의 책임
종합연구처	- 연구업무와 북경시 당안 사업의 계획의 기초, 기록의 홍보 및 통계, 정보화 업무, 그리고 기록의 이론과 정책연구 업무 담당
북경시 직속 업무처	- 시의 기관과 단체, 기업 및 기타 조직의 기록업무의 감독과 지도업무 담당
구·현 업무처	- 구와 현의 기록업무를 감독, 지도하는 업무 담당
법규처	- 조직의 기록법규 시행 감독 및 감찰. 법에 따라 위반사항을 적발하며 기록물 방면의 위반행위와 안건을 다룸

---

12) 「중화인민공화국당안법실시판법」, 제8조.
13) 북경시 당안관은 2013년 현재 종이 기록, 사진·영상 기록 등 약 190만 권을 소장하고 있으며, 서가 길이는 10km 이상이다. 또한 북경시 도시건설당안관은 1990년에 설립된 전문당안관으로 도시건설 사업과 관련된 기록을 수집하고 있다(기억과기록경영연구원·명지대학교 디지털아카이빙연구소, 『서울기록원 건립 추진을 위한 학술연구용역 연구보고서 1권』, 2013, 204~209쪽).

조직	담 당 업 무
	- 각종 기록업무의 규정과 표준을 연구하고, 이러한 법규와 표준 실행을 추진 - 기록행정관련 사항의 허가나 행정건의, 행정적 배상, 행정소송 등의 업무를 책임
과학연구및 교육처	- 북경시 기록의 과학적인 연구와 관리, 등의 업무지도를 담당 - 북경시의 기록물관리원 훈련과 기록물 전문 기술 직무자격의 심사 책임
정보화처	- 기록물의 디지털화 계획, 표준과 규범 문건의 연구 기초를 담당 - 북경시의 기록물 디지털화를 감독, 지시하는 업무
웹 관리처	- 기록관의 웹 설계, 운영, 관리를 담당하며 북경시 기록물 홈페이지와 기능 설계, 관리 담당
수집처	- 기록물을 이관하는 단위의 기록자료의 수집과 사회의 귀중한 기록자료의 수집 담당
정리 · 편목처	- 소장기록자료의 정리, 평가를 담당하고 있으며 소장 기록자료와 이관되는 공개정보의 검색시스템 설계를 책임
기술복제처	- 소장기록자료의 마이크로필름 복제 및 디지털화의 업무를 하고 있으며, 시(市)급 기관의 주요 정부 지도자 인사의 활동 영상자료 녹취를 책임
기술 보호처	- 기록 서고의 온/습도 감독과 기록서고의 각종 방재 업무를 담당 - 파손된 기록자료의 복원과 복제를 책임
보관처	- 기록서고의 관리 업무
이용처	- 기록관 자료의 이용서비스 업무, 정부 정보공개 및 검색 열람 서비스업무 책임
기록문헌 편집 연구부	- 기록관 소장 기록 문헌연구와 학술 교류를 담당하고 있으며 기록 문헌의 편집과 계획, 출판 그리고 기록문화유산 사업 보고 등을 책임
『북경당안사료』 편집부	- 소장 기록의 사료연구와 학술 교류업무를 담당 - 『북경당안사료』의 편집과 계획, 출판 업무를 책임
전시 진열처	- 소장 기록자료의 연구와 전시기획 담당 - 북경시 당안관의 애국주의 교육업무도 담당하고 있고, 기록자료의 전시회 성과의 홍보와 개발 등도 책임
행정 관리처	- 당안관의 복리후생 업무 담당
시설처	- 당안관의 각종 설비 유지 및 보수업무 담당
보위처	- 당안관의 소방, 치안, 경비 담당
인사처	- 당안관과 모든 기록물 사업 기관의 인원 편제 및 관리업무 담당 - 직원의 배치, 채용, 교육, 심사, 상벌, 급여, 임면, 퇴직수속 등

조직	담 당 업 무
	의 업무를 담당하고 있으며 당안관 간부 정보와 인사 기록의 관리 업무 책임

출처: 북경시 당안관 홈페이지 http://www.bjma.gov.cn; 기억과기록경영연구원·명지
대학교 디지털아카이빙연구소, 앞의 책, 205쪽.

3) 일본 지방공문서관

일본의 지방공문서관은 지방행정 단위인 도·도·부·현(都·道·府·縣), 시·정·촌(市·町·村)을 기반으로 한다.[14] 지방공문서관은 1950년대 이후 역사학자들을 중심으로 전개된 지방공문서관 운동의 성과로 설립되었다. 일본에서는 1959년 설립된 야마구치 현립(山口縣立) 공문서관이 일본 최초의 현대적인 아카이브이다.[15]

일본 지방공문서관의 유형은 첫째, 역사적 가치가 있는 공문서를 수집·관리하는 공문서관을 들 수 있다. 각 공문서관은 지역적 특색, 산업구조, 지리적·역사적 배경의 차이, 지방공문서관 설립운동의 시기적 차이, 문서관의 업무 규정 등에 따라 소장하고 있는 문서도 각기 다르다.

둘째, 문서관·박물관·도서관 등을 통합한 기능을 수행하는 경우이다. 곧 역사·미술·공예 등에 관한 도서자료, 공문서 등을 포함하여 수집·관리하는 역사자료관의 형태이다. 역사자료관은 공문서관

[14] 2014년 현재 전국의 시·정·촌 개수는 시 788개, 정 747개, 촌 184개 등으로 합계 1,742개이다.
[15] 호사카 히로오키, 『거버넌스와 기록관리: 그 철학과 방법』, 제4회 기록인대회 발표자료집, 2012, 58~71쪽.

본래의 기능보다는 복합적인 기능에 초점을 맞추고 있다.

〈그림 5-8〉 지방공문서관 설립 현황

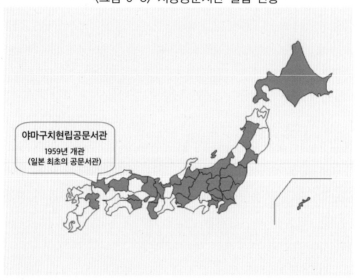

야마구치현립공문서관
1959년 개관
(일본 최초의 공문서관)

http://www8.cao.go.jp/chosei/koubun/kako_kaigi/kenkyukai/150512/haifu/haifu4.pdf(cited 2012.11.26)

지방공문서관 운동이 전개된 초기에는 지방공문서관의 주체 문제와 관련하여 국립대학을 중심으로 권역별로 설립하자는 안, 국립사료관의 기능을 강화하여 전국의 사료를 수집하여 보존하자는 안 등이 제기되었다. 따라서 1960년대부터 공문서관법이 제정된 1987년까지 설립된 경우 공문서관과 역사자료관 형태가 혼재되어 있다. 그러나 공문서관법이 제정된 이후 설립된 문서관은 대부분 공문서관의 형태를 띠고 있다. 전체 43개 현 가운데 현재까지 37개 현에 지방공문서관이 설립되었다.

⟨표 5-4⟩ 일본 도·도·부·현 단위 지방공문서관 설립 시기

설립 시기	명칭
1950~1960년대	야마구치현 문서관(山口県文書館, 1959) 교토부립 종합자료관(京都府立総合資料館, 1963) 도쿄도 공문서관(東京都公文書館, 1968) 사이타마현립 문서관(埼玉県立文書館, 1969)
1970년대	후쿠시마현 역사자료관(福島県歴史資料館, 1970) 이바라키현립 역사관(茨城県立歴史館, 1973) 기후현 역사자료관(岐阜県歴史資料館, 1977)
1980년대	군마현립문서관(群馬県立文書館, 1982) 홋카이도립 문서관(北海道立文書館, 1985) 오사카부 공문서관(大阪府公文書館, 1985) 효고현 공관현정자료관(兵庫県公館県政資料館, 1985) 토치기현립 문서관(栃木県立文書館, 1986) 아이치현 공문서관(愛知県公文書館, 1986) 토야마현 공문서관(富山県公文書館, 1987) 치바현 문서관(千葉県文書館, 1988) 히로시마현립 문서관(広島県立文書館, 1988)
1990년대	톳토리현립 공문서관(鳥取県立公文書館, 1990) 도쿠시마현립 문서관(徳島県立文書館, 1990) 니이가타현립 문서관(新潟県立文書館, 1992) 아키타현 공문서관(秋田県公文書館, 1993) 카나가와현립 공문서관(神奈川県立公文書館, 1993) 와카야마현립 문서관(和歌山県立文書館, 1993) 나가노현립 역사관(長野県立歴史館, 1994) 카가와현립 문서관(香川県立文書館, 1994) 오이타현 공문서관(大分県公文書館, 1995) 오키나와현 공문서관(沖縄県公文書館, 1995)
2000년대 이후	미야기현 공문서관(宮城県公文書館, 2001) 후쿠이현 문서관(福井県文書館, 2003) 나라현립 도서정보관(奈良県立図書情報館, 2005) 오카야마현립 기록자료관(岡山県立記録資料館, 2005) 시가현 현정사료실(滋賀県県政史料室, 2008) 시마네현 공문서센터(島根県公文書センター, 2011) 후쿠오카 공동공문서관(福岡共同公文書館, 2012) 사가현 공문서관(佐賀県公文書館, 2012) 아오모리현 공문서센터(青森県公文書センター, 2013) 미에현 종합박물관(三重県総合博物館, 2014) 야마가타현 공문서센터(山形県公文書センター, 2015)

출처: 각 지방공문서관 홈페이지 참조.
*괄호 안은 설립연도임.

일본 도·도·부·현 단위 지방공문서관은 1987년 국립공문서관법
제정 이후 약 65%가 설립되었다. 1959년부터 최근 2015년 야마가타현
공문서센터(山形県公文書センター)까지 장기간에 걸쳐 지속적으로 설립되
고 있는 점이 특징이다. 특히 후쿠오카현립(福岡県立) 공문서관과 후쿠
오카현의 모든 시·구·정(福岡県市区町) 공문서관이 공동으로 설립한
후쿠오카 공동공문서관 사례는 한국에서 지방 아카이브를 설립할 때
참고할만하다. 한국의 기록관리법에도 지방자치단체가 협력하여 공
동으로 아카이브를 설치할 수 있도록 규정하였으나, 실제로 이러한
시도는 이루어지지 않았다.

〈표 5-5〉 주요 지방공문서관의 특징

공문서관명	특징
도쿄도공문서관 (東京都公文書館)	- 1959년 일본학술회의 권고안이 계기가 되어 설치함 - 1968년 10월 정부사료관과 총무국 총무부 문서과 일부를 통합하여 설치 - 공문서와 간행물을 체계적 수집, 보존, 활용과 함께 역사 편찬 사업 수행
아이치현공문서관(愛知県公文書館)	- 공문서관 설립 논의가 진행되던 중 1979년 역사학자와 향토사학자들이 중심이 되어 '공문서 보존체제 확립에 대하여'를 현의회에 제출한 것이 설립 계기
카나가와현립공문 서관(神奈川県立公 文書館)	- 역사단체의 활동을 중심으로 공문서 보존 기관 설립 필요성이 대두되었고, 1988년 역사학자 중심으로 공문서관 구상 간담회 구성한 것이 설립 계기
야마구치현문서관 (山口県文書館)	- 지방공공단체 최초로 설립된 문서관으로 서구의 아카이브 개념을 도입 - 도서관 향토자료실의 한계로 인해 문서·자료 수집 기관 설립 필요성 대두
교토부립종합자료 관(京都府立総合資 料館)	- 교토에 관한 자료 종합적으로 수집·보존·전시하고 조사·연구하여 서비스할 목적으로 개관 - 문서관·도서관·박물관의 3대 기능을 수렴한 종합 시설

출전: 陣岡信夫, 「歴史的公文書の公開と個人情報保護」, 『アーカイブズ』35, 2009, 45-49쪽; 호사카 히로오키, 『거버넌스와 기록관리: 그 철학과 방법』, 제4회 기록인 대회 발표자료집, 2012, 58~71쪽.

　일본의 지방공문서관은 오랜 지방분권의 역사를 바탕으로 정부·
학계·역사단체 등의 협의과정을 통하여 지역적 특색에 맞게 설립되
었다. 그러나 설립 배경이 다양하기 때문에 통합된 기록관리 체계를
구축하지는 못하고 있다. 곧 지방공문서관의 명칭이 문서관과 역사자
료관, 도서정보관 등으로 혼재되어 있는 점은 이를 반영한다고 하겠
다.

〈표 5-6〉 도쿄도공문서관(東京都公文書館)의 조직 구성(2016.3 현재)

	직원	비상근 직원	계
관장	1		1
서무계	6		6
정리열람계	5	7	12
사료편찬계	4	6	10
합계	16	13	29

출처: http://www.soumu.metro.tokyo.jp/01soumu/archives/01nenpo26.pdf

　한편 일본의 대표적인 지방공문서관인 도쿄도공문서관(東京都公文書
館)은 1968년 도정 사료관과 총무국 총무부 문서과의 기능 일부가 통
합하여 설립되었다. 도쿄도공문서관은 총무국 총무부 소속이며, 조직
은 서무계·정리열람계·사료편찬계 등으로 구성되어 있다. 직원은
29명이다.

4. 다양한 아카이브

서구에서는 사회 각 분야에 다양한 아카이브가 존재하는 것이 특징이다. 그러나 한국은 아직 아카이브 문화가 일천하고, 민간 영역의 아카이브는 몇몇 기관에 지나지 않는다(〈표 5-2〉 참조). 그 가운데 아카이브 체계를 가장 잘 구축한 '민주화운동기념사업회 사료관(이하 민주화운동사료관)'은 한국 민주주의의 표상으로서 그 사회적 기능을 수행하고 있다.

〈표 5-7〉 민주화운동사료관 초기 사료 수집 규모

연도	수집횟수	수집량	
		등록(건)	미등록(상자)
2002년	120	275,900	293
2003년	145	95,358	140
2004년	105	30,392	55
2005년	140	43,854	538
합계	510	445,504	1,026 (5만여 건 추정)

출처: 민주화운동기념사업회, 『민주화운동 기념사업회 사료관 혁신 종합전략 계획』, 2006 참조.

2001년 말 설립된 민주화운동사료관은 출범 초기부터 기록학계의 연구 성과를 수용하고, 기록관리 전문가의 채용을 바탕으로 새로운 선례와 모범을 만들어 왔다. 「민주화운동기념사업회법」 제6조에 따르면 사료관은 "민주화운동의 역사정리를 위한 사료의 수집·보존·전산화·관리·전시·홍보·조사 및 연구"를 임무로 하는 기관이다.

출범 이후 민주화운동사료관은 첫째, 기록관리 업무를 수행하기 위한 제도적 기반을 마련하였다. 곧 「사료수집 및 관리업무 규정」을 바탕으로 사료관 기록관리 업무를 체계화 하였다. 동 규정은 민주화운동 사료의 평가·선별, 수집, 분류, 기술, 사료관리시스템의 운영, 열람, 구술 수집 등으로 구성되어 있다. 또한 사료기획자문위원회를 구성하고 기록관리 전문가를 위촉하여 전문성을 강화하였다.

둘째, 민주화운동사료관 출범 초기인 2005년까지 약 50만여 건의 사료를 기증·위탁 등의 방식으로 수집하였다. 이러한 성과는 유례가 없는 일이었다. 민주화운동 사료의 범위는 상당히 광범위하다.[16] 사료수집의 범위는 한국현대사를 관통하고 있다. 국가별로는 한국(77%)을 비롯하여, 일본(11%), 미국(10%), 독일(1%), 캐나다(1%) 등에서 수집하였다. 사료 형태도 문서·사진·박물류, 영상·음성 사료를 포함하고 있다. 그러나 수집한 사료의 문제점은 핵심 사료의 누락, 중복 사료 과다, 사료 소장 단체와의 연계성이 취약하며, 사료가 특정 분야에 집중된 점 등이다.[17]

셋째, 과학적 기록관리 방법론을 적용한 사료관리시스템을 구축하여 업무에 활용하고 있다. 사료관리시스템은 수집된 사료의 내용 분석과 목록화, 국제 보존기록 기술규칙[ISAD(G)]의 적용, 전거데이터의 구축을 통해 강화되었다. 특히 국제 보존기록 기술규칙을 적용하고, 시스템에 반영하고 있는 점은 민주화운동사료관의 기록관리 전문성을 잘 보여주는 사례이다.[18]

[16] "'민주화운동'이라 함은 3·15의거, 4·19혁명, 6·3한일회담 반대운동, 3선개헌 반대운동, 유신헌법 반대운동, 부마항쟁, 광주민주화운동, 6·10항쟁 등 1948년 8월 15일 대한민국 정부 수립 이후 헌법에 보장된 국민의 기본권을 침해한 권위주의적 통치에 항거하여 국민의 자유와 권리를 회복, 신장시킨 활동"이다.
[17] 민주화운동기념사업회, 『민주화운동 기념사업회 사료관 혁신 종합전략계획』, 2006, 8~9쪽.
[18] 민주화운동사료관은 국제 보존기록 기술규칙에서 제시하고 있는 것처럼, 식별영역, 배경영역, 내용과 구조영역, 열람과 이용조건 영역, 연관 자료영역, 주

넷째, 민주화운동 관련 인사, 주요 사건과 관련된 구술기록 채록 사업을 진행했다. 민주화운동사료관에서 구술기록의 채록은 특별한 의미가 있다. 1970 · 80년대는 민주화운동과 관련된 기록을 소지하는 것자체가 처벌 대상이었다. 따라서 민주화운동 기록을 체계적으로 남기는 것은 애초부터 불가능한 일이었다. 곧 민주화운동을 연구하기 위해서는 문서기록으로는 불충분하기 때문에 민주화운동사료관은 구술기록 채록 사업을 중점적으로 추진하고 있다.

다섯째, 중요 사료는 데이터베이스를 구축하였다. 구축된 주요 사료는 온라인을 통해 이용되고 있다. 요컨대 민주화운동사료관은 관련 사료를 대대적으로 수집하고 전문적으로 관리하는 과정을 통해 기록 관리에 대한 인식 수준을 높이는 데 상당한 기여를 했다고 평가할 수 있다.

다음으로 5 · 18민주화운동기록관(5 · 18 Archives)은 5 · 18 항쟁 관련 '기록을 수집하여 역사의 자산으로 관리 · 활용하는 기관'으로 2015년 개관하였다. 이보다 앞서 2011년에는 '5 · 18민주화운동 기록'이 세계 기록문화유산으로 등재되었다. 5 · 18 민주화운동 기록은 중앙 · 지방기관 등 국가 기관이 생산한 기록, '김대중 내란 음모'사건 기록 등 군이 생산한 수사 · 재판 기록, 광주시민들이 당시 생산한 성명서 · 유인물 · 일기 등 시민 기록, 언론기관 등이 생산한 사진기록, 5 · 18기념 재단이 수집한 시민들의 증언과 구술기록, 희생자와 피해자들의 병원치료 기록, 국회가 생산한 진상규명 회의록과 청문회 기록, 법원에서 생산한 전두환 · 노태우 등의 내란음모 · 군사반란 재판기록, 미국 국무부 · 국방부가 생산한 5 · 18 민주화운동 관련 비밀해제 기록 등이다.[19)]

기영역, 기술통제영역 등으로 구분하고, 레코드그룹 · 시리즈 · 파일 등 계층별로 기술하고 있다.

5·18 민주화운동 기록은 국가 폭력에 저항한 민주화운동 기록이면서 동시에 인권기록으로서 한국 민주주의의 상징과도 같은 것이다. 그 기록들은 항쟁 주체들의 기록을 수집한 5·18재단 등을 비롯해서 국가 기관과 미국 국가 아카이브 등에 산재해 있다. 곧 5·18 민주화운동 기록은 복합 출처를 갖고 있는 점이 특징이다.[20]

한편 중국의 경우 아카이브의 다양성은 전문당안관, 자료관 등을 통해 확인할 수 있다. 중국의 전문당안관은 어떤 전문 분야 또는 특수 매체 기록을 수집하고 관리하는 당안관이다. 국가급으로는 4개의 전문당안관이 설치되었거나, 설립이 예정되어 있다.

1984년 5월 설립된 중국사진당안관(中国照片档案馆)은 전국의 중요한 역사적·예술적 가치를 지닌 사진기록을 수집·관리하는 아카이브이다. 중국사진당안관은 신화통신사와 국가당안국에 속해 있으며, 청말부터 중화인민공화국 성립 직후까지의 사진 원판 140만장, 복제판 80만장을 소장하고 있다. 소장 기록 중에는 항일전쟁, 국공 내전 시기, 마오쩌둥(毛澤東) 등 주요 지도자들의 활동사진 등이 상당한 비중을 차지하고 있다. 사진당안관의 조직은 사무실, 편집실, 사진자료실, 원판 기록실, 기술처와 열람실, 사진제공실 등으로 구성되어 있으며, 직원 규모는 54명이다. 매년 국내외 각 분야의 이용자는 약 1만 명을 상회한다.[21]

설립이 예정된 당안관으로는 중국과학기술당안관, 중국문학예술당안관, 중국소리·영상당안관을 들 수 있다. 중국과학기술당안관은 과

---

19) http://www.518archives.go.kr

20) 이정연, 「인권기록유산 가치와 지평의 확산―5·18민주화운동기록물을 중심으로―」, 『기록학연구』 제45호, 2015 참조.

21) http://www.saac.gov.cn/xxgk/2011-12/22/content_12482.html

학기술 분야의 성과, 전국의 중요 프로젝트와 사업 관련 기록을 수집·관리하는 것이 목적이다. 중국문학예술당안관은 중앙의 예술단체, 전국의 저명한 문학가, 예술가, 문학예술 기록 등의 기록을 수집할 예정이다. 중국소리·영상 당안관은 국가 기관의 소리·영상 기록, 영화와 텔레비전에서 제작한 소리·영상기록 등을 수집하는 것이 목적이다.

중국의 대학당안관은 북경시 24개, 상해시 25개, 광주시 7개, 남경시 14개, 한무시 12개, 중경시 11개 등 총 240여 개가 분포하고 있다. 그 가운데 중국인민대학당안관은 1954년 3월 설립되었으며 최초의 대학당안관이다.

전국지질자료관(全国地质资料馆)은 중국과 주변 국가의 지질자료 약 10만 여 종을 소장하고 있으며, 소장 자료는 지역 지질조사자료, 광산물 답사·탐사자료, 해양지질 정보자료 등을 포함하고 있다.[22]

1958년 설립된 중국영화자료관은 중국 유일의 국가급 영화당안관이며, 또한 아시아에서 가장 큰 영화기록관이다. 영화 원판 필름을 보존하고, 서비스한다.[23] 상해영화자료관(上海电影资料馆)은 1987년 설립되었으며, 상해문화방송집단에 소속되어 있다. 주요 기능은 중국과 외국의 영화, 영상 자료를 수집하는 것이다. 중국방송자료관은 중국 방송국의 방송 내용 중 가치 있는 기록을 수집하여 보존할 목적으로 설립되었다. 2003년에는 중국 중앙방송국이 중국방송국녹화·녹음자료관(中国广播电视音像资料馆)을 설치하여 녹음·녹화자료를 디지털화하고 있다.

중국가보당안관은 하남성 가보연구회에 의해 설립되었다. 각 성씨 가보자료 수집이 목적이다. 중국가보당안관은 중국대륙, 동남아시아

---

22) http://www.ngac.cn/Default.aspx
23) www.cfa.gov.cn

등의 화교지역 각 성씨의 가보를 수집하고 있으며, 500여 개가 넘는 성씨의 가보와 약 5만 부의 마이크로필름 가보를 보유하고 있다.24) 포산시 찬청구 부동산당안관(佛山市禪城区房地产档案馆)은 포산시 찬청구 국토도시건설과 직속의 사업기관이며, 부동산 기록을 수집·보존하는 전문당안관이다.25)

다음으로 일본의 민간 영역 아카이브는 사료관·자료관 등 다양한 명칭을 사용하고 있다. 일본국영방송 NHK 아카이브는 NHK가 생산한 영상·음원 등 다양한 기록을 보유하고 있으며, NHK와 사이타마현(埼玉県) 공동으로 운영하고 있다. 약 60만 건이 넘는 다큐멘터리, 드라마, 가요 프로그램 등의 영상·음성 등을 이용할 수 있다.26)

일본아카이브는 일본의 자연·문화·풍습·전통 등을 수집하고 있으며 'JR동해 에이전시'라는 광고회사가 운영하고 있다.27) 쇼케이관(しょうけい館)은 국립기관이며, 침략전쟁기인 제2차 세계대전 시기를 겪었던 전상병자와 그 가족 등의 전쟁 체험에 대한 증언, 역사자료, 서적, 정보를 수집하는 아카이브이다.28) 전쟁책임자료센터는 일본의 전쟁범죄 실태를 규명하고, 전후 배상 문제에 대해 연구하는 단체로 1993년 설립되었다. 이 단체는 이와 관련된 기록과 자료를 수집하고 있다.29)

여성아카이브센터는 독립행정법인 국립여성교육회관에서 운영하는

---

24) http://china.jiapu.tv
25) http://www.fdcdag.com/Index.jsp
26) http://www.nhk.or.jp/archives
27) http://nipponarchives.jp
28) http://www.shokeikan.go.jp
29) 차정민, 「한국과 일본의 공동의 기억형성과 기록관리」, 한국외국어대학교 대학원 석사학위논문, 2008, 49쪽.

아카이브로 뛰어난 업적을 남긴 여성, 전국적 여성단체나 여성교육 등에 대한 기록을 수집하며, 연구를 지원하고 있다.[30] 국립한센병자료관은 한센병에 대한 올바른 지식의 보급과 계몽을 통해 편견과 차별의 해소, 환자와 회복자의 명예회복을 도모하기 위해 설립되었다.[31]

㈜제국데이터뱅크 소속으로 2007년 설립된 제국데이터뱅크 사료관은 경제활동에 종사하는 사람들에게 기업 신용 조사를 이해하기 위한 학술 연구, 사원 교육을 목적으로 설립되었다. 상설 전시로는 세계 신용사업의 역사와 함께 신용조사사업의 사회적 역할과 일본의 자본주의 경제 발전 등과 관련된 영상과 사료를 소개하고 있다.[32]

일본 하와이이주자료관은 일본의 이민선이 하와이에 도착한 1885년부터 하와이 이민자의 역사 등과 관련된 기록을 수집하여 전시하고 있으며, 1999년 설립되었다.[33]

30) http://www.nwec.jp/jp/archive
31) http://www.hansen-dis.jp
32) http://www.tdb-muse.jp/index.html
33) http://www.towatown.jp/hawaii

제 6 장

동아시아
기록공동체
형성을 위한 과제

제 6 장 동아시아 기록공동체 형성을 위한 과제

1. 동아시아 기록공동체 형성 방향

1) 설명책임성(accountability)

기록관리는 민주주의를 구현하는 수단으로 인식되고 있다. 기록관리는 정책의 입안단계부터 종결될 때까지의 일련의 과정을 기록화 하는 것은 물론 이를 바탕으로 의사결정의 투명성을 제고하는 기능을 수행하고 있다. 또한 업무수행과 행정의 책임성을 구현하는 국가 행정의 기본적인 분야로 그 중요성이 나날이 확대되고 있다. 이와 같은 기록관리에 대한 인식 증대는 민주주의 사회에서 '설명책임성(민주적인 책임)'에 대한 시민들의 요구와 깊은 관련이 있다. 특히 현대 기록관리는 설명책임성을 강조하고 있는 추세이다.

기록관리 국제표준 ISO 15489는 조직의 투명성과 설명책임성을 구체화하는 기록관리 정책과 프로세스를 제시하고 있다. ISO 15489 용어 설명에 따르면 설명책임성은 "개인, 조직 그리고 사회가 각자의 행위에 대해 책임을 지고, 이를 다른 이들에게 설명해야 한다는 원칙"이다. "기록은 어떤 의사소통이 이루어지거나 결정되었는지 또는 어떤 행동을 취했는지 정확하게 반영해야" 한다. 또한 "기록은 관련 업무를 지원할 수 있어야 하고, 설명 책임의 목적으로 사용될 수 있어야 한다." 조직 활동에 영향을 주는 규제 환경에는 법령·표준·규약·윤리 강령 이외에 공동체의 기대치도 포함하고 있다.[1] 설명책임성은 또한 자율적 윤리보다는 사회적 책임과 의무를 강조하는 쪽으로 변화하는 추세이다.

따라서 기록관리 국제표준 ISO 15489에서 강조하고 있는 설명책임성이 동아시아 3국의 기록관리법에 어떻게 반영되고 있는지 살펴볼 필요가 있다. 2006년 개정된 기록관리법은 기록관리의 목적을 '투명하고 책임 있는 행정의 구현'으로 설정하였다. 곧 기록관리를 바탕으로 투명성·책임성(responsibility)을 강화하려 했으나, 설명책임에 대해 언급하지는 않았다.[2] 앞으로 기록관리법은 설명책임성 개념은 물론 왜곡된 한국의 기록관리 역사에 대한 반성과 함께 미래 지향적인 내용을 담아야 한다. 곧 공적행위에 대한 정부의 설명책임과 투명한 행정, 기록정보의 공개 확대를 바탕으로 한 시민과의 의사소통 증진, 민주주의 발전과 기록문화 창달에 이바지하는 내용 등이 제시되어야 할 것이다.

중국 당안법의 목적은 '사회주의 현대화'에 대한 기여를 강조하고, 기록의 관리·수집·정리·보호·이용 등 기록관리 과정을 기술하고 있다. 중국에서 당안업무는 당안의 통일적 관리라는 원칙하에 당안제도 확립과 과학적 관리, 업무와 과학연구에 이용하는 것으로 표현되

---

[1] 기록관리 국제표준 ISO 15489 참조.
[2] 2005년 정부혁신지방분권위원회가 채택한 기록관리 혁신 로드맵은 '기록관리를 통해 업무의 책임성과 신뢰성을 높이고', '정보공개를 통해 국민과의 소통 확대'를 정부기록관리의 목표로 하였다(정부혁신지방분권위원회,『기록관리 혁신 로드맵』, 2005. 4).

어 있다. 곧 사회주의체제의 특성이 반영되어 있으며, 설명책임과 같은 서구 민주주의 개념과는 거리가 있다.

일본은 공문서관리법이 2011년 4월부터 시행되면서 이전의 공문서관법·국립공문서관법을 중심으로 운영되던 때와는 다른 기록관리 체계를 재형성하였다. 앞에서 언급한 것처럼 일본 아카이브 체계는 현용기록을 통제할 수 있는 법률적 근거를 마련했다. 곧 일본의 공문서관리법은 종래 "공문서 등을 역사자료로 보존·열람 제공하는 것의 중요성에 비추어 공문서관에 관해 필요한 사항을 정하는 것을 목적으로 한다"고 규정한 공문서관법의 한계를 극복하고 있다.

기록관리는 '민주주의의 근간'으로 인식되었으며, 설명책임성이 강조되었다. 또한 기록을 국민이 공유해야 하는 지적자산으로 간주하여, 공공기관에서 생산한 기록이 공적 소유임을 명확히 밝히고 있다. 아울러 기록 이용이 주권자인 국민의 권리임을 선언하였다. 이러한 공문서관리법의 목적은 한국과 중국에 비해 진일보한 것이다.

그러나 동아시아 3국의 기록관리 체계는 설명책임성을 구체화하는 데에는 이르지 못하고 있다. 따라서 첫째, 설명책임성과 관련된 실행 프로그램이 기록관리 제도뿐만 아니라 기록관리 체제 내에서 작동해야 한다. 곧 그 사회의 시대적 과제와 과제를 실현하기 위한 사회적 맥락을 이해하고, 그 바탕 위에서 아카이브가 어떤 기능을 수행할 것인가를 전략적으로 사고할 필요가 있다.

둘째, 아카이브가 설명책임성을 구현하기 위해서는 비밀·비공개 기록의 공개를 통해 충분한 접근을 보장해야 한다. 또한 '완전하고 정확한' 기록 생산은 필수적이다. 곧 기록에 대한 접근을 보장하는 전제조건이기 때문이다.

한국의 기록관리법은 기록의 공개 문제에서 '30년 공개의 원칙'을 천명하고 있지만, '예외 규정'도 두고 있다. 기록관은 물론이고 아카이브에서도 비공개 기록을 5년마다 재분류한다. 그러나 애초에 참여정부 기록관리 혁신 로드맵에서 제안한 것은 기록의 생애주기에 따른 단계별 재분류였다. 곧 기록 생산 단계, 업무 종결 단계, 기록관 이관 단계, 아카이브 이관 단계 등으로 구분하여 매 단계마다 비공개 기록을 공개하는 방향으로 추진하려 했다. 이는 설명책임성을 구체화하려한 방안이었으나, 실제 법제화에 이르지는 못했다.

사회 모든 분야가 설명책임성과 투명성을 요구하고 있는 시대이다. 공동체는 아카이브가 알권리와 기록에 대한 접근을 실현하는 주체로서 자임할 것을 기대하고 있다. 따라서 아카이브는 기록을 통해 정부 각 기관에 설명책임을 요구하고 감시자로 그 역할을 변화시켜야 한다.

셋째, 아카이브의 설명책임성은 수동적으로 해석되어서는 안 된다. 아카이브가 어떤 기록을 남길 것인지에 대한 문제의식으로 확장되어야 한다. 곧 사회적 약자, 소수자를 비롯한 보통사람들의 기록을 우리 시대의 기록으로 남겨야 한다. 지금까지 아카이브는 그 사회를 설명하는 보통사람들의 기록을 제대로 남기지 않았기 때문이다.

2) 거버넌스(governance)

설명책임성 뿐만 아니라 거버넌스는 동아시아 기록공동체 형성을 매개하는 요소 가운데 하나이다. 거버넌스는 "행위주체들이 협력적 네트워크를 구성하여 공동의 목표를 달성하기 위해 파트너십(partnership)을 형성하는 과정과 그 제도화"[3]를 의미한다. 유엔경제사회아시아태평양위원회(UNESAP)에서 제시한 굿 거버넌스(good governance)의 요소는 "참

여, 합의와 조정, 설명책임성, 투명성" 등이다.4) 곧 동아시아 기록공동
체 형성 과정은 여러 주체들의 자율성에 기반 한 협력을 전제로 해야
한다. 따라서 거버넌스를 통해 동아시아 기록공동체 형성 방향을 검
토할 필요가 있다.

'이중적 지역거버넌스(regional governance)'5) 개념은 그러한 의미에서 동
아시아 기록공동체 형성 문제에 시사점을 제공한다. 먼저 동아시아
각국의 기록학계·시민사회가 연대기구를 구성하고, 그 연대기구와
국가 아카이브 사이에 통합적 기구를 조직하는 방식이다. 다양한 주
체 가운데 기록학계와 연구자 그룹이 주도하고, 이를 바탕으로 민간
영역의 다양한 아카이브 등으로 외연을 확대하는 방식이 될 것이다.
이러한 조건이 성숙되면 국가 아카이브의 참여도 유도할 수 있을 것
이다.

동아시아 기록공동체의 구성 주체는 매우 다양하다. 그 대상은 기
록학회와 연구자 그룹, 기록전문가협회, 시민단체, 아키비스트와 기록
관리자(records manager), 국가 아카이브를 비롯한 공공 영역 아카이브, 사
회 각 분야의 다양한 아카이브 등이 될 것이다. EASTICA에도 여러 기
록관리 관련 단체 등이 가입해 있지만, 그 활동은 국가 아카이브 수준
의 교류를 중심으로 이루어졌다. 따라서 민간 영역의 아카이브, 연구
자 그룹 등은 소외되었고, 심지어 '동원'의 대상이 되기도 하였다.

동아시아 기록공동체 형성과정은 곧 거버넌스를 구현하는 과정이

3) 백영서, 「동아시아론과 근대 적응·근대 극복의 이중과제」, 『창작과비평』 제
  36권 제1호, 2008, 30쪽.
4) 조윤선, 「거버넌스 기록관리 연구」, 명지대학교 기록과학대학원 석사학위논
  문, 2004, 28쪽.
5) 「탈중심의 동북아와 한국의 '균형자'역할」, 『창작과비평』 2005년 가을호 좌담
  중 박명림 발언 참조.

다. 거버넌스는 "스스로 조직하는 조직간 네트워크"[6]를 통해 실현될
수 있다. 따라서 아카이브와 관련된 다양한 주체들이 동아시아 기록
공동체로 수렴되는 방법은 네트워크 접근 방식을 통해 가능할 것이
다. 요컨대 기록학계와 기록학계, 아키비스트와 아키비스트, 아카이브
와 아카이브 등 횡적 네트워크의 조직화와 연대는 동아시아 기록공동
체 형성을 앞당기는 요인으로 작용할 것이다.

---

[6] 조윤선, 앞의 글, 36쪽.

2. 동아시아의 '과거사 청산'과 아카이브의 협력[7]

일본제국주의 침략전쟁에 동원되어 군수공장과 광산, 공사장, 전쟁터 등으로 끌려갔던 조선 민중들은 식민 지배의 최대 피해자였다. 침략전쟁 말기 일제의 수탈 가운데 가장 가혹한 피해는 인적 수탈이었다. 강제동원 되어 강제노동에 종사하거나 군인·군속·군위안부로 전쟁터에 끌려갔던 이들이 입은 집단적인 피해는 진상이 제대로 규명되지 않았다. '과거사 청산'[8] 대상 가운데 하나는 침략전쟁기에 일본 등으로 강제동원 되어 강제노동에 시달린 한국인에 대한 일본의 국가적 차원의 사죄와 반성, 이에 따른 배상 문제였다.

그러나 침략전쟁을 도발한 일본은 패전 이후 전후 처리 과정은 물론이고 최근까지도 올바른 인식을 바탕으로 과거를 '청산'하는 입장이 아니라 오히려 과거를 '부활'하려는 입장에 서 있다. 이미 잘 알려져 있는 일본 교과서 왜곡문제와 정치인의 과거 미화 발언 등은 대표적인 사례이다. 1965년의 「대한민국과 일본국간의 기본관계에 의한 조약」과 「대한민국과 일본국간의 재산 및 청구권에 관한 문제의 해결과 경제협력에 관한 협정」은 일본의 '과거사 청산' 문제를 확인하는 기준이었다.[9]

일본 정부는 한일회담 초기부터 '과거사 청산' 문제에 전향적 태도

7) 여기에서는 일본제국주의의 침략전쟁에 동원된 한국인 강제동원 문제를 중심으로 동아시아의 아카이브 사이에 필요한 협력 문제를 제기하는 수준에서 서술하였다.
8) 과거사 청산은 은폐되거나 왜곡되었던 과거사의 진상을 규명하는 작업과 책임 규명, 피해자에 대한 보상 등 일련의 명예회복 과정 등을 포함한다(안병직 외 10인, 『세계의 과거사 청산』, 푸른역사, 2005, 14쪽).
9) 오오타 오사무, 『한일 청구권교섭 연구』, 고려대학교 박사학위논문, 2000, 32~37쪽.

를 보이지 않았다. 곧 대한제국은 합당한 절차에 따라 일본 영토가 되었으며, 식민지배 기간 동안 조선의 '근대화'에 공헌했고, 조선에 남아 있던 일본인 재산의 처분으로 대일 청구권이 소멸되었다는 인식으로 일관했다. 또한 한일협정은 청구권의 의미와 성격이 명확하게 규정되지 않은 채 일본 측에서 원하던 '경제협력' 방식으로 처리되었으며, "완전히 그리고 최종적으로 해결된다는 것을 확약"했다. 일본 정부는 일제강점기 강제동원 피해 당사자들이 제기한 소송에 대해 한일협정을 근거로 개인적인 보상을 거부하고 있다. 곧 한일청구권협정에 따라 강제동원 피해 당사자들의 청구권이 해결되었다는 논리를 근거로 한다.

한국 정부의 입장도 한일협정으로 양국 간의 채권·채무관계는 정리되었다는 입장이다. 따라서 강제동원 피해자들의 미불임금 문제 등도 정부차원에서 일본 정부에 문제제기를 할 수 없다고 인식하고 있다. 피해 당사자들이 한일협정으로 개인적인 청구권이 소멸되었는지를 확인하기 위해 요청한 「제1차 한일회담 본회의록」 등 관련 기록의 공개 요구에 대해서도 "외교관계를 해할 우려가 있다는" 이유로 공개를 회피한 바 있다.

한일협정 체결로 인해 일제강점기 강제동원 피해자의 청구권이 소멸되었는지 여부에 대한 논란이 지속되고 있는 주요한 원인은 한국과 일본 정부가 관련 기록을 공개하지 않았기 때문이다. 그러나 일차적인 책임은 끊임없이 방관과 회피로 일관하여 과거사를 청산하지 않고 있는 일본정부에게 있다고 할 수 있다. 일본의 '과거사 청산' 문제에 대한 소극적인 태도는 21세기 동아시아 평화공동체 건설에 대한 전망을 어둡게 하고 있다.

일제의 노동력 강제동원 문제는 한국과 일본 만의 문제는 아니다.

2003년 일본 외무성은 침략전쟁기 일본으로 강제동원 된 중국노동자 38,935명의 이름과 강제노동 실태를 기록한 「화인(華人)노동자 사업장별 취로 조사보고서」를 최초로 공개했다. 2만 쪽에 이르는 기록은 종전 후 일본 정부의 요구에 따라 135개 기업에서 작성한 것이었다. 그동안 일본 정부는 중국인 강제동원 피해자 소송에서 이러한 기록의 존재 여부를 부인해 왔었다.[10] 따라서 '과거사 청산' 문제는 동아시아 3국이 공통적으로 해결해야 할 과제이며, 기록을 소장하고 있는 아카이브가 적극적으로 나서야할 문제이기도 하다.

독일의 사례는 아카이브 사이의 협력이 왜 필요한지 잘 보여주고 있다. 2000년 8월 독일의회는 "기억, 책임 그리고 미래(Erinnerung, Verantwortung und Zukunft)" 프로젝트를 담당할 재단설립 법을 통과시켰다. 곧 독일 정부와 기업들은 이 재단을 통해 중동부 유럽지역에서 독일에 강제동원 된 외국인 노동자에 대한 보상 문제를 해결한 사례가 있다. 이 프로젝트에는 관련된 나라의 국가·기업·교회 아카이브 등 다양한 아카이브가 참여하였다. 그 결과 아카이브 사이의 협력을 바탕으로 나치에 의해 자행된 강제동원 관련 기록의 현황을 파악하고, 기록 수집이 이루어졌다.[11] 아키비스트들의 노력을 바탕으로 한 아카이브 간 협력은 가해자가 어떻게 화해를 청할 수 있는지 그 사례를 보여주고 있다. 요컨대 독일의 '과거사 청산 사례'는 동아시아의 아카이브가 협력해야만 하는 이유를 설명하고 있다.

'과거사 청산' 문제는 장기 지속적으로 이루질 수밖에 없는 역사적 과제 가운데 하나이다. 그러나 '과거사 청산' 문제의 일차적 과제는 철저한 진상규명이다. 노동력 동원의 강제성에 대해 일본 정부는 인정

---

10) 『연합뉴스』, 2003년 7월 18일자.
11) 차정민, 앞의 글, 22~23쪽.

하지 않고 있다. 그러나 일제 강점기 '모집'·'관알선'·'징용' 방식으로
이루어진 노동력동원은 그 방식에서 다소의 차이가 있었으나, 합법을
가장한 강제동원이었다는 점에 이론의 여지가 없다. 요컨대 과거사
청산을 위해서는 일본 정부가 소장하고 있는 기록의 소장처 파악과
관련 기록의 공개가 선결 조건이다.

　침략전쟁의 당사자인 일본 정부가 현재까지도 강제동원의 규모와
그 실태 파악을 위한 진상조사를 게을리 한 것은 실로 부끄러운 일이
었다. 진정한 지역공존을 위해서는 잘못된 '과거사'에 대한 올바른 '청
산'이 전제되어야 한다. 상호 존중의 원칙에 따라 동아시아 평화공동
체를 건설하기 위해서는 무엇보다도 먼저 일본의 과거사 청산 노력이
전제되어야 한다. 이를 바탕으로 동아시아 3국 아카이브 간의 문제의
식 공유와 공동의 기록 조사 작업이 먼저 진행되어야 한다. 이는 곧
아카이브가 주체가 되어 과거사 청산 작업을 만들어 가는 새로운 모
형이 될 것이며, 나아가 동아시아 평화공동체의 미래를 전망하는 데
기여할 것이다.

3. 동아시아 기록공동체 형성 프로세스

1) '동아시아 기록공동체 포럼'의 조직과 단계적 접근

동아시아 기록공동체 형성을 위해서는 행위자들 사이의 신뢰 구축이 전제되어야 한다. "신뢰는 사회자본의 주요 형태"[12] 가운데 하나일 정도로 매우 중요하다. 아직 동아시아 3국의 아카이브와 아키비스트 사이에는 신뢰 관계를 형성할 정도의 교류와 협력이 이루어지지 않고 있다. 따라서 상호간의 신뢰를 통한 기록공동체 형성 기반을 구축하기 위해서는 단계적으로 접근해야 한다.

첫째, 기록공동체 형성 방향에 대한 인식을 공유하는 단계이다. 먼저 국내 기록학계를 중심으로 동아시아 기록공동체 형성의 필요성이 공유되어야 할 것이다. 이를 위해 기록학계의 논의가 필요하며, 그 결과는 국내 학술대회 등의 조직으로 가시화될 수 있을 것이다.

둘째, 내부적으로 기록학 분야의 동아시아 기록공동체 형성에 대한 문제의식을 노동·인권·환경·역사 등 다양한 영역의 동아시아 연대 활동 관련 단체들과 공유하고 연대해 가는 단계이다.[13] 이는 기록학의 외연을 확장하는 것이기도 하지만, 연대와 활동 경험을 학습하는 과정이기도 하다. 또한 이 과정에서 다양한 단체들의 열악한 기록관리 현실을 개선하는 기획도 가능할 것이며, 기록관리의 중요성을 사회적으로 확산하는 계기가 될 수 있다.

---

12) 최성욱, 「한국의 거버넌스 연구경향에 대한 분석: 신거버넌스(New Governance) 시각에서의 비판적 고찰」, 『한국거버넌스학회보』 제10권, 2003, 121쪽.
13) 민간연대의 활동에 대해서는 백지운, 「동아시아 지역질서 구상과 '민간연대'의 역할」, 『동아시아의 지역질서-제국을 넘어 공동체로-』, 창비, 2005년 참조.

셋째, 이와 같은 준비와 문제의식이 공유된다면, 중국·일본 등의 기록학 연구자들과 교류를 통해 가능성을 타진해 보고, 관련 학회 등과 공동으로 심포지움을 조직하는 단계이다. 동아시아 기록공동체 형성 문제를 주제로 한 심포지움은 조직화의 단초가 되는 것은 물론 인식을 공유하고 확산하는 계기가 될 것이다.

넷째, 국내에서 가칭 '동아시아 기록공동체 포럼 준비위원회'를 조직하는 단계이다. 기록학계, 기록전문가협회, 정보공개 관련 시민단체, 기록학 연구자, 민간 분야의 아카이브 등이 참여하는 형태로 조직될 수 있다. 기록공동체 포럼의 조직 과정은 내부적인 기록공동체 형성 과정으로도 기능할 것이다. '동아시아 기록공동체 포럼 준비위원회'의 활동은 중국·일본과의 교류와 협력을 증진시키는 방안을 강구해야 하며, 또한 시민사회 여러 단체들과의 협력이 포함되어야 한다.

다섯째, '동아시아 기록공동체 포럼 준비위원회'를 확대하여 공동 준비조직을 만드는 단계이다. 곧 중국·일본 등의 학계·연구자, 민간 분야의 아카이브 등이 공동으로 조직 과정에 참여하는 형태이다. 이 과정에서 연구과제의 설정과 공동연구의 활성화를 위한 방안이 모색될 수 있으며, 실질적인 교류와 협력이 가능할 것이다.

여섯째, 이러한 활동의 성과를 바탕으로 명실상부한 '동아시아 기록공동체 포럼'을 조직하는 단계이다. 포럼은 정례화 되어야 하며, 또한 아래로부터의 연대를 실천하는 사업 방침을 정하고 다양한 활동을 전개할 수 있을 것이다. 이러한 연대 활동은 동아시아 기록공동체 형성을 가능케 하고, 나아가 동아시아 평화공동체 형성에도 기여할 것이다.

일곱째, '동아시아 기록공동체 포럼'은 이와 같은 활동의 성과를 바탕으로 국가 아카이브(National Archives) 등 공공 영역의 아카이브로 외연

을 확대해 가야 한다. 이러한 과정은 점진적으로 이루어질 것이다. 이
것이 가능하다면, 동아시아 기록공동체의 전망이 공유될 것이고, 일
국적 차원에서 지역적 차원으로 기록문화가 확산되는 전환점을 마련
할 것이다.

2) EASTICA를 넘어서
: 아래로부터의 연대를 통한 기록관리 민주화

아래로부터의 연대를 통한 동아시아 기록공동체 형성 과정은 첫째,
각국 내부의 기록관리 민주화 과정과 결합되어야 한다. 한국의 국가
기록관리 체계는 여전히 많은 과제를 안고 있다. 곧 국가 아카이브의
정치적 중립성과 독립성 확보 문제, 지방 아카이브의 설립, 기록관의
정상적인 운영, 기록관리 전문직의 배치 확산, 민간 영역의 다양한 아
카이브 설립, 기록학 연구의 질적 발전 등 많은 과제가 산적해 있다.
중국은 중앙집권적 기록관리 체계를 형성하고 있으나, 시민사회가
미성숙하여 견제와 감시자적 역할을 담당하기 어려운 조건이다. '동북
공정(東北工程)' 과정에서 불거진 관련 기록에 대한 접근 제한 문제 등은
중국이 개선해야 할 과제 가운데 하나이다. 일본은 국립공문서관의
위상과 기능이 제한적이기 때문에 일본제국주의 시기 생산된 기록을
거의 이관 받지 못하였고, 이들 기록의 공개 문제에 대해서도 개입하
지 못하고 있다. 따라서 설명책임성을 매개로 한 동아시아 기록공동
체 형성 과정은 각국의 국가 기록관리 체계가 민주적으로 작동할 수
있도록 그 기반을 구축하는 과정이어야 한다.

둘째, 기록관리 민주화는 각국의 왜곡된 과거사를 바로잡는 방향으로 나아가야 한다. 왜곡된 과거와 과거를 왜곡하는 현재의 모순된 상황은 일국적 차원의 문제가 아니다.[14] 또한 과거사 기록의 공개 등 민주적 기록관리 체계 형성과 밀접하게 관련되어 있다. 따라서 동아시아 기록공동체는 기록관리라는 제한된 범위 내의 실무적 교류에 머물 것이 아니라, 지역 내의 현안에 적극적으로 개입하고 문제를 해결해 나가는 데 기여하는 방향으로 형성되어야 한다.

셋째, 아래로부터의 기록공동체 형성 문제는 예를 들어 이주노동자 기록과 아카이브 설립 문제를 토론하는 것으로부터 시작할 수 있다.[15] 그 대상이 동아시아인이기 때문이기도 하지만, 국내 노동시장 최하층에 편입된 소수자들의 노동현실 · 인권 문제 등을 다루지 않고 한국의 민주주의와 아카이브 나아가 동아시아의 기록공동체 형성 문제를 논의할 수 없기 때문이다. 곧 한국에서 이주노동자 아카이브를 설립하기 위해서는 시야를 동아시아로 확대할 수밖에 없는 것이다.

넷째, 일국적 차원에서 진행되던 아카이브의 성장이 기록공동체 형성 주체들 사이의 아래로부터의 연대와 국가 아카이브 차원의 협력을 통해 지속가능한 발전 모형을 만들어 가야 할 것이다.

동아시아 3국은 같은 문화권 내에서 역사적으로나 지리적으로 서구에 비해 공통의 문화를 공유하는 특징이 있다. 아카이브로 표상되는 기록문화 또한 이와 유사한 형태를 띠고 있다. 그러나 근대화 이후 각국이 처한 조건과 환경에 따라 상이한 발전 경로를 거쳐 왔다.

---

14) 백지운, 「동아시아 지역질서 구상과 '민간연대'의 역할」, 『동아시아의 지역질서 - 제국을 넘어 공동체로-』, 창비, 2005, 349쪽.
15) 이주노동자 기록관리에 대해서는 유유희, 「이주노동자 기록의 생산 · 관리 방안 연구」, 명지대학교 기록정보과학전문대학원 석사학위논문, 2012년 참조.

전지구화 시대에 미래 동아시아의 아카이브는 국제적인 기록관리 표준과 규범을 준수하는 방향에서 수렴되어 갈 것이 예상된다. 또한 유럽의 유로피아나(Europeana)[16] 사례에서 알 수 있듯이 동일한 지역 문화권 내의 아카이브·박물관·도서관들이 서로 협력하여 각 나라의 기록문화 콘텐츠를 공유하고, 시민들에게 서비스하는 방향으로 나아가고 있다. 이는 디지털시대 기록문화 유산을 적극적으로 이용하는 사례이다. 이를 위한 다양한 표준의 개발과 연대는 필수적인 과제일 것이다. 따라서 동아시아 기록공동체는 지역 내에서 다양한 기록문화 유산을 공유하고, 서비스하는 방향으로 협력 모형을 만들어 가야 한다.

요컨대 아래로부터의 동아시아 기록공동체 형성과정을 바탕으로 한 동아시아 기록공동체 형성 문제는 EASTICA의 한계를 넘어서는 새로운 전망이 될 수 있을 것이다. EASTICA의 활동은 그동안 중국이 주도하는 가운데 국가 아카이브 차원의 의례적 교류에 머물렀으며, 협력도 매우 제한적으로 이루어지고 있다. 따라서 설명책임성과 거버넌스를 매개로 한 기록관리 체제 개혁이 동아시아 기록공동체 형성 과정을 통해 구체화된다면, 기록관리 분야 또한 동아시아 평화공동체 형성에 기여하게 될 것이다.

필자가 동아시아 기록공동체 형성 문제를 제기한 것은 2016년 9월 ICA 총회의 한국 개최가 하나의 계기였다. 20년 만에 동아시아에서 개최되는 국제행사가 현재와 같은 조건에서는 국가 아카이브 차원의 이벤트로 그칠 공산이 매우 크기 때문이다. 또한 그 과정에서 한국의 기록공동체 구성원은 수동적인 '동원'의 대상이 될 것으로 예상된다. 이러한 이벤트가 동아시아 기록공동체 구성원들의 자발성에 기초해서

---

[16] http://www.europeana.eu/portal/

조직될 수는 없을까? 그 논의가 기록관리 분야에 한정될 것이 아니라, 독재와 폭력의 과거사에 대한 반성, 평화와 인권에 대한 문제의식의 공유, 나아가 동아시아 평화공동체의 형성 문제 등을 논의하는 장으로 만들 수는 없을까?

인식의 전환을 위해서는 시야를 동아시아로 확장해야 한다. 그 과정에서 설명책임성과 거버넌스를 매개로 한 동아시아 평화공동체 형성 프로세스가 기록공동체의 과제와 맞닿아 있음을 인식할 수 있다. 또한 일국적 차원의 기록관리는 동아시아 차원의 역사 · 여성 · 인권 · 노동 · 평화 등 다양한 가치들과 마주하게 된다. 이러한 문제들은 민주주의 시대로 나아가기 위해 한국사회가 반드시 해결해야 하는 과제들이다. 이는 곧 기록공동체의 과제이기도 하다. 따라서 동아시아 기록공동체 형성 과정은 기록관리를 민주화하는 과정이어야 한다. 나아가 평화와 인권 등 다양한 가치들이 기록공동체 내로 인입되는 과정이기도 하다. 이와 같은 전략이 구체화될 수 있다면, 전통과 다른 민주적인 동아시아 기록문화가 새롭게 형성될 수 있을 것이다.

제 7 장

결 론

제7장 결 론

서구 중세사회에서 기록으로서의 아카이브 개념은 국가·교회, 귀족 또는 상인계급에게 법적·경제적 특권을 부여하는 문서를 의미했다. 또한 아카이브는 군주의 소유였으며, 철저하게 보호되는 최고의 비밀기록이었다. 중세사회의 아카이브 제도는 탈집중화를 특징으로 했다. 곧 아카이브(조직 또는 공간)는 분권적으로 존재했다. 아카이브는 대체로 정부의 각 행정 조직에 소속되거나, 영지·교회·수도원·길드·회사 등 작은 민간 조직에 속해 있었다.

서구의 근대 아카이브 제도는 프랑스혁명을 계기로 성립되었다. 혁명 후 프랑스는 국가 아카이브를 설립하여 여러 곳에 분산적으로 존재하던 아카이브를 중앙으로 집중시켰다. 프랑스 국가 아카이브는 정부기관과 지방 아카이브에 대한 관리권을 획득했으며, 이러한 중앙 집중화는 기록을 효율적으로 통제하여 시민들의 접근성을 강화했다. 또한 국가는 과거의 기록유산을 보호할 책임이 있으며, 기록이 법적·경제적 중요성뿐만 아니라 역사적 가치를 갖고 있다고 인식했다.

아울러 "모든 시민은 보존서고에 소장되어 있는 기록의 사본 생산을 요구할 권리가 있다"고 선언하여 시민에 대한 기록 접근권을 보장했다. 나아가 기록관리법을 제정하고, 임기 6년의 국가 아키비스트

(National Archivist)를 임명했다. 이제 더 이상 아카이브는 군주·사제·귀족들의 배타적 특권이 아니었다. 프랑스 혁명 후 아카이브는 민주사회의 핵심적 요소가 되었다. 프랑스 아카이브 제도는 프랑스 혁명의 이념인 자유·평등·박애 정신과 함께 다른 유럽 국가들로 확산되었다.

한편 미국의 아카이브 제도는 건국과 독립혁명 등 과거와 관련된 믿을만한 기록에 접근하려 했던 역사가들의 주도적인 역할에 따라 만들어졌다. 남북전쟁 이전에 미국에서는 약 100여 개의 역사협회가 설립되었으며, 이들은 영웅들의 행동을 기록하여 국민 정체성을 모색하는 역할을 수행했다. 역사협회들은 여러 지역에서 매뉴스크립트 아카이브(Manuscript Archives, 수집형 기록관)를 설립하고, 주요 기록을 수집하여 역사편찬을 활성화했다.

미국에서 공공 영역의 아카이브는 역사가들이 주도하여 중앙정부보다 지방에서 먼저 설립되었다. 역사가들의 노력에도 불구하고, 미국의 국가 아카이브는 국가 아카이브의 책임과 권한, 설치할 위치, 건축 비용 문제 등으로 인해 1934년에 이르러 설립되었다. 곧 미국 아카이브 제도의 특징은 지방 역사협회 등이 주도하는 다양한 매뉴스크립트 아카이브가 존재한다는 점이다. 미국 사회에 다양한 아카이브가 존재하는 것은 이러한 발전 경로와 밀접한 관련이 있다.

동아시아 3국의 근대 아카이브 형성 과정을 서양과 비교하면, 아카이브 제도의 발전 방향에 대한 시사점을 얻을 수 있다. 근대 아카이브 제도의 특징인 중앙 집중화는 한국과 중국에서 공통적으로 나타나는 현상이다. 다만, 일본은 이와 같은 특징을 결여하고 있다. '통일영도 분급관리'를 구호로 중국은 집권적 기록관리 체계를 고도화하였다. 그러나 시민사회의 형성이 중국의 발전 과정에 비해 더디게 진행되면서, 시민의 참여를 전제로 한 거버넌스 기록관리 체계는 발달하지 못했다. 반면에 일본은 미국과 유사하게 지방에서부터 아카이브 제도가 발전한 공통점이 있다. 그러나 국가 아카이브는 매우 제한적인 역할에 머물러 있다.

한국의 아카이브 제도는 동아시아에서 가장 뒤늦게 발전하기 시작했다. 또한 역사가들이 아카이브를 거의 이용하지 않는 가운데 다양한 아카이브가 존재하지 않는다. 한국에서는 아카이브 제도가 위로부터의 개혁을 통해 제도화된 점이 특징이다. 그러나 공공부문의 아카이브는 국가기록원이 유일하다. 다만, 많은 한계가 있음에도 모든 공공기관에 기록관(records center) 설립을 의무화하고, 기록관리 전문가를 배치하고 있는 점은 일본과 다른 부분이다. 곧 한국은 현용기록 관리를 중심으로 기록관리 제도가 발전하고 있는 사례이다.

중국·일본과의 비교를 통해서 한국 아카이브 제도의 발전 방향을 정리하면 다음과 같다.

첫째, 국가 아카이브 중심의 아카이브 제도를 현대 민주주의의 특징인 다원주의와 분권화를 기초로 재설계할 필요가 있다. 곧 국가기록원은 그 기능과 역할을 재조정하여 기록관리 정책 기능 중심으로 재편하고, 다양한 아카이브가 사회 각 분야에 뿌리 내릴 수 있도록 지원 체계를 마련하는 것이다.

둘째, 현재 공공부문 기록관 중심으로 성장하고 있는 한국기록관리 체제의 장점을 활용하여, 기록관 설립과 운영을 정상화할 필요가 있다. 이러한 과정에서 아카이브 설립이 필요하다고 인정되는 기록관은 그것이 가능하도록 법제화해야 할 것이다.

셋째, 최근 한국의 기록학계는 공공 영역 아카이브뿐만 아니라 사회 각 분야의 다양한 아카이브 설립에 대한 관심이 고조되고 있다. 마을과 같은 공동체 아카이브, 일상 아카이브, 4·16기억저장소(http://416memory.org)

와 같은 아카이브 등을 예로 들 수 있다. 이는 기록학의 학문적 특성과도 밀접한 관련이 있다. 근대 아카이브 제도는 사회적 필요에 따라 발생했으며, 이는 곧 이론과 현장의 문제가 불가분의 관계에 있음을 말해주는 것이다. 따라서 사회 각 분야의 다양한 아카이브를 만들어 가는 노력 또한 한국형 아카이브 제도를 정착시키는 주요한 계기가 될 것이다.

참고문헌

1. 단행본

곽건홍, 『한국 국가기록 관리의 이론과 실제』, 역사비평사, 2003

곽건홍, 『아카이브와 민주주의』, 선인, 2014

오항녕, 『조선의 힘』, 역사비평사, 2010

오항녕, 『한국 사관제도 성립사 연구』, 한국연구원. 2003

이라이 신이치, 김태웅 옮김, 『역사화해는 가능한가』, 미래 M&B, 2006

고려대학교 아세아문제연구소, 『稀貴文獻 解題-구 조선총독부 경무국 항일독
　　　립운동관계 비밀기록-』, 1995

일본교과서바로잡기운동본부 · 역사문제연구소 엮음, 『화해와 반성을 위한 동
　　　아시아 역사인식』, 역사비평사, 2002

정부혁신지방분권위원회, 『참여정부의 기록관리혁신』, 2005

정부혁신지방분권위원회 기록관리혁신전문위원회, 『국가기록관리 혁신 로드
　　　맵』, 2005

한국기록학회, 『기록학 용어 사전』, 역사비평사, 2008

한국국가기록연구원 엮음, 『기록사료관리와 근대』, 진리탐구, 2005

한국국가기록연구원, 『국가 기록물관리 관련자료 모음집』, 2004

ICA · IRMT, 김명훈 역, 『기록관리법 모델』, 진리탐구, 2004

李鈺, 『煙經』, 煙經序; 안대희 옮김, 『연경, 담배의 모든 것』, 휴머니스트, 2008

安藤正人 · 青山英幸 編著, 『記錄史料の管理と文書館』, 北海道大學圖書刊行
　　　會, 1995

周雪恒, 『中國檔案事業史』, 中國人民大學出版社, 1998

楊小紅 編著, 『中國檔案史』, 遼寧大學出版社, 2002

國文學硏究資料館史料館 編, 『アーカイブズの科學』上, 柏書房, 2003

全國檔案工作會議, 「全國檔案事業發展"十五"計劃」, 2000

岩上二郎, 「史料館設置に関する請願および趣意書」, 『文書館への道』, 共同編
    集室, 1988

北川健, 「文書館運動と史料保存運動のインターフェイス」, 『日本のアーカイ
    ブズ論』, 岩田書院, 2003

松岡資明, 『日本の公文書(開かれたアカイブズが社会システムを支える)』, ポッ
    ト出版, 2010

2. 논문

강대신·박지영, 「중국·일본의 기록관리 제도에 관한 연구」, 『한국기록관리
    학회지』 제4권 제2호, 2004

곽건홍, 「특수기록관 비공개 기록의 이관에 관한 연구」, 『기록학연구』 제42
    호, 2014

김경남, 「일본 기록관리계의 한류를 바라며-전문가로부터 듣는다·안도 마
    사히토」, 『기록인』 Vol.4, 2008, 국가기록원

김광옥, 「일본 문서관법과 기록보존 현황」, 『역사비평』 통권 38호, 1997

김성보, 「탈중심의 세계사 인식과 한국근현대사 성찰」, 『역사비평』, 2007년
    가을호

김종철, 「일본의 지방공문서관과 지방기록관리-문서관과 역사자료관의 설립
    과정을 중심으로-」, 『기록학연구』 제11호, 2005

김태웅, 「갑오개혁 전후 지방공문서관리의 변화」, 『규장각』 제23호, 2000

김현영, 「근세 한국과 일본의 역사 기록 비교」, 『탈경계 인문학』 제5권 2호,
    2012,

남권희, 「架閣庫考」, 『서지학연구』 제1집, 1986

남경호, 「일본의 공문서관리법 시행에 따른 기록관리 체제 검토」, 『기록학연구』 제30호, 2011

민주, 「한국과 일본의 공공기록물관리 법제에 관한 비교 연구」, 중앙대학교 기록관리학전공 석사학위논문, 2010

박미애, 「기록관리 '혁신'로드맵의 법제화연구」, 『기록학연구』 제25호, 2010

박성진, 「일제하 조선총독부의 공문서 분류방식」, 『기록학연구』 제5호, 2002

백선혜, 「경국대전의 기록관리 규정」, 『기록학연구』 제15호, 2007

백영서, 「평화에 대한 상상력의 조건과 한계: 동아시아공동체론의 성찰」, 『시민과세계』 제10호, 2007

백영서, 「동아시아론과 근대 적응·근대 극복의 이중과제」, 『창작과 비평』 제36권 제1호, 2008

서석제, 「중국의 '문건·당안 일체화' 개념 분석」, 『기록학연구』 제10호, 2005

오항녕, 「조선전기 기록관리 체계의 이해」, 『기록학연구』 제17호, 2008

유혜정·정연경, 「기록관리 전문 인력의 전문성 증진 요건에 관한 비교 연구」, 『한국비블리아학회지』 제23권 제3호, 2012

윤훈표, 「조선 초기 공기록물 관리제의 개편」, 『기록학연구』 제2호, 2000

연갑수, 「조선후기 등록에 대한 연구」, 『외대사학』 제12호, 2000

와타나베 고이치, 김현영 역, 「전근대 일본에 있어서 아카이브즈(기록사료)와 관리」, 『규장각』 제34집, 2009

이경용, 「일본의 정보공개제도」, 『기록보존』 제12호, 1999

이경용, 「일본의 기록관리 제도 개혁에 관한 연구-공문서관리위원회의 활동과 국립공문서관의 확충 노력을 중심으로-」, 『한국기록관리학회지』 제15권 제3호, 2015

이경용, 『한국의 근현대 기록관리제도사 연구-1894~1969년-』, 중앙대학교 박사학위논문, 2002

이경용, 「한말 기록관리제도: 공문서관리 규정을 중심으로」, 『기록학연구』 제6호, 2003

이광일, 「동아시아 국가주의, 민족주의와 진보좌파의 대응」, 『문화과학』 2007

년 겨울호

이남주·배긍찬·박명림·임원혁, 「탈중심의 동북아와 한국의 '균형자' 역할」, 『창작과비평』 2005 가을호 좌담

이상민, 「ICA 아키비스트 윤리규약」, 『기록보존』 제12호, 정부기록보존소, 1999

이상민, 「서구의 국가기록보존법 원칙과 기록보존관리체제」, 『기록보존』 제16호, 1997

이상민, 「역사를 위하여: 아키비스트와 역사가의 역할」, 『기록학연구』 제6호, 2002

이소연, 「기록관리와 전문성」, 『한국기록관리학회지』 제11권 제1호, 2011

이승휘, 「갑오개혁기 기록관리제도와 등기실체제(Registry system)」, 『기록학연구』 제17호, 2008

이승휘, 「건국 후 문혁기까지 역사기록물의 보존과 이용 -정치적 변동과 관련하여」, 『중국학보』 제47집 2003

이승휘, 「중국의 아키비스트양성제도」, 『기록학연구』 제1호, 2000

이승휘, 「중국의 도시건설기록관의 기록관리」, 『기록학연구』 제13호, 2006

이영남, 『1950~60년대 국가행정체계의 재편과 성격(1957-1963)』, 서강대학교 박사학위논문, 2004

이영남, 「지방기록보존소를 설립하자」, 『기록보존소식』 제2호, 정부기록보존소, 2001. 18쪽.

이원규, 「1930년대 중국문서당안 행정개혁론의 이해」, 『기록학연구』 제10호, 2004

이원규, 「혁명시기 중국공산당의 문서당안관리」, 『기록학연구』 제22호, 2009

이유선, 「동아시아 공동체의 가능성과 시민사회」, 『사회와 철학』 제11호, 2006

이정연, 「인권기록유산 가치와 지평의 확산-5·18민주화운동기록물을 중심으로-」, 『기록학연구』 제45호, 2015

이한희, 「조선시대 기록물의 생산 및 처리과정과 보존」, 『서지학연구』 제37집, 2007

임우경, 「비판적 지역주의로서 한국 동아시아론의 전개」, 『중국현대문학』 제
　　40호, 2007

조영삼, 『한국의 대통령기록관리 제도 연구』, 명지대학교 기록정보과학전문
　　대학원 박사학위논문, 2011

일본국립공문서관 편, 「일본에서 독립행정법인으로의 이동과 영구기록 관리」,
　　『기록학연구』 제9호, 2009

三上昭美, 「新政付の成立と公文書」, 『日本古文書學講座』 第9券, 雄山閣出版株
　　式會社, 1979

笹川朋子, 「公文書管理法の施行について」, 『アカイブーズ』 44, 2011

宇賀克也, 「日本における公文書管理法の制定と今後の課題」, 『アーカイブズ』
　　45, 2011

風間吉之, 「電子公文書等の移管・保存・利用システムについて」. 『アーカイ
　　ブズ』 47, 2012

3. 웹사이트

http://www.europeana.eu (유로피아나)

http://www.jsai.jp (全史料協)

http://www.archivists.or.kr (한국기록전문가협회)

http://www.518archives.go.kr (5·18민주화운동기록관)

http://www.soumu.metro.tokyo.jp (일본 동경도공문서관)

http://www.jacar.go.jp (일본 아시아역사자료센터)

http://www.archives.go.jp (일본 국립공문서관)

4. 법령·신문자료

「공공기록물관리에 관한 법률」

「중화인민공화국당안법」
「중화인민공화국당안법실시판법」
「국립공문서관법」
「공문서 등의 관리에 관한 법률」
State of Queensland, *Public Records Act 2002*, 2002
『세계일보』

부 록

1. 공공기록물 관리에 관한 법률(한국)

제1장 총칙

제1조(목적) 이 법은 공공기관의 투명하고 책임 있는 행정 구현과 공공기록물의 안전한 보존 및 효율적 활용을 위하여 공공기록물 관리에 필요한 사항을 정함을 목적으로 한다.

제2조(적용 범위) 이 법은 공공기관이 업무와 관련하여 생산·접수한 기록물과 개인 또는 단체가 생산·취득한 기록정보 자료(공공기관이 소유·관리하는 기록정보 자료를 포함한다) 중 국가적으로 보존할 가치가 있다고 인정되는 기록정보 자료 등 공공기록물에 대하여 적용한다.

제3조(정의) 이 법에서 사용하는 용어의 뜻은 다음과 같다.

1. "공공기관"이란 국가기관, 지방자치단체, 그 밖에 대통령령으로 정하는 기관을 말한다.

2. "기록물"이란 공공기관이 업무와 관련하여 생산하거나 접수한 문서·도서·대장·카드·도면·시청각물·전자문서 등 모든 형태의 기록정보 자료와 행정박물(行政博物)을 말한다.

3. "기록물관리"란 기록물의 생산·분류·정리·이관(移管)·수집·평가·폐기·보존·공개·활용 및 이에 부수되는 모든 업무를 말한다.

4. "기록물관리기관"이란 일정한 시설 및 장비와 이를 운영하기 위한 전문인력을 갖추고 기록물관리 업무를 수행하는 기관을 말하며, 영구기록물관리기관, 기록관 및 특수기록관으로 구분한다.

5. "영구기록물관리기관"이란 기록물의 영구보존에 필요한 시설 및 장비와 이를 운영하기 위한 전문인력을 갖추고 기록물을 영구적으로 관리하는 기관을 말하며, 중앙기록물관리기관, 헌법기관기록물관리기관, 지방기록물관리기관 및 대통령기록관으로 구분한다.

제4조(공무원의 의무) ① 모든 공무원은 이 법에서 정하는 바에 따라 기록물을 보호·관리할 의무를 갖는다.

② 공공기관 및 기록물관리기관의 장은 기록물이 국민에게 공개되어 활용될 수 있도록 적극적으로 노력하여야 한다.

제5조(기록물관리의 원칙) 공공기관 및 기록물관리기관의 장은 기록물의 생산부터 활용까지의 모든 과정에 걸쳐 진본성(眞本性), 무결성(無缺性), 신뢰성 및 이용가능성이 보장될 수 있도록 관리하여야 한다.

제6조(기록물의 전자적 생산·관리) 공공기관 및 기록물관리기관의 장은 기록물이 전자적으로 생산·관리되도록 필요한 조치를 마련하여야 하며, 전자적 형태로 생산되지 아니한 기록물도 전자적으로 관리되도록 노력하여야 한다.

제7조(기록물관리의 표준화 원칙) 중앙기록물관리기관의 장은 기록물이 효율적이고 동일적으로 관리·활용될 수 있도록 기록물관리의 표준화를 위한 정책을 수립하여 시행하여야 한다.

제8조(다른 법률과의 관계) 기록물관리에 관하여 다른 법률에 특별한 규정이 있는 경우를 제외하고는 이 법에서 정하는 바에 따른다.

제2장 기록물관리기관

제9조(중앙기록물관리기관) ① 기록물관리를 총괄·조정하고 기록물을 영구보존·관리하기 위하여 행정자치부장관은 그 소속으로 영구기록물관리기관을 설치·운영하여야 한다.

② 제1항에 따라 행정자치부장관 소속으로 설치·운영되는 영구기록물관리기관(이하 "중앙기록물관리기관"이라 한다)은 다음 각 호의 업무를 수행한다.

1. 기록물관리에 관한 기본정책의 수립 및 제도의 개선
2. 기록물관리 표준화 정책의 수립 및 기록물관리 표준의 개발 · 운영
3. 기록물관리 및 기록물관리 관련 통계의 작성 · 관리
4. 기록물의 전자적 관리체계 구축 및 표준화
5. 기록물관리의 방법 및 보존기술의 연구 · 보급
6. 기록물관리 종사자에 대한 교육 · 훈련
7. 기록물관리에 관한 지도 · 감독 및 평가
8. 다른 기록물관리기관과의 연계 · 협조
9. 기록물관리에 관한 교류 · 협력
10. 그 밖에 이 법에서 정하는 사항
③ 중앙기록물관리기관의 장은 공공기관으로부터 이관받은 기록물을 효율적으로 관리하기 위하여 필요한 경우에는 중간 관리시설을 설치 · 운영할 수 있다.

제10조(헌법기관기록물관리기관) ① 국회, 대법원, 헌법재판소 및 중앙선거관리위원회는 소관 기록물의 영구보존 및 관리를 위하여 영구기록물관리기관을 설치 · 운영할 수 있다. 이 경우 영구기록물관리기관을 설치 · 운영하지 아니할 때에는 대통령령으로 정하는 바에 따라 중앙기록물관리기관에 소관 기록물의 관리를 위탁하여야 한다.
② 제1항에 따라 국회, 대법원, 헌법재판소 및 중앙선거관리위원회에 설치 · 운영하는 영구기록물관리기관(이하 "헌법기관기록물관리기관"이라 한다)은 다음 각 호의 업무를 수행한다.
1. 관할 공공기관의 기록물관리에 관한 기본계획의 수립 · 시행
2. 관할 공공기관의 기록물관리 및 기록물관리 관련 통계의 작성 · 관리
3. 관할 공공기관의 기록물관리에 관한 지도 · 감독 및 지원
4. 중앙기록물관리기관과의 협조에 의한 기록물의 상호활용 및 보존의 분담
5. 관할 공공기관의 기록물관리 종사자에 대한 교육 · 훈련
6. 그 밖에 기록물관리에 관한 사항
③ 헌법기관기록물관리기관의 장은 중앙기록물관리기관의 장이 기록물

관리에 대한 표준의 이행과 기록물관리 관련 통계현황 등 기록물의 효
율적 관리를 위하여 필요한 사항에 관하여 협조를 요청하면 협조하여야
한다.

제11조(지방기록물관리기관) ① 특별시장·광역시장·특별자치시장·도지
사 또는 특별자치도지사는 소관 기록물의 영구보존 및 관리를 위하여 특
별시·광역시·특별자치시·도 또는 특별자치도(이하 "시·도"라 한다)의
조례로 정하는 바에 따라 영구기록물관리기관(이하 "시·도기록물관리기
관"이라 한다)을 설치·운영하여야 한다.

② 특별시·광역시·특별자치시·도·특별자치도 교육감(이하 "시·도교
육감"이라 한다)은 소관 기록물의 영구보존 및 관리를 위하여 시·도의
조례로 정하는 바에 따라 영구기록물관리기관(이하 "시·도교육청기록물
관리기관"이라 한다)을 설치·운영할 수 있다. 이 경우 시·도교육감이
시·도교육청기록물관리기관을 설치·운영하지 아니할 때에는 대통령령
으로 정하는 바에 따라 소관 기록물을 시·도기록물관리기관에 이관하
여야 한다.

③ 시장·군수·구청장(자치구의 구청장을 말한다. 이하 같다)은 소관
기록물의 영구보존 및 관리를 위하여 시·군·자치구의 조례로 정하는
바에 따라 영구기록물관리기관(이하 "시·군·구기록물관리기관"이라 한
다)을 설치·운영할 수 있다. 이 경우 시장·군수·구청장이 시·군·구
기록물관리기관을 설치·운영하지 아니할 때에는 대통령령으로 정하는
바에 따라 소관 기록물을 시·도기록물관리기관에 이관하여야 한다.

④ 지방자치단체의 장은 기록물관리를 효율적으로 하기 위하여 필요한
경우에는 대통령령으로 정하는 바에 따라 영구기록물관리기관을 공동으
로 설치·운영할 수 있다.

⑤ 시·도기록물관리기관(제2항 후단 및 제3항 후단에 따라 시·도교육
감 또는 시장·군수·구청장으로부터 소관 기록물을 이관받은 경우를
포함한다), 시·도교육청기록물관리기관, 시·군·구기록물관리기관 및
제4항에 따라 공동으로 설치·운영되는 영구기록물관리기관(이하 "지방
기록물관리기관"이라 한다)은 다음 각 호의 업무를 수행한다.

1. 관할 공공기관의 기록물관리에 관한 기본계획의 수립·시행
2. 관할 공공기관의 기록물관리 및 기록물관리 관련 통계의 작성·관리
3. 관할 공공기관의 기록물관리에 관한 지도·감독 및 지원
4. 관할 지방자치단체의 기록물관리에 관한 지도(시·도기록물관리기관만 해당한다)
5. 중앙기록물관리기관과의 협조에 의한 기록물의 상호활용 및 보존의 분담
6. 관할 공공기관의 기록물관리 종사자에 대한 교육·훈련
7. 관할 공공기관 관련 향토자료 등의 수집
8. 그 밖에 기록물관리에 관한 사항
⑥ 국가는 지방기록물관리기관의 설치·운영에 필요한 경비의 일부를 예산의 범위에서 보조할 수 있다.
⑦ 지방기록물관리기관의 장은 중앙기록물관리기관의 장이 기록물관리에 대한 표준의 이행, 국가위임사무에 관한 기록물의 원본 또는 사본의 이관, 그 밖에 기록물관리 관련 통계현황 등 기록물의 효율적 관리를 위하여 필요한 사항에 관하여 협조를 요청하면 협조하여야 한다.

제12조 삭제

제13조(기록관) ① 공공기관의 기록물을 효율적으로 관리하기 위하여 대통령령으로 정하는 공공기관은 기록관을 설치·운영하여야 한다. 다만, 제14조에 따른 특수기록관을 설치·운영하는 공공기관의 경우에는 그 공공기관 내에 기록관을 설치할 수 없다.
② 기록관은 다음 각 호의 업무를 수행한다.
1. 해당 공공기관의 기록물관리에 관한 기본계획의 수립·시행
2. 해당 공공기관의 기록물 수집·관리 및 활용
3. 기록관이 설치되지 아니한 관할 공공기관의 기록물관리
4. 영구기록물관리기관으로의 기록물 이관
5. 해당 공공기관의 기록물에 대한 정보공개 청구의 접수
6. 관할 공공기관의 기록물관리에 대한 지도·감독 및 지원
7. 그 밖에 기록물관리에 관한 사항

제14조(특수기록관) ① 통일·외교·안보·수사·정보 분야의 기록물을 생
산하는 공공기관의 장은 소관 기록물을 장기간 관리하려는 경우에는 중
앙기록불관리기관의 상과 협의하여 특수기록관을 설치·운영할 수 있다.
② 특수기록관은 제28조제1항에 따른 시설·장비와 이를 운영하기 위한
전문인력을 갖추어야 한다.
③ 특수기록관은 다음 각 호의 업무를 수행한다.
1. 관할 공공기관의 기록물관리에 관한 기본계획의 수립·시행
2. 해당 공공기관의 기록물 수집·관리 및 활용
3. 특수기록관이 설치되지 아니한 관할 공공기관의 기록물관리
4. 중앙기록물관리기관으로의 기록물 이관
5. 해당 공공기관의 기록물에 대한 정보공개 청구의 접수
6. 관할 공공기관의 기록물관리에 대한 지도·감독 및 지원
7. 그 밖에 기록물관리에 관한 사항

제3장 국가기록관리위원회

제15조(국가기록관리위원회) ① 다음 각 호의 사항을 심의하기 위하여 국
무총리 소속으로 국가기록관리위원회(이하 "위원회"라 한다)를 둔다.
1. 기록물관리에 관한 기본정책의 수립
2. 기록물관리 표준의 제정·개정 및 폐지
3. 영구기록물관리기관 간의 협력 및 협조 사항
4. 대통령 기록물의 관리
5. 비공개 기록물의 공개 및 이관시기 연장 승인
6. 국가지정기록물의 지정 및 해제
7. 그 밖에 기록물관리와 관련하여 위원회의 위원장이 심의에 부치는 사항
② 위원회는 위원장 1명을 포함하여 20명 이내의 위원으로 구성하고, 위
원은 다음 각 호의 사람 중에서 국무총리가 임명하거나 위촉한다.
1. 국회사무총장, 법원행정처장, 헌법재판소사무처장 및 중앙선거관리위
원회사무총장이 추천하는 소속 공무원
2. 중앙기록물관리기관의 장

3. 기록물관리에 관한 학식과 경험이 풍부한 사람

③ 위원회의 위원장은 국무총리가 위원 중에서 임명하거나 위촉한다.

④ 제2항제3호에 따른 위원의 임기는 3년으로 하며, 한 차례만 연임할 수 있다.

⑤ 위원회는 다음 각 호의 사항을 적은 회의록을 작성·보존하여야 한다. 이 경우 필요하다고 인정되면 속기·녹음 또는 녹화를 할 수 있다.

1. 일시 및 장소

2. 참석위원의 수 및 성명

3. 그 밖에 참석자 및 배석자의 성명

4. 상정안건 및 결정사항

5. 그 밖의 토의사항

⑥ 위원회의 사무를 지원하기 위하여 위원회에 간사 1명을 두며, 간사는 중앙기록물관리기관의 소속 공무원으로 한다.

⑦ 위원회의 효율적인 운영을 위하여 위원회에 전문위원회나 특별위원회를 둔다.

⑧ 제1항부터 제7항까지에서 정한 사항 외에 위원회, 전문위원회 및 특별위원회의 구성 및 운영 등에 필요한 사항은 대통령령으로 정한다.

제4장 기록물의 생산

제16조(기록물 생산의 원칙) ① 공공기관은 효율적이고 책임 있는 업무수행을 위하여 업무의 입안단계부터 종결단계까지 업무수행의 모든 과정 및 결과가 기록물로 생산·관리될 수 있도록 업무과정에 기반한 기록물관리를 위하여 필요한 조치를 마련하여야 한다.

② 제1항에 따른 기록물관리를 위하여 필요한 사항은 국회규칙, 대법원규칙, 헌법재판소규칙, 중앙선거관리위원회규칙 및 대통령령으로 정한다.

제17조(기록물의 생산의무) ① 공공기관은 주요 정책 또는 사업 등을 추진하려면 대통령령으로 정하는 바에 따라 미리 그 조사·연구서 또는 검토서 등을 생산하여야 한다.

② 공공기관은 대통령령으로 정하는 바에 따라 주요 회의의 회의록, 속기록 또는 녹음기록을 작성하여야 한다. 이 경우 속기록 또는 녹음기록은 그 기록물의 원활한 생산 및 보호를 위하여 대통령령으로 정하는 기간 동안 공개하지 아니할 수 있다.

③ 공공기관은 주요 업무수행과 관련된 시청각 기록물 등을 대통령령으로 정하는 바에 따라 생산하여야 한다.

④ 영구기록물관리기관의 장은 주요 기록물 보존을 위하여 관련 기록물을 직접 생산할 필요가 있다고 인정하는 경우에는 관련 공공기관의 장과 협의하여 그 공공기관 또는 행사 등에 소속 공무원을 파견하여 기록하게 할 수 있다.

제18조(기록물의 등록·분류·편철 등) 공공기관은 업무수행 과정에서 기록물을 생산하거나 접수하였을 때에는 대통령령으로 정하는 바에 따라 그 기록물의 등록·분류·편철 등에 필요한 조치를 하여야 한다. 다만, 기록물의 특성상 그 등록·분류·편철 등의 방식을 달리 적용할 필요가 있다고 인정되는 수사·재판 관련 기록물의 경우에는 관계 중앙행정기관의 장이 중앙기록물관리기관의 장과 협의하여 따로 정할 수 있다.

제5장 기록물의 관리

제19조(기록물의 관리 등) ① 공공기관은 대통령령으로 정하는 바에 따라 기록물의 보존기간, 공개 여부, 비밀 여부 및 접근권한 등을 분류하여 관리하여야 한다.

② 공공기관은 대통령령으로 정하는 기간 이내에 기록물을 소관 기록관 또는 특수기록관으로 이관하여야 한다. 다만, 소관 기록관 또는 특수기록관이 설치되지 아니한 공공기관의 경우에는 대통령령으로 정하는 바에 따라 공공기관의 장이 지정하는 부서로 기록물을 이관하여야 한다.

③ 기록관이나 특수기록관은 보존기간이 30년 이상으로 분류된 기록물을 대통령령으로 정하는 기간 이내에 소관 영구기록물관리기관으로 이관하여야 한다.

④ 특수기록관은 제3항에도 불구하고 소관 비공개 기록물의 이관시기를

생산연도 종료 후 30년까지 연장할 수 있으며, 30년이 지난 후에도 업무 수행에 사용할 필요가 있는 경우에는 대통령령으로 정하는 바에 따라 중앙기록물관리기관의 장에게 이관시기 연장을 요청할 수 있다.

⑤ 국가정보원장은 제4항에도 불구하고 소관 비공개 기록물의 이관시기를 생산연도 종료 후 50년까지 연장할 수 있으며, 공개될 경우 국가안전보장에 중대한 지장을 줄 것이 예상되는 정보 업무 관련 기록물의 이관시기는 대통령령으로 정하는 바에 따라 중앙기록물관리기관의 장과 협의하여 따로 정할 수 있다.

⑥ 공공기관은 기록물의 원활한 수집 및 이관을 위하여 대통령령으로 정하는 바에 따라 매년 기록물의 생산현황을 소관 기록물관리기관에 통보하여야 한다. 이 경우 중앙행정기관의 소속 기관에 기록관 또는 특수기록관을 설치하였을 때에는 중앙행정기관의 기록관 또는 특수기록관이 그 생산현황을 취합하여 중앙기록물관리기관에 통보하여야 한다.

⑦ 중앙기록물관리기관의 장은 공공기관 기록물의 관리 상태를 정기적으로 또는 수시로 점검하여야 한다. 다만, 국가정보원의 소관 기록물에 대하여는 국가정보원장과 협의하여 그 방법 및 절차 등을 따로 정할 수 있다.

제20조(전자기록물의 관리) ① 중앙기록물관리기관의 장은 컴퓨터 등의 정보처리장치에 의하여 생산·관리되는 기록정보 자료(이하 "전자기록물"이라 한다)의 안전하고 체계적인 관리 및 활용 등을 위하여 다음 각 호의 사항을 포함하는 전자기록물 관리체계를 구축·운영하여야 한다.

1. 전자기록물 관리시스템의 기능·규격·관리항목·보존포맷 및 매체 등 관리 표준화에 관한 사항
2. 기록물관리기관의 전자기록물 데이터 공유 및 통합 검색·활용에 관한 사항
3. 전자기록물의 진본성 유지를 위한 데이터 관리체계에 관한 사항
4. 행정전자서명 등 인증기록의 보존·활용 등에 관한 사항
5. 기록물관리기관 간 기록물의 전자적 연계·활용 체계 구축에 관한 사항
② 전자기록물과 전자적으로 생산되지 아니한 기록물의 전자적 관리를

위하여 그 밖에 필요한 사항은 대통령령으로 정한다.

제21조(중요 기록물의 이중보존) ① 영구보존으로 분류된 기록물 중 중요한 기록물은 복제본을 제작하여 보존하거나 보존매체에 수록하는 능의 방법으로 이중보존하는 것을 원칙으로 한다.

② 기록물관리기관이 보존하는 기록물 중 보존매체에 수록된 중요 기록물은 안전한 분산 보존을 위하여 대통령령으로 정하는 바에 따라 그 기록물의 보존매체 사본을 중앙기록물관리기관에 송부하여야 한다.

③ 중앙기록물관리기관의 장은 국가적으로 보존할 가치가 있는 기록물에 대하여는 기록물관리기관에 그 기록물을 보존매체에 수록하고 보존매체 사본을 송부하여 줄 것을 요청할 수 있다.

제22조(간행물의 관리) ① 공공기관은 간행물을 발간하려면 대통령령으로 정하는 바에 따라 소관 영구기록물관리기관으로부터 발간등록번호를 부여받아야 한다.

② 공공기관은 발간하는 간행물에 제1항에 따른 발간등록번호를 표기하여야 하며, 간행물을 발간하였을 때에는 지체 없이 그 간행물 3부를 각각 관할 기록관 또는 특수기록관과 소관 영구기록물관리기관 및 중앙기록물관리기관에 송부하여 보존·활용되도록 하여야 한다.

제23조(시청각 기록물의 관리) 공공기관은 업무수행과 관련하여 생산한 사진, 필름, 테이프, 비디오, 음반, 디스크 등 영상 또는 음성 형태의 기록물을 대통령령으로 정하는 바에 따라 관리하고 소관 영구기록물관리기관으로 이관하여야 한다.

제24조(행정박물의 관리) 공공기관은 업무수행과 관련하여 생산·활용한 형상기록물로서 행정적·역사적·문화적·예술적 가치가 높은 기록물을 대통령령으로 정하는 바에 따라 관리하고 소관 영구기록물관리기관으로 이관하여야 한다.

제25조(폐지기관의 기록물관리) ① 공공기관이 폐지된 경우 그 사무를 승계하는 기관이 없을 때에는 폐지되는 공공기관의 장은 지체 없이 그 기관의 기록물을 소관 영구기록물관리기관으로 이관하여야 한다. 다만, 국

가 또는 지방자치단체의 기관이 제3조제1호에 따른 대통령령으로 정하는 기관 또는 민간기관으로 전환되는 경우의 기록물관리에 관하여는 대통령령으로 정하는 바에 따른다.

② 공공기관이 폐지된 경우에 그 사무를 승계하는 기관이 있을 때에는 폐지되는 기관의 장과 그 사무를 승계하는 기관의 장은 대통령령으로 정하는 바에 따라 기록물 인수인계가 원활하게 이루어질 수 있도록 조치하여야 한다.

③ 영구기록물관리기관의 장은 폐지되는 기관의 소관 기록물의 체계적인 이관 및 관리 등을 위하여 필요한 경우에는 소속 공무원을 파견할 수 있다.

제26조(기록물의 회수) ① 공공기관의 장 및 영구기록물관리기관의 장은 기록물이 유출되어 민간인이 이를 소유하거나 관리하는 경우에는 그 기록물을 회수하거나 위탁보존 또는 복제본 수집 등 필요한 조치를 하여야 한다. 이 경우 기록물을 회수하였을 때에는 선의로 취득한 제3자에게 대통령령으로 정하는 기준에 따라 필요한 보상을 할 수 있다.

② 공공기관(국가기관과 지방자치단체만 해당한다)의 장 및 영구기록물관리기관의 장은 제1항에 따른 기록물의 회수를 위하여 필요하다고 인정하면 관계 공무원으로 하여금 민간인이 소유하거나 관리하는 기록물의 목록 및 내용의 확인, 그 밖에 필요한 조사를 하게 할 수 있다.

③ 제2항에 따라 조사를 하는 공무원은 그 권한을 표시하는 증표를 관계인에게 보여주어야 한다.

제27조(기록물의 폐기) ① 공공기관이 기록물을 폐기하려는 경우에는 대통령령으로 정하는 바에 따라 제41조제1항에 따른 기록물관리 전문요원의 심사와 제27조의2에 따른 기록물평가심의회의 심의를 거쳐야 한다.

② 영구기록물관리기관이 보존 중인 기록물의 보존가치를 재분류하여 폐기하려는 경우에는 대통령령으로 정하는 기준과 절차를 준수하여야 한다.

③ 제1항의 기록물 폐기의 시행은 민간 등에 위탁할 수 있다. 이 경우 기록물의 폐기가 종료될 때까지 관계 공무원이 참석하여 감독하는 등 기록

물이 유출되지 아니하도록 필요한 조치를 하여야 한다.

제27조의2(기록물평가심의회) ① 공공기관의 장 및 영구기록물관리기관의 장은 보존 중인 기록물의 평가 및 폐기를 위하여 민간전문가를 포함한 기록물평가심의회를 구성·운영하여야 한다.

② 기록물평가심의회의 구성·운영 등에 필요한 사항은 국회규칙, 대법원규칙, 헌법재판소규칙, 중앙선거관리위원회규칙 및 대통령령으로 정한다.

제28조(기록물관리기관의 시설·장비) ① 중앙기록물관리기관의 장은 기록물의 체계적 관리, 안전한 보존 및 효율적 활용을 위하여 대통령령으로 정하는 바에 따라 기록물관리기관별 시설·장비 기준을 정하여야 한다.

② 기록물관리기관의 장은 제1항에 따른 시설·장비 기준을 준수하여야 하며, 이를 준수하지 아니하는 기록물관리기관에 대하여는 중앙기록물관리기관의 장이 그 시정을 요구할 수 있다.

제29조(기록매체 및 용품 등) ① 기록물관리기관이 기록물을 마이크로필름 또는 전자매체에 수록하여 관리할 때에는 중앙기록물관리기관과 상호 유통 및 활용이 가능하도록 중앙기록물관리기관에서 정하는 기준에 따라 관리하여야 한다.

② 중앙기록물관리기관의 장은 기록물관리에 사용되는 기록매체·재료 등에 관하여 보존에 적합한 규격을 정하여야 하며, 그 규격의 제정·관리 및 인증 등에 필요한 사항은 대통령령으로 정한다.

제30조(기록물 보안 및 재난 대책) ① 기록물관리기관의 장은 소관 기록물의 안전한 관리를 위하여 대통령령으로 정하는 바에 따라 기록물에 대한 보안 및 재난 대책을 수립·시행하여야 한다.

② 영구기록물관리기관의 장은 전자기록물의 안전한 관리를 위하여 재난대비 복구체계를 구축·운영하여야 한다.

제30조의2(보존·복원 기술의 연구·개발) 중앙기록물관리기관의 장은 기록물의 과학적이고 체계적인 보존 및 복원 기술의 개발과 개발된 기술의 확산을 위하여 노력하여야 한다.

제6장 삭제

제31조 삭제

제7장 비밀 기록물의 관리

제32조(비밀 기록물 관리의 원칙) 기록물관리기관의 장은 대통령령으로 정하는 바에 따라 비밀 기록물 관리에 필요한 별도의 전용서고 등 비밀 기록물 관리체계를 갖추고 전담 관리요원을 지정하여야 하며, 비밀 기록물 취급과정에서 비밀이 누설되지 아니하도록 보안대책을 수립·시행하여야 한다.

제33조(비밀 기록물의 관리) ① 공공기관은 비밀 기록물을 생산할 때에는 그 기록물의 원본에 비밀 보호기간 및 보존기간을 함께 정하여 보존기간이 끝날 때까지 관리되도록 하여야 한다. 이 경우 보존기간은 비밀 보호기간 이상의 기간으로 책정하여야 한다.

② 비밀 기록물의 원본은 대통령령으로 정하는 바에 따라 소관 기록물관리기관으로 이관하여 보존하여야 한다.

제34조(비밀 기록물 생산현황 등 통보) 공공기관의 장은 해당 기관이 생산한 비밀 기록물 원본에 대하여 대통령령으로 정하는 바에 따라 매년 그 생산·해제 및 재분류 현황을 소관 영구기록물관리기관의 장에게 통보하여야 한다. 이 경우 통보서식 등은 행정자치부령으로 정하되, 미리 국가정보원장과 협의하여야 한다.

제8장 기록물의 공개·열람 및 활용

제35조(기록물의 공개 여부 분류) ① 공공기관은 소관 기록물관리기관으로 기록물을 이관하려는 경우에는 그 기록물의 공개 여부를 재분류하여 이관하여야 한다. 다만, 공공기관의 기록관 또는 특수기록관이 영구기록물관리기관으로 기록물을 이관하는 경우로서 제2항에 따라 기록물을 이관하기 전 최근 5년의 기간 중 해당 기록물의 공개 여부를 재분류한 경우에는 공개 여부 재분류 절차를 생략하고 기록물을 이관할 수 있다.

② 기록물관리기관은 비공개로 재분류된 기록물에 대하여는 재분류된 연도부터 5년마다 공개 여부를 재분류하여야 한다.

③ 비공개 기록물은 생산연도 종료 후 30년이 지나면 모두 공개하는 깃을 원칙으로 한다. 다만, 제19조제4항 및 제5항에 따라 이관시기가 30년 이상으로 연장되는 기록물의 경우에는 그러하지 아니하다.

④ 영구기록물관리기관의 장은 기록물 생산기관으로부터 기록물 비공개 기간의 연장 요청을 받으면 제3항 본문에도 불구하고 제38조에 따른 기록물공개심의회 및 위원회의 심의를 각각 거쳐 해당 기록물을 공개하지 아니할 수 있다. 이 경우 비공개로 재분류된 기록물에 대하여는 비공개 유형별 현황을 관보와 인터넷 홈페이지 등에 공고하여야 하고, 재분류된 연도부터 5년마다 공개 여부를 재분류하여야 한다.

⑤ 기록물관리기관의 장은 통일·외교·안보·수사·정보 분야의 기록물을 공개하려면 미리 그 기록물을 생산한 기관의 장의 의견을 들어야 한다.

제36조(영구기록물관리기관 보존기록물의 비공개 상한기간 지정) 중앙기록물관리기관의 장은 영구기록물관리기관으로 이관된 기록물에 대하여는 대통령령으로 정하는 바에 따라 기록물의 성격별로 비공개 상한기간을 따로 정할 수 있다.

제37조(비공개 기록물의 열람) ① 영구기록물관리기관의 장은 해당 기관이 관리하고 있는 비공개 기록물에 대하여 다음 각 호의 어느 하나에 해당하는 열람 청구를 받으면 대통령령으로 정하는 바에 따라 이를 제한적으로 열람하게 할 수 있다.

1. 개인에 관한 정보로서 본인(상속인을 포함한다) 또는 본인의 위임을 받은 대리인이 열람을 청구한 경우
2. 개인이나 단체가 권리구제 등을 위하여 열람을 청구한 경우로서 해당 기록물이 아니면 관련 정보의 확인이 불가능하다고 인정되는 경우
3. 공공기관에서 직무수행상 필요에 따라 열람을 청구한 경우로서 해당 기록물이 아니면 관련 정보의 확인이 불가능하다고 인정되는 경우
4. 개인이나 단체가 학술연구 등 비영리 목적으로 열람을 청구한 경우로

서 해당 기록물이 아니면 관련 정보의 확인이 불가능하다고 인정되는
경우

② 제1항에 따라 비공개 기록물을 열람한 자는 그 기록물에 관한 정보를
열람신청서에 적은 목적 외의 용도로 사용할 수 없다.

제38조(기록물공개심의회) ① 영구기록물관리기관은 다음 각 호의 사항을
심의하기 위하여 기록물공개심의회를 설치·운영하여야 한다.

1. 제35조제4항에 따른 비공개 기간 연장 요청에 관한 사항

2. 그 밖에 기록물 공개 여부와 관련하여 영구기록물관리기관의 장이 심
   의를 요청한 사항

② 기록물공개심의회는 위원장 1명을 포함하여 7명의 위원으로 구성하
고, 위원장과 위원의 임기는 2년으로 하며, 연임할 수 있다.

③ 기록물공개심의회의 위원은 소속 공무원 및 기록물의 공개와 관련된
지식과 경험이 풍부한 사람 중에서 영구기록물관리기관의 장이 임명하
거나 위촉하며, 그 구성과 운영에 관한 사항은 대통령령으로 정한다.

④ 기록물공개심의회의 회의록 작성·보존에 관하여는 제15조제5항을
준용한다.

제38조의2(영구기록물관리기관 보존기록물의 활용) 영구기록물관리기관의
장은 그 기관이 보존하고 있는 기록물의 공개 및 열람 편의를 제공하기
위하여 기록물을 정리(整理)·기술(記述)·편찬하고, 콘텐츠를 구축하는
등의 사업을 추진하여야 한다.

제9장 기록물관리의 표준화 및 전문화

제39조(기록물관리의 표준화) 중앙기록물관리기관의 장은 기록물의 체계
적·전문적 관리 및 효율적 활용을 위하여 다음의 사항에 대한 표준을
제정·시행하여야 한다. 다만, 기록물관리 표준과 관련된 사항이 「산업
표준화법」에 따른 한국산업표준으로 제정되어 있는 경우에는 그러하지
아니하다.

1. 전자기록물의 관리체계 및 관리항목

2. 기록물관리 절차별 표준기능

3. 기록물 종류별 관리 기준 및 절차

4. 기록물관리기관의 유형별 표준모델

5. 기록물 보안 및 재난관리 대책

6. 그 밖에 기록물의 효율적 관리를 위하여 필요한 사항

제40조(기록물관리 표준의 제정절차 등) ① 중앙기록물관리기관의 장은 제
39조에 따른 기록물관리 표준을 제정·개정 또는 폐지하려면 대통령령
으로 정하는 바에 따라 그 내용을 관보 등에 고시하여 이해관계인의 의
견을 들어야 한다.

② 중앙기록물관리기관의 장은 기록물관리 표준의 확대·보급을 위하여
지도·교육 등 필요한 조치를 하여야 한다.

제41조(기록물관리 전문요원) ① 체계적·전문적인 기록물관리를 위하여
기록물관리기관에는 기록물관리 전문요원을 배치하여야 한다.

② 기록물관리 전문요원의 자격 및 배치인원 등에 관하여 필요한 사항은
국회규칙, 대법원규칙, 헌법재판소규칙, 중앙선거관리위원회규칙 및 대
통령령으로 정한다.

③ 중앙기록물관리기관의 장은 기록물관리 전문요원을 포함한 전문인력
의 수요 파악 및 양성 등에 관한 계획을 수립하여야 한다.

제42조(기록물관리 교육·훈련) 중앙기록물관리기관의 장은 대통령령으로
정하는 바에 따라 기록물관리 종사자의 능력 향상을 위한 교육·훈련 대
책을 마련하여야 한다.

제10장 민간기록물 등의 수집·관리

제43조(국가지정기록물의 지정 및 해제) ① 중앙기록물관리기관의 장은 개
인이나 단체가 생산·취득한 기록정보 자료 등(이하 "민간기록물"이라
한다)으로서 국가적으로 영구히 보존할 가치가 있다고 인정되는 민간기
록물을 위원회의 심의를 거쳐 국가지정기록물로 지정하여 관리할 수 있
다.

② 민간기록물을 소유하거나 관리하는 자는 중앙기록물관리기관의 장에게 그 민간기록물을 국가지정기록물로 지정하여 줄 것을 신청할 수 있다.

③ 중앙기록물관리기관의 장은 제1항에 따른 국가지정기록물의 지정을 위하여 필요하다고 인정하면 소속 공무원으로 하여금 관련 민간기록물의 목록 및 내용의 확인, 그 밖에 필요한 조사를 하게 할 수 있다.

④ 제3항에 따른 조사의 경우에는 제26조제3항을 준용한다.

⑤ 중앙기록물관리기관의 장은 제1항에 따라 민간기록물을 국가지정기록물로 지정한 경우에는 이를 소유하거나 관리하는 자에게 지정사실을 통보하여야 한다.

⑥ 중앙기록물관리기관의 장은 제1항에 따라 지정된 기록물이 국가지정기록물로서의 보존가치를 잃었다고 판단하는 경우나 국가지정기록물의 소유자 또는 관리자의 신청이 있는 경우에는 위원회의 심의를 거쳐 이를 해제할 수 있다.

제44조(국가지정기록물의 변동사항 관리) 제43조제1항에 따라 지정된 국가지정기록물의 소유자 또는 관리자는 그 국가지정기록물에 관하여 다음 각 호의 어느 하나에 해당하는 변동사항이 발생한 경우에는 대통령령으로 정하는 바에 따라 그 사실을 중앙기록물관리기관의 장에게 신고하여야 한다.

1. 국가지정기록물의 처분·증여 또는 양도 등으로 소유자가 변경된 경우
2. 소유자가 관리자를 선임하거나 해임한 경우
3. 소유자나 관리자의 성명·주소(단체의 경우에는 그 명칭 및 주된 사무소의 소재지를 말한다) 및 보관 장소가 변경된 경우
4. 국가지정기록물이 멸실·도난 또는 훼손된 경우

제45조(국가지정기록물의 보존·관리) ① 중앙기록물관리기관의 장은 국가지정기록물 보호를 위하여 필요한 경우에는 국가지정기록물의 소유자 또는 관리자에게 필요한 보존시설을 설치하도록 요청할 수 있다. 이 경우 보존시설 설치 등에 드는 비용은 예산의 범위에서 지원할 수 있다.

② 중앙기록물관리기관의 장은 국가지정기록물의 소유자 또는 관리자가

제1항에 따른 보존시설을 설치할 수 없는 부득이한 사유가 있는 경우에
는 그 소유자 또는 관리자로부터 관리를 위탁받아 보존할 수 있다.

③ 중앙기록물관리기관의 장은 국가지정기록물을 복제하거나 사본을 제
작할 필요가 있는 경우에는 그 국가지정기록물의 소유자 또는 관리자에
게 이에 관한 협조를 요청할 수 있으며, 그 소유자 또는 관리자는 특별
한 사유가 없으면 협조하여야 한다.

④ 제1항부터 제3항까지에서 규정한 사항 외에 국가지정기록물의 보
존·관리에 필요한 사항은 대통령령으로 정한다.

제46조(주요 기록정보 자료 등의 수집) ① 중앙기록물관리기관의 장은 국
가적으로 보존가치가 높은 국내외 소재 주요 기록정보 자료와 민간기록
물을 수집할 수 있다.

② 중앙기록물관리기관의 장은 국가적으로 보존가치가 높은 국내외 소
재 주요 기록정보 자료와 민간기록물의 소유자 또는 관리자에게 그 기록
정보 자료 또는 민간기록물의 목록이나 그 사본의 제출을 요청할 수 있
다. 이 경우 그 기록정보 자료 또는 민간기록물의 소유자 또는 관리자는
특별한 사유가 없으면 협조하여야 한다.

③ 중앙기록물관리기관의 장은 「영화 및 비디오물의 진흥에 관한 법률」
제29조제1항에 따라 상영등급을 분류받은 영화 중에서 국가적으로 영구
히 보존할 가치가 있다고 판단하여 문화체육관광부장관과 협의하여 지
정하는 영화에 대하여는 그 영화의 소유자 또는 관리자에게 원판필름 또
는 그 복사본 1벌과 대본 1부를 송부하여 줄 것을 요청할 수 있다.

④ 중앙기록물관리기관의 장은 방송(재송신은 제외한다)된 프로그램 중
에서 국가적으로 영구히 보존할 가치가 있다고 판단되는 방송프로그램
에 대하여는 미래창조과학부장관 또는 방송통신위원회와 협의하여 수집
대상 방송프로그램으로 지정할 수 있다. 이 경우 중앙기록물관리기관의
장은 「방송법」 제2조제3호가목에 따른 지상파방송사업자에게 해당 방송
프로그램의 원본 또는 사본 1부를 송부하여 줄 것을 요청할 수 있다.

⑤ 제1항부터 제4항까지의 규정에 따른 기록정보 자료 및 민간기록물 등
의 수집·보존 등에 필요한 사항은 대통령령으로 정한다.

제11장 보칙

제47조(비밀 누설의 금지) 비밀 기록물 관리 업무를 담당하였거나 비밀 기록물에 접근·열람하였던 자는 그 과정에서 알게 된 비밀을 누설하여서는 아니 된다.

제48조(보존매체에 수록된 기록물의 원본 추정) 기록물관리기관이 대통령령으로 정한 기준과 절차에 따라 보존매체에 수록한 기록물은 원본과 같은 것으로 추정한다.

제49조(위임규정) 이 법 시행에 필요한 사항은 국회규칙, 대법원규칙, 헌법재판소규칙, 중앙선거관리위원회규칙 및 대통령령으로 정한다.

제12장 벌칙

제50조(벌칙) 다음 각 호의 어느 하나에 해당하는 자(기록물을 취득할 당시에 공무원이나 공공기관의 임직원이 아닌 사람은 제외한다)는 7년 이하의 징역 또는 3천만원 이하의 벌금에 처한다.

1. 기록물을 무단으로 파기한 자
2. 기록물을 무단으로 국외로 반출한 자

제51조(벌칙) 다음 각 호의 어느 하나에 해당하는 자(제1호부터 제3호까지의 경우에는 기록물을 취득할 당시에 공무원이나 공공기관의 임직원이 아닌 사람은 제외한다)는 3년 이하의 징역 또는 2천만원 이하의 벌금에 처한다.

1. 기록물을 무단으로 은닉하거나 유출한 자
2. 기록물을 중과실로 멸실시킨 자
3. 기록물을 고의 또는 중과실로 그 일부 내용이 파악되지 못하도록 손상시킨 자
4. 제37조제2항을 위반하여 비공개 기록물에 관한 정보를 목적 외의 용도로 사용한 자

제52조(벌칙) 다음 각 호의 어느 하나에 해당하는 자는 2년 이하의 징역 또는 1천만원 이하의 벌금에 처한다.

1. 정당한 사유 없이 제26조제2항에 따른 조사를 거부·방해 또는 기피
   한 자
2. 제47조를 위반하여 업무처리 중 알게 된 비밀을 누설한 지

제53조(과태료) ① 다음 각 호의 어느 하나에 해당하는 자에게는 100만원
이하의 과태료를 부과한다.

1. 제43조제3항에 따른 조사를 거부·방해 또는 기피한 자
2. 제44조에 따른 신고를 하지 아니한 자
   ② 제1항에 따른 과태료는 중앙기록물관리기관의 장이 부과·징수한다.

부칙

2. 중화인민공화국당안법

제1장 총칙

제1조 檔案의 관리와 수집, 整理工作을 강화하고, 당안을 효과적으로 보호하고 이용하며, 사회주의 현대화 건설에 복무하기 위하여 본 법을 제정한다.

제2조 본 법에서 말하는 당안은 과거와 현재에 국가기구, 사회조직 및 개인이 정치·군사·경제·과학·기술·문화·종교 등 활동에 종사하면서 직접 생산한 국가와 사회에 대해서 보존 가치가 있는 각종 문자·도표·聲像 등 서로 다른 형식의 역사기록물을 가리킨다.

제3조 일체의 국가기관·무장역량·정당·사회단체·기업사업단위와 공민은 모두 당안을 보호할 의무가 있다.

제4조 각급 인민정부는 당안 공작에 대한 領導 작용을 강화하여야 하고, 당안사업의 건설을 국민경제와 사회발전의 계획에 포함시켜야 한다.

제5조 당안공작에 대해서는 '統一領導와 分級管理의 원칙'을 실행하며 당안의 完整과 안전을 보호하여, 사회 각 방면의 이용을 편리하게 한다.

제2장 국가기구 및 그 책무

제6조 국가의 당안행정관리 부문은 전국의 당안사업을 주관하며, 전국의 당안사업에 대해서 統籌規劃과 조직협조, 제도의 통일 그리고 감독과 지도를 실행한다.

현급 이상 지방의 각급 인민정부의 당안행정관리 부문은 본 행정구역 내의 큰 당안사업을 주관하며, 아울러 본 행정구역내의 기관·단체·기업사업단위와 기타 조직의 당안 공작에 대해서 감독과 지도를 실행한다. 鄕과 民族鄕 그리고 鎭의 인민정부는 인원을 지정하여 본 기관의 당안을 보관하는 책임을 지게 하여야 하고, 아울러 소속 단위의 당안 공작에 대해서 감독과 지도를 하게 하여야 한다.

제7조 기관·단체·기업사업단위와 기타 조직의 당안기구 혹은 당안 공작
  인원은 본 단위의 당안을 보관하는 것을 책임지며, 소속 기관의 당안공
  작에 대해서 감독과 지도를 행한다.

제8조 중앙과 현급 이상 지방의 各級 各類 당안관은 당안을 집중관리하는
  문화사업기구로서, 分管 범위 내의 당안을 접수·수집·정리·보관과 이
  용하도록 제공하는 등의 업무를 책임진다.

제9조 당안 공작인원은 직무에 충실하여야 하고 기율을 준수하며, 전업에
  대한 지식을 갖추고 있어야 한다.

  당안의 수집·정리·보호 그리고 이용에 제공하는 등의 방면에서 현저
  한 성적을 거둔 단위와 개인은 각급 인민정부로부터 獎勵를 부여한다.

제3장 당안의 관리

제10조 국가에서 규정한 당연히 立卷 歸檔하여야 하는 재료는 반드시 규정
  에 준하여 정기적으로 본 단위의 당안기구나 혹은 당안공작인원에게 넘
  겨주어서 집중하여 관리하여야 하고, 어떠한 개인이라 할지라도 자신의
  것으로할 수 없다. 국가에서 규정하기를 歸檔하지 말아야 할 재료는 함
  부로 당안으로 등록하는 것을 금지한다.

제11조 기관·단체·기업사업단위와 기타 조직은 반드시 국가의 규정에 준
  하여 정기적으로 당안관으로 당안을 移交하여야 한다.

제12조 박물관·도서관·기념관 등 단위에서 보존하는 文物이나 도서자료
  이면서 동시에 당안인 것은 법률과 행정법규의 규정에 준하여 위에 거
  론한 단위에서 스스로 관리한다. 당안관과 위에 거론한 단위는 당안의
  이용방면에서 서로 협조하여야 한다.

제13조 각급 각류 당안관과 기관·단체·기업사업단위와 기타조직의 당안
  기관은 과학적인 관리제도를 건립하여 당안의 이용에 편리하도록 하여
  야 한다; 필요한 시설을 갖추어 당안의 안전을 확보하여야 한다; 선진기
  술을 채택하여 당안관리의 현대화를 실현하여야 한다.

제14조 保密檔案의 관리와 이용, 그리고 비밀등급의 변경과 해제는 반드시

국가의 비밀에 관한 법률과 행정법규의 규정에 준하여 업무를 행하여야 한다.

제15조 당안의 보존가치를 鑒定하는 원칙과 보관기간의 표준 및 당안을 폐기하는 순서와 방법은 국가 당안행정관리 부문에서 제정한다. 당안을 함부로 폐기하는 것을 금한다.

제16조 集體所有와 개인소유의 국가와 사회에 대해서 보존가치를 갖고 있거나 혹은 당연히 비밀로 지켜야할 당안은 당안의 소유자가 적당한 방법으로 보관하여야 한다. 보관조건이 렬악하거나 혹은 기타 원인으로 인해 당안이 엄중히 훼손되거나 혹은 불안전하다고 인식되어 지는 것에 대해서는 국가 당안행정관리 부문이 대신 보관하는 등 당안의 完整과 안전을 확보하는 조치를 취할 있는 권한이 있다; 필요한 경우에는 사들일 수 있다.

앞의 조항에 들어 있는 당안의 소유자는 국가의 당안관으로 기증하거나 혹은 판매할 수 있다; 당안관 이외의 어떤 단위나 개인에게 판매하려고 할 때에는 당연히 규정에 준하여 현급 이상 인민정부의 당안행정관리 부문으로부터 비준이 있어야 한다. 사사로이 판매하여 이익을 취하는 것을 금지하며, 외국인에게 판매하거나 기증하는 것을 금지한다.

국가에 당안을 기증한 경우에는 당안관이 장려를 주어야 한다.

제17조 국가 소유에 속하는 당안을 파는 것을 금지한다. 국유기업 사업단위에서 자산을 넘겨줄 때는 관련되는 당안을 넘겨주는 구체적인 방법을 국가 당안행정관리부문이 제정한다. 당안 복제물의 교환이나 넘겨주는 것, 그리고 파는 것은 국가의 규정에 준하여 업무를 행한다.

제18조 국가의 소유에 속한 당안과 본 법 제16조의 규정된 당안 및 이 같은 당안의 복제품을 개인적으로 휴대하고 국경을 벗어나는 것을 금지한다.

제4장 당안의 이용과 공포

제19조 국가당안관이 보관하는 당안은 일반적으로 생산된 일자로부터 30년이 지난 후에 사회를 향해 개방한다. 경제·과학·기술·문화 방면 등

의 당안을 사회를 향해 개방하는 기한은 30년보다 적을 수 있으며, 국가의 안전이나 혹은 중대한 이익에 관련되거나 기한이 되었더라도 개방하기에 저절하지 않은 당안을 사회에 공개하는 기한은 30년보다 많을 수 있다. 구체적인 기한은 국가 당안행정관리 부문이 정하여 국무원에 보고하여 비준을 얻어 실시한다.

당안관은 당연히 정기적으로 당안의 목록을 공개 · 개방하여야 하며, 아울러 당안의 이용을 위해 조건을 만들어야 하며, 수속을 간단히 하고 편리함을 제공하여야 한다.

중화인민공화국 공민과 조직은 합법적인 증명을 소지하고 이미 개방된 당안을 이용할 수 있다.

제20조 기관 · 단체 · 기업사업 단위와 기타조직 및 공민은 경제건설, 국방건설, 教學, 과학연구와 기타 各項 工作의 수요에 근거하여 관계 규정에 준하여 당안관의 미개방 당안 및 관계되는 기관 · 단체 · 기업사업단위와 기타 조직이 보관하고 있는 당안을 이용할 수 있다. 미개방 당안을 이용하는 방법은 국가 당안행정관리 부문과 관계되는 주관부문에서 규정한다.

제21조 당안관으로 당안을 이관하였거나 기증하거나 판매한 단위와 개인은 그 당안에 대하여 우선적으로 이용할 권리를 가지며, 그 당안 중에서 사회에 개방하기 적당하지 않은 부분에 대해서는 이용을 제한하는 의견을 제출할 수 있다. 당안관은 그들의 합법적인 권익을 당연히 보호하여야 한다.

제22조 국가 소유에 속하는 당안은 국가로부터 권한을 위임받은 당안관 혹은 유관기관이 공포한다; 당안관이나 혹은 유관기관의 동의를 얻지 않고는 어떤 조직이나 개인이라도 공포할 권한이 없다. 집체소유와 개인이 소유한 당안은 그 소유자가 공포할 권한을 가지나, 반드시 국가의 유관 규정을 준수하여야 하고, 국가 안전의 이익을 손상시킬 수 없으며, 다른 사람의 합법적인 권익을 해칠 수 없다.

제23조 각급 각류 당안관은 연구 인원을 배치하여 당안에 대한 연구정리를 실시하고, 계획적으로 당안재료의 편집 출판을 조직하여 중복 출판하지

않는 범위 내에서 발행하여야 한다.

제5장 법률책임

제24조 아래의 항목에 속하는 것은 현급 이상 인민정부의 당안행정관리 부
문과 유관 주관부문이 직접 책임을 맡고 있는 主管 人員이나 혹은 기타
직접적으로 책임이 있는 인원에게 법률에 의해 행정처분을 하여야 한
다; 범죄를 구성한 경우에는 법률에 의해 형사 책임을 물어야 한다.

(1) 국가 소유에 속하는 당안을 훼손하였거나 분실한 경우;

(2) 국가 소유에 속하는 당안을 함부로 제공하여 이용하게 하거나, 抄錄
하게 하거나, 공포하거나, 폐기한 경우;

(3) 당안을 고쳐 쓰거나 위조한 경우;

(4) 본법의 제16조, 제17조의 규정을 위반하여 함부로 당안을 팔거나 넘
겨주는 경우;

(5) 당안을 판매하여 이익을 취하거나, 당안을 외국인에게 팔거나 기증
한 경우;

(6) 본법의 제10조, 제11조의 규정을 위반하여, 규정에 따라 歸檔하지 않
거나, 시기를 어기고 이관하지 않는 경우;

(7) 보존하고 있는 당안이 위험에 처해 있는 것을 분명히 알고 있으면서
조치를 취하지 않아 당안이 훼손되는 것을 造成한 경우;

(8) 당안공작 인원이 직무를 소홀히 하여 당안의 손실을 가져온 경우
당안관의 당안을 이용하는 데 있어서 앞의 항목 중 제1항, 제2항, 제3항
을 어긴 경우에는 현급 이상 인민정부의 당안행정관리 부문이 경고를
주고, 아울러 벌금을 부과할 수 있다; 법을 어겨 소득을 얻은 것이 있을
때는 그 위법 소득을 몰수한다; 아울러 본법 16조의 규정에 준하여 팔았
거나 기증하였던 당안을 수매할 수 있다.

제25조 휴대하고 국경을 벗어날 수 없도록 규정된 당안이나 혹은 그 복제
품을 가지고 출국하려고 한 경우에는 海關에서 몰수하고 벌금을 부과할
수 있다; 아울러 몰수한 당안이나 혹은 그 복제품은 당안행정관리 부문

에 넘겨주어야 한다; 범죄를 구성한 경우에는 법률에 의하여 형사책임
을 묻는다.

제6장 부칙

제26조 본법의 시행방법은 국가 당안행정관리 부문에서 제정하여 국무원
　　에 보고하여 비준을 얻은 후에 시행한다.

제27조 본법은 1988년 1월 1일부터 시행한다.

3. 공문서 등 관리에 관한 법률(일본)

제1장 총칙

(목적)

제1조 이 법률은 국가 및 독립행정법인 등의 제반활동과 역사적 사실의 기록인 공문서 등이 건전한 민주주의의 근간을 지지하는 국민공유의 지적 자산으로서 주권자인 국민이 주체적으로 이용할 수 있는 것을 감안하고, 국민주권 이념에 따라 공문서 등의 관리에 관한 기본적인 사항을 정하는 것 등에 의해 행정문서 등의 적정한 관리, 역사공문서 등의 적절한 보존 및 이용 등을 도모함으로써 행정이 적정하고 효율적으로 운영될 수 있도록 하는 동시에 국가 및 독립행정법인 등의 모든 활동을 현재 및 장래의 국민에게 설명하는 책무가 주어지는 것을 목적으로 한다.

(정의)

제2조 이 법률에서 「행정기관」이란, 다음에 열거하는 기관을 말한다.

　一 법률 규정에 근거해 내각에 두는 기관(내각부를 제외한다) 및 내각 관할하에 두는 기관

　二 내각부, 궁내청 및 내각부 설치법 제49조 제1항 및 제2항에서 규정한 기관

　三 국가행정조직법 제3조 제2항에 규정한 기관

　四 내각부 설치법 제39조 및 제55조 및 궁내청법 제16조 제2항의 기관 및 내각부 설치법 제40조 및 제56조의 특별기관으로, 政令으로 규정하는 것

　五 국가행정조직법 제8조 2의 시설 등 기관 및 동법 제8조 3의 특별기관으로, 政令으로 규정하는 것

　六 회계검사원

2 이 법률에서 「독립행정법인 등」이란 독립행정법인 통칙법 제2조 제1항에 규정하는 독립행정법인 및 별표 제1에 열거한 법인을 말한다.

3 이 법에서 「국립공문서관 등」이란 다음에 열거하는 시설을 말한다.

一 독립행정법인 국립공문서관(이하 「국립공문서관」이라 한다)이 설치
　한 공문서관

二 행정기관의 시설 및 독립행정법인 등의 시설이며, 전호에 열거한 시
　설과 비슷한 기능을 갖는 것으로 政令으로 규정한 것

4 이 법에서 「행정문서」란, 행정기관 직원이 직무상 작성하고, 또한 취득
　한 문서[그림 및 자기기록(전자적 방식, 자기적 방식, 기타 사람의 지각
　에 의해서는 인식할 수 없는 방식으로 만들어진 기록을 말한다. 이하 같
　다)을 포함한다. 제19조를 제외하고, 이와 같다]이며, 해당 행정기관의
　직원이 조직적으로 이용하는 것으로서, 해당 행정기관이 보존하고 있는
　것을 말한다. 단, 다음에 열거한 것은 제외한다.

一 관보, 백서, 신문, 잡지, 서적, 기타 불특정 다수의 사람에게 판매하는
　것을 목적으로 발행한 것

二 특정 역사공문서 등

三 政令으로 규정한 연구소, 기타 시설에서 정령으로 규정하여 역사적
　혹은 문화적 자료 또는 학술연구용 자료로서 특별관리가 되고 있는
　것(전호에 게시한 것을 제외한다)

5 이 법률에서 「법인문서」란 독립행정법인 등의 임원 또는 직원이 직무상
　작성하거나 취득한 문서이며, 해당 독립행정법인 등의 임원 또는 직원
　이 조직적으로 이용하는 것으로서, 해당 독립행정법인 등이 보유하고
　있는 것을 말한다. 단, 다음에 열거한 것은 제외한다.

一 관보, 백서, 신문, 잡지, 서적, 기타 불특정 다수의 사람에게 판매하는
　것을 목적으로 발행한 것

二 특정 역사공문서 등

三 정령으로 규정한 박물관, 기타 시설에서 政令으로 규정하여 역사적
　혹은 문화적 자료 또는 학술연구용 자료로서 특별관리가 되고 있는
　것(전호에 게시한 것을 제외한다)

四 별표 제2의 상단에 열거된 독립행정법인 등이 보유하고 있는 문서로,
　정령으로 규정하는 것에 의해 오로지 같은 표 하단에 열거된 업무와
　관련된 것으로서, 같은 칸에서 열거하는 업무 이외의 업무

6 이 법률에서 「역사공문서 등」이란 역사자료로서 중요한 공문서, 기타 문서를 말한다.

7 이 법률에서 「특정역사공문서 등」이란 역사공문서 등 중에서 다음에 열 거하는 것을 말한다.

　一 제8조 제1항의 규정에 의해 국립공문서관 등으로 이관된 것

　二 제11조 제4항의 규정에 의해 국립공문서관 등으로 이관된 것

　三 제14조 제4항의 규정에 의해 국립공문서관이 설치한 공문서관으로 이관된 것

　四 법인, 기타 단체(국가 및 독립행정법인 등을 제외한다. 이하 「법인 등」 이라 한다) 또는 개인으로부터 국립공문서관 등에 기증되거나 기탁된 것

8 이 법률에서 「공문서 등」이란 다음에 열거하는 것을 말한다.

　一 행정문서

　二 법인문서

　三 특정역사공문서 등

(다른 법령과의 관계)

제3조 공문서관 등의 이관에 대해서는, 다른 법률 혹은 이것에 근거한 명 령에 특별한 규정이 있는 경우를 제외하고, 이 법률이 정하는 것으로 한 다.

제2장 행정문서의 관리

제1절 문서의 작성

제4조 행정기관의 직원은 제1조의 목적 달성에 이바지하기 위해 해당 행정 기관의 경위도 포함한 의사결정에 이르는 과정 및 해당 행정기관의 사 무 및 사업의 실적을 합리적으로 추적하거나 검증할 수 있도록, 처리와 관련된 사안이 경미한 경우를 제외하고 다음에 열거하는 사항, 그 외의 사항에 대해서 문서를 작성해야 한다.

　一 법령의 제정 또는 개정, 폐기 및 그 경위

二 전호에 규정된 것 외에, 閣議, 관계행정기관의 장으로 구성된 회의
   또는 省議(이러한 것에 준하는 것을 포함한다)의 결정 또는 승인 및
   그 경위
三 복수의 행정기관에 의한 합의 또는 다른 행정기관 혹은 지방공공단
   체에 대해 알리는 기준의 설정 및 그 경위
四 개인 또는 법인의 권리의무의 득실 및 그 경위
五. 직원의 인사에 관한 사항

제2절 행정문서의 정리 등

(정리)

제5조 행정기관의 직원이 행정문서를 작성하거나 취득할 때는 해당 행정기
   관의 장이 정령에서 정한 바에 따라 해당 행정문서를 분류하고, 명칭을
   붙이며, 보존기간 및 보존기간 만료일을 설정해야 한다.
 2 행정기관의 장은 능률적인 사무 또는 사업의 처리 및 행정문서의 적절
   한 보존에 기여하도록 단독으로 관리하는 것이 적당하다고 인정되는 행
   정문서를 제외하고, 적시에 상호 밀접한 연관이 있는 행정문서(보존기
   간을 같게 하는 것이 적당한 것에 한한다)를 하나의 집힙물(이하 「행정
   문서파일」이라 한다)로 정리해야 한다.
 3 전항의 경우에서 행정기관의 장은 정령으로 정한 대로 해당 행정문서파
   일에 대해 분류하고, 명칭을 부여함과 동시에 보존기간 및 보존기간 만
   료일을 설정해야 한다.
 4 행정기관의 장은 제1항 및 전항의 규정에 따라 설정한 보존기간 및 보
   존기간 만료일을 정령에서 규정하여 연장할 수 있다.
 5 행정기관의 장은 행정문서파일 및 단독으로 관리되는 행정문서(이하 「
   행정문서파일 등」이라고 한다)에 대해서 보존기간(연장된 경우에는 연
   장 후 보존기간. 이하 같다) 만료 전에 가능한 한 빠른 시기에……중
   략…… 정령에서 규정한 대로 국립공문서관 등으로 이관 조치를, 그 이
   외의 것은 폐기 조치를 하도록 규정해야 한다.

(보존)

제6조 행정기관의 장은 행정문서파일 등에 대해서 해당 행정문서파일 등의
　보존기간 만료일까지의 기간 동안, 그 내용, 시간의 경과, 이용 상황 등
　에 따라 적절한 보존 및 이용을 확보하기 위해 필요한 장소에 두고, 적
　절한 기록매체로 식별이 가능할 수 있는 조치를 강구하여 보존해야 한
　다.

　2 전항의 경우에서 행정기관의 장은 해당 행정문서파일 등의 집중관리 추
　진에 노력해야 한다.

(행정문서파일 관리부)

제7조 행정기관의 장은 행정문서파일 등의 관리를 적절하게 하기 위하여
　정령에서 정한 대로 행정문서파일 등의 분류, 명칭, 보존기간, 보존기간
　만료일, 보존기간 만료 후의 조치 및 보존장소, 기타 필요한 사항(행정
　기관이 보유한 정보의 공개에 관한 법률(이하 「행정기관정보공개법」이
　라 한다) 제5조에 규정하는 비공개(不開示)정보에 해당하는 것을 제외한
　다)을 대장(이하 「행정문서파일 관리부」라 한다)에 기재해야 한다. 단,
　정령에서 정한 기간 미만의 보존기간이 설정된 행정문서파일 등에 대해
　서는 그러하지 아니하다.

　2 행정기관의 장은 행정문서파일 관리부에 대해서 정령에서 규정하는 대
　로 해당 행정기관의 사무소에 비치하여 일반 열람을 제공함과 동시에,
　전자정보 처리조직을 사용하는 방법 그 외의 정보통신 기술을 이용하는
　방법으로 공표해야 한다.

(이관 또는 폐기)

제8조 행정기관의 장은 보존기간이 만료한 행정문서파일에 대해서 제5조
　제5항의 규정에 근거하여 국립공문서관 등으로 이관하거나 폐기해야 한다.

　2 행정기관(회계검사원을 제외한다)의 장은 전항의 규정에 의해 보존기간
　이 만료한 행정문서파일 등을 폐기할 때는, 사전에 내각총리대신과 협
　의하고 그 동의를 얻어야 한다. 이 경우 내각총리대신의 동의를 얻지 못
　할 때에는 해당 행정기관의 장은 행정문서파일에 대해서 새로운 보존기

간 및 보존기간 만료일을 설정해야 한다.

3 행정기관의 장은 제1항의 규정에 의해 국립공문서관 등으로 이관하는
행정문서파일 등에 대하여, 제16조 제1항 제1호에 열거된 경우에 해당
하는 것으로 국립공문서관 등에 이용 제한을 하는 것이 적절하다고 인
정되는 경우에는 그 취지의 의견을 첨부해야 한다.

4 내각총리대신은 행정문서파일 등에 대해 특별히 보존이 필요하다고 인
정되는 경우에는 해당 행정문서파일 등을 보유한 행정기관의 장에 대해
행정문서파일 등에 대해 폐기 조치를 하지 않도록 요구할 수 있다.

(관리현황의 보고 등)

제9조 행정기관의 장은 행정문서파일 관리부의 기재상황, 기타 행정문서의
관리 상황에 대해서 매년 내각총리대신에게 보고해야 한다.

2 내각총리대신은 매년 전항의 보고를 취합하여 그 개요를 공표해야 한다.

3 내각총리대신은 제1항에 규정한 것 외에 행정문서의 적정한 관리를 확
보하기 위해 필요하다고 인정되는 경우에는 행정기관의 장에 대하여 행
정문서 관리 상황에 관한 보고 또는 자료 제출을 요구하거나 해당 직원
에게 현지조사를 시킬 수 있다.

4 내각총리대신은 전항의 경우에 역사공문서 등의 적절한 이관을 확보하
기 위해 필요하다고 인정되는 때에는 국립공문서관에게 해당 보고 또는
자료 제출을 요구하거나 현지조사를 시킬 수 있다.

(행정문서관리규칙)

제10조 행정기관의 장은 행정문서의 관리가 제4조부터 제9조까지의 규정
에 근거하여 적정히 이뤄질 수 있도록 행정문서 관리에 관한 규정(이하
「행정문서관리규칙」이라 한다)을 설계해야 한다.

2 행정문서관리규칙에는 행정문서에 관해 다음에 열거하는 사항을 기재
해야 한다.

一 생성에 관한 사항

二 정리에 관한 사항

三 보존에 관한 사항

四 행정문서파일 관리부에 관한 사항

五 이관 또는 폐기에 관한 사항

六 관리상황 보고에 관한 사항

七 기타 정령으로 규정한 사항

3 행정기관의 장은 행정문서관리규칙을 설계할 때에는 우선 내각총리대신과 협의하고, 그 동의를 얻어야 한다. 이것을 변경하려고 할 때에도 동일하다.

4 행정기관의 장은 행정문서관리규칙을 설계한 때는 지체 없이 공표해야 한다. 이것을 변경한 때에도 마찬가지다.

제3장 법인문서의 관리

(중략)

제4장 역사공문서 등의 보존, 이용 등

(행정기관 이외의 국가기관이 보유한 역사공문서 등의 보존 및 이관)

제14조 국가기관(행정기관을 제외한다. 이하 이 조에서는 동일하다)은 내각총리대신과 협의하여 규정에 따라 해당 국가기관이 보유한 역사공문서 등을 적절한 보존을 위해 필요한 조치를 강구하는 것으로 한다.

2 내각총리대신은 전항의 협의에 의해 규정한 것에 근거하여 역사공문서 등에 대하여 국립공문서관에서 보존할 필요가 있다고 인정되는 경우에는 해당 역사공문서 등을 보유한 국가기관과의 합의를 통해 이관을 받을 수 있다.

3 전항의 경우에서 필요하다고 인정되는 때는 내각총리대신이 우선 국립공문서관의 의견을 청취할 수 있다.

4 내각총리대신은 제2항의 규정에 따라 이관 받은 역사공문서를 국립공문서관이 설치한 공문서관으로 이관하는 것으로 한다.

(특정역사공문서관 등의 보존 등)

제15조 국립공문서관 등의 장(국립공문서관 등이 행정기관의 시설인 경우에는 그 소속 행정기관의 장, 국립공문서관 등이 독립행정법인 등의 시설인 경우에는 그 시설을 설치한 독립행정기관 등을 말한다. 이하 동일하다)은 특정역사공문서 등에 대하여 제25조 규정에 의해 폐기에 이르는 경우를 제외하고 영구히 보존해야 한다.

2 국립공문서관 등의 장은 특정역사공문서 등에 대하여 그 내용, 보존상태, 시기 경과, 이용 상황 등에 대해 적절한 보존 및 이용을 확보하기 위해 필요한 장소에 두고, 적절한 기록매체에 의해 식별이 용이할 수 있는 조치를 강구하여 보존해야 한다.

3 국립공문서관의 장은 특정역사공문서 등에 개인정보[생존하는 개인에 관한 정보이며, 해당 정보에 포함된 성씨, 생년월일, 그 외의 기술 등에 의해 특정 개인을 식별할 수 있는 것(타 정보와 조합할 수 있고, 그것에 의해 특정 개인을 식별할 수 있는 것도 포함한다)을 말한다]가 기록되어 있는 경우에는 해당 개인정보의 누출을 방지하기 위해 필요한 조치를 강구해야 한다.

4 국립공문서관 등의 장은 정령에서 정하는 바에 따라 특정역사공문서 등의 분류, 명칭, 이관 또는 기증, 기탁을 한 사람의 명칭 도는 성씨, 이관 또는 기증, 기탁을 받은 시기 및 보존장소, 그 외의 특정역사공문서 등의 적절한 보존과 이용을 보장하기 위해 필요한 사항을 기재한 목록을 작성하고 공표해야 한다.

(특정역사공문서 등의 이용청구 및 취급)

제16조 국립공문서관 등의 장은 해당 국립공문서관 등에서 보존하는 특정역사공문서 등에 대해서 제15조 제4항의 목록 기재에 따른 이용청구가 있는 경우, 다음에 열거한 경우를 제외하고 이용을 허락해야 한다.

　一 해당 특정역사공문서 등이 행정기관의 장으로부터 이관 받은 것이며, 해당 특정역사공문서 등에 다음에 열거하는 정보가 기록되어 있는 경우

　　イ 행정기관정보공개법 제5조 제1호에 열거된 정보

　　ロ 행정기관정보공개법 제5조 제2호 또는 제6호イ~ホ에 열거된 정보

ㅅ 공개하는 것에 의하여 국가안전이 위해 받을 우려, 타국 혹은 국
제기관과의 신뢰관계가 손상될 우려 또는 타국 또는 국제기관과의
교섭상 불이익을 받을 우려가 있다고 해당 특정역사공문서 등을 이
관한 행정기관의 장이 인정하는 것이 상당한 타당성이 있는 정보

ㄹ 공개하는 것에 의하여 범죄예방, 진압 또는 수사, 공소의 유지, 형
집행, 그 외의 공공의 안전과 질서 유지에 지장을 줄 우려가 있다고
해당 특정역사공문서 등을 이관한 행정기관의 장이 인정하는 것이
상당히 타당성이 있는 정보

二 해당 특정역사공문서 등이 독립행정법인 등에서 이관된 것이며, 해당
특정역사공문서관 등이 다음에 열거된 정보가 기록되어 있는 경우
ㅣ 독립행정법인등정보공개법 제5조 제1호에 열거된 정보 ㅁ 독립행
정법인등정보공개법 제5조 제2호 또는 제4호ㅣ에서ㅅ까지 혹은 ㅏ에
열거된 정보

三 해당특정역사공문서 등이 국가기관(행정기관을 제외한다)에서 이관된
것이며, 해당 국가기관과의 합의에 의해 이용제한이 행해지는 경우

四 해당특정역사공문서 등이 그 전부 또는 일부를 일정 기간 공개하지
않는 것을 조건으로 법인 등 또는 개인으로부터 기증받거니 기탁 받
은 것이며, 해당 기간이 경과하지 않은 경우

五 해당특정역사공문서 등의 원본을 이용에 제공하는 것에 의해 해당
원본의 손상 또는 오염을 발생시키는 우려가 있는 경우, 또는 해당특
정역사공문서 등을 보존하는 국립공문서관 등에서 해당 원본이 현재
사용되는 경우

(중략)

(이용방법)

제19조 국립공문서관 등의 장이 특정역사공문서 등을 이용시키려는 경우
에는 문서 또는 도화에 대해서는 열람 또는 복사본 교부의 방법으로, 전
자기록에 대해서는 그 종별, 정보화 진행상황 등을 감안하여 정령으로

규정한 방법으로 진행한다. 단, 열람방법에 의해 특정역사공문서 등을 이용시키려는 경우에 있어서는 해당 특정역사공문서 등의 보존에 지장을 일으킬 우려가 있다고 인정되는 때, 기타 정당한 이유가 있는 때에 한하여 그 사본을 열람시키는 방법으로 이용시킬 수 있다.

제20조 사본 교부에 의해 특정역사공문서 등을 이용하는 자는, 정령으로 규정된 바에 따라 수수료를 납부해야 한다.

2 전항의 수수료 금액은, 실비 범위 내에서 가능한 한 이용하기 쉬운 액수로 하도록 배려하며, 국립공문서관 등의 장이 규정하는 것으로 한다.

(중략)

(이용의 촉진)

제23조 국립공문서관 등의 장은 특정역사공문서 등(제16조의 규정에 의해 이용시키는 것이 가능한 것에 한한다)에 대하여 전시, 그 외의 방법으로 적극적으로 일반 이용을 제공하도록 노력해야 한다.

(이관한 행정기관 등에 의한 이용 특례)

제24조 특정역사공문서 등을 이관한 행정기관의 장 또는 독립행정법인 등이 국립공문서관 등의 장에 대해 각각 소장사무 및 사무를 추진하기 위해 필요한 해당 특정역사공문서 등에 대해 이용청구를 할 경우에는, 제16조 제1항 제1호 또는 제2호의 규정은 적용하지 않는다.

제25조 국립공문서관 등의 장은 특정역사공문서 등으로 보존되는 문서가 역사자료로서 중요하지 않게 되었다고 인정하는 경우에는 내각총리대신과 협의하여 그 동의를 얻어서 해당 문서를 폐기할 수 있다.

(보존 및 이용 상황의 보고 등)

제26조 국립공문서관 등의 장은 특정역사공문서 등의 보존 및 이용 상황에 대해서 매년 내각총리대신에게 보고해야 한다.

2 내각총리대신은 매년 전 항의 보고를 취합하여 그 개요를 공표해야 한다.

(중략)

제5장 공문서관리위원회

(위원회의 설치)

제28조 내각청에 공문서관리위원회(이하 「위원회」라고 한다)를 둔다.

 2 위원회는 이 법률 규정에 따라 그 권한에 속한 사항을 처리한다.

 3 위원회 위원은 공문서등의 관리에 관해 우수한 식견을 가진 자 중에서
　내각총리대신이 임명한다.

 4 이 법률에 규정하는 것 외에, 위원회 조직 및 운영에 관해 필요한 사항
　은 政令으로 규정한다.

(위원회로의 자문)

제29조 내각총리대신은 다음에 열거한 경우에는 위원회에 자문을 구해야
　한다.

　一 제2조 제1항 제4호 혹은 제5호, 제3항 제2호, 제4항 제3호 혹은 제5항
　　제3호 혹은 제4호, 제5조 제1항 혹은 제3항부터 제5항까지, 제7조, 제
　　10조 제2항 제7호, 제11조 제2항부터 제4항까지, 제15조 제4항, 제17
　　조, 제18조 제1항부터 제3항까지, 제19조 또는 제20조 제1항의 정령
　　제정 또는 개정·폐기의 입안을 하려고 할 때

　二 제10조 제3항, 제25조 또는 제27조 제3항의 규정에 의한 동의를 하려
　　고 할 때

　三 제31조 규정에 의한 권고를 하려고 할 때

(자료의 제출 등의 요구)

제30조 위원회는 그 소장사무를 수행하기 위해 필요하다고 인정된 경우에
　는 관계 행정기관의 장 또는 국립공문서관 등의 장에 대하여 자료의 제
　출, 의견 개진, 설명, 그 외의 필요한 협력을 요구할 수 있다.

제6장 잡칙

(내각총리대신의 권고)

제31조 내각총리대신은 이 법률을 실시하기 위해 특별히 필요하다고 인정
되는 경우에는 행정기관의 장에 대하여 공문서등의 관리에 관해 개선해
야 하는 취지의 권고를 하고, 해당 권고의 결과로 취한 조치에 대해 보
고를 요구할 수 있다.

(연수)

제32조 행정기관의 장 및 독립행정법인 등은 각각 해당 행정기관 또는 독
립행정법인 등의 직원에 대해 공문서등의 관리를 적정하고 효과적으로
수행하기 위해 필요한 지식 및 기능을 습득시키고, 향상시키기 위해 필
요한 연수를 실시한다.

 2 국립공문서관은 행정기관 및 독립행정법인 등의 직원에 대해 역사공문
서등의 적절한 보존 및 이관을 확보하기 위해 필요한 지식 및 기능을
습득시키고, 향상시키기 위해 필요한 연수를 실시한다.

(조직 재검토에 수반된 행정문서 등의 적정한 관리를 위한 조치)

제33조 행정기관의 장은 해당 행정기관에 대하여 통합, 폐지 등의 조직 재
검토를 수행할 경우에는 그 관리하는 행정문서에 대해서 통합, 폐지 등
조직 재검토 후에 이 법률 규정에 준한 적정한 관리가 행해질 수 있도
록 필요한 조치를 강구해야 한다.

 2 독립행정법인 등은 해당 독립행정법인 등에 대하여 민영화 등의 조직
재검토가 진행되는 경우에는 그 관리하는 법인문서에 대해 민영화 등
조직 재검토가 끝난 뒤에 이 법률 규정에 준한 적정한 관리가 행해질
수 있도록 필요한 조치를 강구해야 한다.

(지방공공단체의 문서관리)

제34조 지방공공단체는 이 법률의 취지에 따라 그 보유하는 문서의 적정한
관리에 관해 필요한 시책을 책정하고, 이것을 실시하기 위해 노력해야
한다.

부칙

(하략)

찾아보기

저자소개

곽 건 홍(郭健弘)

ㅣ 고려대학교 사학과, 동대학원 문학박사
한남대학교 사학과 부교수
전 한국기록학회 회장
저서 『일제의 노동정책과 조선노동자』(신서원, 2002)
『한국 국가기록 관리의 이론과 실제』(역사비평사, 2003)
『아카이브와 민주주의』(선인, 2014)